마음의 물결

마음의 물결

| 노순자 |

성바오로

A Ripple of his mind

Noh Soon-Ja

Copyright ⓒ 2004 by ST PAULS, Seoul, Korea

이 책은 홍보수단을 통하여 복음을 전하는
성바오로 수도회 수도자들이
제작한 것입니다.

ST PAULS
103-36 Mia 9-dong Gangbuk-gu 142-806 Seoul Korea
Tel (02)9448-300, 986-1361 Fax (02)986-1365

국립중앙도서관 출판시도서목록(CIP)

| 마음의 물결 / 노순자 지음. -- 서울 : 성바오로, 2004 |
| p. ; cm |
| ISBN 89-8015-540-9 03230 |
| 813.6-KDC4 |
| 895.735-DDC21　　　　　　　　CIP2004001790 |

틈틈이 웃음을 봉헌하며

살아가는 일은 어쩌면 매순간 하느님과 씨름을 하는 일인지도 모르겠습니다. 아무리 고되고 아파도, 그게 사람을 사랑으로 지으시고 영혼과 육신을 주신 하느님과의 씨름이라면 넘어져서도 눈물 속에서도 빙긋 웃음을 봉헌할 수 있지 않을까 싶었습니다. 삶이란 결코 한 마디 말로 정의될 수 없는, 사람의 생명 무게만큼 막중한 것이지만 결국 하느님과 알몸으로 씨름하는 일에 다름 아니지 않겠습니까.

이 이야기는 직장사목부에서 발간하는 월간 「가톨릭 직장인」에 연재했던 지극히 보편적인 소시민의 삶의 여정입니다. 주인공 악바리 꼬마의 오기, 살기 위해 전력투구하는 소년의 땀과 눈물범벅의 성장기, 연애담과 직장생활, 평생 계속되는 공부의 질곡을 가능한 한 유쾌하고 가볍게 쓰려 애썼습니다. 아마도 주인공은 이웃에서 거리에서 쉽게 만날 수 있는, 조금은 좌충우돌형이지만 믿음직스러운 우리 가운데 한 사람일 것입니다. 이 소설이 작은 희망과 웃음을 봉헌할 수 있는 계기가 되었으면 좋겠습니다.

정진호 신부님, 정성훈 신부님, 안드레아 선생님, 마음 깊이 감사드립니다. 과분하게 귀한 표지그림을 그려 주신 조광호 엘리지오 신부님, 성바오로의 백 암브로시오 수사님과 서 디도 수사님, 이 베드로 부장님, 고맙습니다.
우리 좋으신 주님은 찬미 받으소서!

2004년 여름, 지은이

차례

틈틈이 웃음을 봉헌하며 • 5

제1장 | 악바리 꼬마 • 9
제2장 | 보릿고개 • 21
제3장 | 무작정 상경 • 32
제4장 | 앵벌이에서 공돌이로 • 41
제5장 | 보이지 않는 길 • 50
제6장 | 만남 • 60
제7장 | 생인발 • 70
제8장 | 스무 살 고교생 • 80
제9장 | 애송이 공무원 • 90
제10장 | 명서기와 꼴통장 • 100
제11장 | 죽다 살아온 군대 • 110
제12장 | 목사님의 뇌물 • 120

제13장 | 사랑의 묘약 • 131
제14장 | 연분 • 141
제15장 | 새 가정 • 151
제16장 | 물방울과 물줄기 • 161
제17장 | 아내의 직장 • 170
제18장 | 훈이의 아르바이트 • 180
제19장 | 하느님 법 • 190
제20장 | 현장 • 200
제21장 | 붉은 눈물 • 209
제22장 | 까마귀인가 백로인가 • 219
제23장 | 좁은 길 • 229
제24장 | 시간의 강 • 238

제1장
악바리 꼬마

"음력으로는 53년 11월 말, 띠로는 뱀띠입니다. 양력으론 54년생이고, 호적엔 55년으로 되어 있습니다. 태어날 때부터 드라마보다 더 드라마처럼 살도록 예고가 된 것 같아요."

수줍게 웃는 그는 머리칼에 살짝 서리가 내렸는데, 피부는 아기처럼 곱고 투명한 얼굴 표정이 야무진 인상을 풍긴다. 그리고 투지력이 대단해 보이는 한구석으로 본래의 선량한 성품이 스며나온다. 공무원의 관료주의적 태도는 아무 데서도 보이지 않는다.

미리암 수녀는 세밀하게 훑어본 그의 이력이 담긴 메모와 사람을 번갈아 바라보다가 선뜻 결단을 내렸다.

"좋아요. 다음 주부터 시작하죠."

"예? 다음 주부터 방송에 들어간단 말씀입니까?"

놀라 묻는 표정이 소년처럼 해맑아 수녀는 빙긋 웃음을 머금었다.

"겁나세요? 그냥 저한테 얘기하셨듯이 살아오신 걸 얘기해 주시면 됩니다. 직장인을 대상으로 하는 프로그램이라는 것만 기억하시구요. 다른 건 모두 저희가 준비할 테니까요."

"너무 갑작스러운 일이라……."

"촬영 스케줄을 잡아야 하니까 내일 들러 주시겠습니까? 시간은 아무래도 퇴근 후라야겠죠?"

"아니 수녀님, 저는 그저 신부님께서 수녀님을 한번 만나 보라고 하시기에……."

"그래서 이렇게 만났고, 만났으니 일을 시작해야지요. 생각은 저 만나기 전에 이미 충분히 하셨을 것이고……."

"그래도 저는 마음의 준비가 안 되어 있습니다."

"준비는 제작팀에서 할 테니까 염려 놓으셔도 됩니다. 설마 의례적인 거절을 한번 해 보시려는 건 아니겠죠? 대부분 그러거든요. 자격이 없다느니, 역경을 딛고 바른 삶을 사는 훌륭한 사람들이 많은데 자신은 아니니까 그런 사람을 찾아보라느니……. 야고보 선생님은 그런 의례적인 절차는 생략해 주시는 게 어때요? 그렇게 해도 결과는 달라지지 않습니다. 저희가 한 번 더 찾아가 설득을 해야 하니까 좀 귀찮고 늦어질 뿐이죠."

"하지만 저는 정말로 신부님하고 소주 한 잔 하면서 우연히 제 얘기를 한 것뿐이라……."

"그래서 신부님께서 추천을 해주신 거 아니겠어요. 부담 갖지 마시고 일단 내일 나오세요. 아마 당분간은 이리로 퇴근을 하셔야 할 겁니다. 그럼 내일 뵙죠."

수도복을 입었으니 수녀인 줄 알지 미리암 수녀는 거의 독선적으로 보일 만큼 활달하고 사무적이었다. 김 주사는 엉거주춤 서서 수녀가 사라진 복도 끝을 바라보다가 천천히 몸을 돌렸다. 그의 반듯한 이마에 땀이 번들거리고, 그 땀 사이로 어떤 결의 같은 게 떠오르고 있었다.

10 마음의 물결

어디서부터 어떻게 시작해야 할까? 그는 갑자기 자신이 살아온 생애가 남의 것처럼 낯설고 아득하게 여겨지면서 기억할 수 있는 한 돌이켜 보는 일이 아주 지난하다는 느낌이 들었다. 그는 방송국 건물을 한 번 올려다보고 지하철역을 향해 천천히 걸었다. 나뭇잎들이 떨어져 내리고 있었다.

집에 돌아와 저녁상을 물리기까지 머릿속은 빛의 속도만큼이나 빠르게 무질서한 상념들이 떠다녔다.

"당신, 무슨 근심 있으세요?"

"응? 으응 아니."

"그게 근심이 있다는 대답이유, 아니라는 답이유. 저녁도 드는 둥 마는 둥, 뭐 마려운 강아지처럼 안절부절못하는 이유가 뭐예요?"

"뭐가 어째? 강아지?"

"아이고 깜짝이야. 귀청 떨어지겠네. 아니 왜 소리는 질러요? 퇴근해서 저녁 내내 말 한 마디 없이 끙끙거리는 게 안되어 보여서 큰맘 먹고 물어주는 건데."

"물어주는 거라니?"

"그럼 물어드린다고 하리까? 나도 고단한 사람이라구요. 당신 기색 살피면서 말 한 마디라도 물어주는 게 그리 쉬운 줄 아우?"

"질겨진 건 여자뿐이라더니만 말본새 하고는. 뭐라더라? 어부인께서 외출할 때 어디 가냐고 묻는 남자는 뭐 간이 배 밖으로 튀어나온 남자라든가? 세상이 망조지, 남자라는 건 밖에 나가나 안에 들어오나 눈치만 살피는 신세가 되어 가니 이거 원."

"말장난 해 본 거 가지고 뭘 트집을 잡고 그래요. 당신 혹시 어디로 좌천당할 조짐이라도 있는 거 아니유? 걱정 말고 얘기 좀 해 봐요. 내 동 미간에 내 천자를 그리고 있는 이유가 뭔데? 응?"

제1장 악바리 꼬마 11

아내의 목소리가 나긋나긋해지면 그의 웬만한 부아는 봄눈이 되어 녹아내린다. 그는 아내를 물끄러미 바라보다가 굼뜨게 설명을 한다.

"내가 늘그막에 별, 스타가 되려는 모양이야. 텔레비전에 나가서 내가 어떻게 태어나고 자라서 어떻게 살아왔는지, 어떻게 신앙을 가지게 되었으며 지금의 위치에 이르게 되었는지, 직업인으로서 철학과 신념은 어떤 것인지, 가정은 어떻게 이루었고 어떻게 사는지, 자녀는 어떻게 키웠는지 모든 걸 털어놓으라는 거야. 교회방송이니 직장에서야 볼 사람이 별로 없겠지만 신자들은 많이 볼 거 아니겠어? 대체 이걸 해야 하는 거야, 말아야 하는 거야?"

"그거 '나의 삶 나의 신앙'이라는 프로그램 아니우? 명사들이 주로 나오는 거라 나 꼭꼭 보는데 당신이 거기 나온다고? 그럼 당신도 명사네?"

"좀 진지할 수 없어? 난 지금 심각하단 말이야."

"이이는? 나도 진지하고 심각해요. 바야흐로 내가 명사 부인 되기 직전인데 안 심각할 수 있겠수?"

기어이 그는 웃고 만다. 아내는 웃지도 않고 고스랑고스랑 물어 쌓는다. 자기를 사회자라고 생각하고 연습을 해 보라는 것이다. 어떻든 얼어붙었던 기분이야 좀 풀렸지만 그렇다고 걱정이 희석된 것은 아니다. 그는 잠자리에서도 뒤척거린다. 내내 어린 시절부터 시작된 자신의 역사가 뇌리에서 떠나지를 않는다.

어머니 얘기로 그는 열 번째 태어난 미숙아였다고 한다. 형이 태어나고 일곱 명의 형제들이 세상에 나왔다가 그가 세상에 태어나기도 전에 가 버리고, 두 살 위의 누이가 있다. 형은 16살이 위다. 형이라기보다는 삼촌 같다.

12 마음의 물결

기억이 아물아물 떠오를 듯 떠오를 듯 흐릿해지다가 사진의 모습으로 고착되는 아버지는 선생님이었다. 해방되면서 초등학교 교원 임명을 받아 충북 일원으로 전근을 다녔고, 그가 태어날 무렵에는 고향 마을 초등학교의 교장이었다. 충남 출신의 어머니는 충북 괴산 출신의 아버지보다 두 살 연상이었는데 옛날 분들이 거의 그랬듯 얼굴도 안 보고 혼례를 올렸다고 한다. 아버지는 많이 배운 어른이셨지만, 낫 놓고 기역자도 모르는 어머니에게 그리 자상할 수가 없었다. 어머니는 아버지에게 불만이 없었다. 아기를 가졌다가 잃어버리는 희망과 절망의 반복만 아니었다면, 아마 결혼생활이 행복했을 거라고 어머니는 한숨지었다. 잃어버린 아기는 둘째부터 여덟째까지였는데 어머니는 그 일곱 명을 정확하게 기억하셨다.

 "느 둘째 형은 아버지를 빼다 박았어. 이마 훤하고 눈이 어글어글한 것이 얼매나 잘 생겼는지. 백일 전에 뒤집더니 여덟 달 되니 따로 서고 열 달 된 게 걷는 거여. 말도 그리 빨리 배워서 못하는 소리 없이 태주 겉이 지껄였는데 덜퍽 가잖여. 하늘이 노랬지. 셋째는 가시내였는디 일곱 살이나 먹었드랬어. 뉘집 메누리가 될런지 참 참하다고 보는 사람마다 칭찬했는디 갸도 덜퍽 가고, 아아들이 어미 혼을 다 뽑아 가부렸어. 넷째도 아들인디 고물고물 젖 빨고 방싯방싯 웃더니만 또 덜퍽 가네. 자식을 하나만 앞세워도 어미는 실성을 하는 뱁인디 일곱을 잃었을 때 어미 맴이 어땠것냐. 전생에 내가 무신 죄를 지어서 자식을 낳는 대로 앞세우는가. 천지신명 산천초목은 대답 좀 해 보라고 패악을 부리고자퍼도 네 형이 있잖냐. 장대 같은 저 장손이 있는디 그러문서 참고, 어쩔거나 하다 보믄 몸이 또 달러. 이번엔 실패 없것지 조심조심 출산을 허지. 내는 아들 원 읎다. 내만큼 아들 여럿 낳아 본 사람은 읎을 거구먼. 남들은 하나도 못 낳아 애걸을 하는디 나는 낳았다 허면 아들이여. 내가 아들을 일곱을 낳았어. 셋째하고 여덟째, 아홉째 준애만 딸이고 나머지는 다 아들이었어. 끝까지 내 손에 남은 기 장남허고 아홉째 준애허고 막내 아들 준성이구먼."

어머니의 애소는 듣기에도 참혹했다. 그래선지 어머니는 절대로 자주 얘기하는 법은 없었다. 아주 어쩌다가 봇물이 터지듯 참을 수 없는 계기가 되었을 때 그 한스러운 서러움을 세월에 실어 흘려보내듯 조근조근 입에 올릴 뿐이었다.

일곱 명을 실패한 어머니는 마흔 둘에 산달도 못 채우고 출산한 아들이 과연 살아 줄까 노심초사했다고 한다. 그가 태어나던 1954년 1월은 겨우 휴전협정이 체결된 지 반년 남짓 된 전후 혼란기였다. 그야말로 골육상쟁의 난리로 전국이 초토화되어 있던 시절이다. 그 무렵의 기억이 어머니에겐 그의 출생보다 아버지의 모습으로 점철되어 있는 듯하다.

어머니는 아버지 얘기를 이따금 들려주었다. 아버지의 얘기를 할 때만은 어머니 얼굴에 그리움인지 애틋함인지 잔잔한 감정의 물결이 보일락말락 떠오르곤 했다.

"느 아버지는 참 밸난 양반이었어야. 봉급을 받으면 학생아들 학용품부터 먼저 장만해 놓고 집 양식은 게우 반달치를 사. 그때사 목탄에 마분지 못 살 정도의 학생들이 열명에 야덟은 되었어."

어쩌다 눈을 가느스름히 하고 어머니가 그렇게 아버지 얘기를 꺼내노라면 누나가 냉큼 나서기 마련이었다.

"그럼 반 달은 굶고 살았단 말여?"

"굶고야 살았것냐. 반달치 양석은 큰집에서 농사한 것 얻어다 먹을 요량이었제. 준성이 두 살 때 아버지가 베란간 돌아가셨을 적에도 집에는 게우 반달치 양식만 남아 있었어. 눈앞이 캄캄하다는 게 바로 그런 거시두만."

아버지가 갑자기 돌아가시던 1956년은 이승만 정권 때로 3대 대통령 선거가 있었다고 한다. 통일정부를 세우고자 하는 이들을 무리하게 제압하면서 남한만의 정부수립으로 국부의 환상에 젖었던 이승만 정권은 소위 사사오입 개헌으로 집권연장의 틀을 다진 시기였다. 어머니는 아버지가 야당후보였던 신익희 선생을 추종했는데, 신익희 선생처럼 갑자기 변을 당한 것이라고 그야말로 땅이 꺼지도록 한숨을 쉬곤 했다.

오로지 아버지만 의지하던 어머니는 두 살, 네 살, 열여덟 살의 삼남매를 소복하게 거느리고 청상이 되었다. 그에게 당시의 기억이 있을 리 없었다. 아버지 돌아가시고 두 살배기 병약한 미숙아가 이질에 걸려 어머니를 더욱 아득하게 했다는 이야기를 귀에 못이 박히도록 들어왔을 뿐이다.

그의 유년 시절 기억이란 늘 배가 고팠다는 것, 쌀밥을 한 번도 먹어 본 일이 없다는 것, 청주에서 노점상을 벌여 놓고 엽연초를 팔다가 어머니가 경찰에 잡혀가 하루 이틀 유치장에서 지내노라면 누나와 울다 지쳐 잠이 들고 잠에서 깨어 다시 울다 물을 마시던 그런 단편적인 기억이 있을 뿐이다.

하루도 빠짐없이 어머니는 아침이면 담배를 썰어서 연초장사를 나가거나 고추를 빻아 가지고 고춧가루 장사를 다니곤 했다. 훗날에도 절감하게 된 일이지만 여자, 특히 자식을 둔 어머니의 생활력엔 남자가 흉내 낼 수 없는 초인적인 의지가 담겨 있다고 그는 믿었다. 어머니는 그렇게 형님을 가르치고 어린 누나와 그를 키웠던 것이다.

어린 남매는 어머니가 새벽에 장사 나가 밤에 돌아오실 때까지 배가 고프면 아랫목 이불 속에 묻어 둔 밥을 찾아 먹으며 지냈다. 형은 아버지 아래서 곱게 자란 탓에 살림에 대해선 아는 게 없었다. 게다가 고등학교를 졸업하면서 군에 입대했으므로 어린 남매에게 삼촌 같은 형은 학교에 가 있거나 군에 가 있거나 그게 그거였다. 오로지 누나와 그만이 하루를 여삼추 같이 여기며 장사 다니는 어머니가 돌아오시기만을 기다리곤 했던 것이다.

그가 일곱 살 되던 해 홀로 대티재 큰집으로 간 것은 호적 나이가 두 살 적게 되어 있었기 때문이다. 청주에선 취학이 안 되고, 큰집에서 다닐 수 있는 어룡초등학교는 입학이 가능했다. 그 학교는 아버지가 생전에 설립하신 곳으로, 설립 당시는 청천초등학교 어룡분교였는데 초등학교로 승격이 되었다.

그러나 어린 그에게 아버지가 설립한 학교라는 의미는 중요하지 않았다. 그 무렵 그는 살아남기 위해 나름의 모든 꾀와 투지를 발휘해야 했던 것이다.

우선 큰댁은 식구가 서른 명에 이르는 대가족이었다. 그 중 준성 또래의 아이들, 즉 사촌과 조카들이 18명이었는데 그는 미숙아로 태어나 두 살에 아버지를 여의고 고생을 해서 보통아이들보다 병약하고 작았다. 그 많은 식구들 속에 있으면 어느 구석에 틀어박혀 있는지 찾아지지가 않을 지경이었다.

일곱 살 꼬마에게 무엇보다도 심각한 것은 제 밥을 찾아 먹는 일이 결코 쉽지 않다는 점이었다. 예를 들어 옥수수를 한 가마솥 쪄도 어른들 골라 드리고, 큰엄마가 자기 아이들에게 큰 놈, 성한 놈 골라 주고 작은 엄마가 또 큰 놈, 성한 놈을 자기 아이들에게 골라 주고 나면, 그에게 차례가 오는 것은 벌레 먹은 놈 아니면 썩은 놈이었다. 때로는 나누어 먹으라며 감자를 한 소쿠리 갖다 주는데 열여덟 명이 들러붙어 몇 아이가 제 형 것 아우 것 등을 어느 틈에 다 챙겨 가버리니, 친형제 없는 그는 얻어먹을 방법이 없었다. 각각 엄마들과 형들이 챙겨 주고 역성을 들어주는데 그는 기댈 데가 없었던 것이다. 그렇게 몇 차례를 벌레 먹은

찌꺼기나 차지해서 손가락만 빨고 난 꼬마는 본능적으로 덤벼들게 된다.

또래들 중엔 항렬이 아래인 조카들도 많았는데 그 시절엔 할머니, 큰아버지, 작은아버지, 큰아버지의 아들들과 작은아버지의 아들들이 한집에 사는 대가족의 구성원조차 제대로 파악이 안 되었다. 아버지 형제가 3형제인데, 아버지를 제외한 형제분이 준성에게는 사촌이 되는 그 아들들과 또한 조카가 되는 사촌의 아이들과 할머니를 모시고 다 같이 한집에 살았던 것이다.

가족구성원이야 어디 갔든지 준성은 나름의 꾀를 내게 되었다. 옥수수를 가져다 놓으면 크고 성한 놈 몇 개에 침을 탁탁 뱉어 발라 놓는 것이었다. 그러면 준성의 침이 묻은 옥수수는 아무도 안 가져가므로, 꼬마는 두 다리 뻗고 앉아 느긋하게 먹는 것이었다.

하지만 먹고사는 방법은 그렇게 터득해 가더라도 난관은 한두 가지가 아니었다. 지금도 그는 키가 큰 편이 아니지만 어릴 땐 미숙아로 병약하게 자란 게 한눈에 보일 만큼 왜소한 약질이었다. 그야말로 따돌림을 당하기 십상이었던 것이다. 그러나 오기가 남다른 꼬마가 가만히 앉아서 따돌림 같은 것이나 당할 리는 없었다. 그는 악바리처럼 덤벼들었고 끝까지 물러서지 않았으며 절대로 울지 않았다. 아마 그것도 거의 본능적으로 터득한 것일 게다. 왜냐하면 일곱 살배기에게는 말 한 마디 편들어 줄 사람이 없었던 것이다. 그는 아이들이 싸우는 장소면 안 낀 데가 없었고 깨지거나 다쳐도 결코 울지 않았다. 울면 진다는 것을 아는 탓이었다. '안 울면 이긴다.'라고 어린 그는 주먹을 쥐었던 것이다.

큰집에서 1년 반 동안을 그렇게 악바리가 되어 생활했을 때 어머니가 오셨다. 그는 너무 반가워 달려갔는데, 어머니는 처음에 그를 알아보지 못하다가 넝마조각을 걸친 남루하기 짝이 없는 거지새끼 같은 아이가 아들이라는 것을 분별하는 순간, 불같이 화를 냈다. 그는 어머니의 그런 얼굴을 본 적이 없었다.

어머니는 거지 중의 상거지인 아들의 손을 움켜쥐고 할머니와 큰엄마에게로 갔다.

"자식 맡긴 년이 무슨 할 말이 있겠습니까? 굶겨 죽이는 한이 있어도 데려가겠습니다. 큰집에 얹혀 식구 아닌 거지새끼로 사는 것보다야 어미하고 같이 굶어 죽는 게 지도 속이 편할 테니께요."

어머니의 눈에 꼬마는 큰집에 얹혀 사는 가족이 아니라 거지로 보였던 것이다. 할머니와 큰엄마는 워낙 식구가 많고 생활이 어렵다 보니 그렇게 되었다고 극구 변명했지만 어머니의 마음을 돌릴 수는 없었다. 꼬마는 어머니를 따라나섰다. 시어머니와 동서를 믿었는데 어떻게 아이를 그렇게 험한 꼴로 버려둘 수가 있느냐고, 어머니는 꼬마를 데리고 가는 내내 눈물을 훔쳤다.

꼬마는 청주 한벌초등학교로 전학을 했다. 집은 송정동이고 학교까지는 십 리 거리였다. 꼬마는 철길을 건너 우마차 길로 십 리를 걸어 통학하게 되었는데 시골과 도시는 아이들의 싸움 수준이 달랐다. 어룡에선 싸울 때 주먹을 쥐고 했지만 한벌에서는 주먹이 아니라 돌멩이를 들고 하는 것이었다.

꼬마는 이내 아이들을 제압하게 되었다. 아이들에게 얕보이지 않으려면 처음이 중요한 법인데, 그는 주먹보다 큰 돌멩이가 날아와 이마에 꽂혔을 때 그 얼굴 그대로, 즉 돌이 살에 꽂힌 상태로 피를 줄줄 흘리며 달려든 것이었다. 아이들은 기겁을 해서 도망가 버렸고 다음부터는 아무도 달려들지 않았다. 소문만으로 그는 학교 안의 유명인사가 되어 문제가 생기면 그를 보디가드로 데려갈 지경이었다. 꼬마는 여유만만했다. 아이들이 먹을 것을 싸다 주기도 하고 책보를 들어주기도 했다. 물론 공부는 거의 하지 않았다. 공부가 뭔지 아무 재미를 붙이지 못했던

것이다. 오전반이건, 오후반이건 학교에서 돌아오면 어머니가 장사를 가시고 안 계셨으므로 집에는 아무도 없었다. 그러나 큰집에서의 생활에 비하면 집은 천국이었다.

어머니가 노점상을 해서 모은 저축으로 괴산에 땅을 장만해 이사를 한 것은 4학년 때였다. 그때 얘기는 두고두고 아쉬운 화제가 되었는데 청주에서 노점상을 한 어머니는 시내에 상가 건물을 사고 싶으셨단다. 셋돈 안 무는 자기 가게가 있으면 삼남매는 넉넉히 가르치지 않겠나 싶은 것이었다. 아마 어머니 생각대로 했으면 그네 일가는 일찍이 안정된 생활을 누리게 되었을지 모른다. 그랬으면 파란만장한 그의 삶도 궤도를 달리했을 것이다. 그러나 어머니는 자신이 없어서 당숙에게 상의를 드렸다.

"형수님, 돈은 땅에 묻어야지유. 세상에 땅만큼 안전한 게 어딨습니까유. 도둑이 집어 가나 난리가 난다고 없어지길 하나, 땅밖에 없쥬."

당숙은 농사꾼다운 의견을 제시했고, 어머니는 시내에 상가를 살 수 있는 돈으로 괴산에 논 다섯 마지기와 밭 수백 평을 샀다. 그네에게 논밭의 재산이 생긴 것이다. 그 땅을 따라 가족이 이사를 한 것은 당연한 일이었다.

그런데 자빠져도 코가 깨진다고 그네가 산 논은 개천을 메운 자갈논이었고, 농사라는 게 그리 만만하지가 않았다. 형이 제대를 해서 집에 돌아왔으므로 농사를 짓게 되었고, 준성과 누나는 문광초등학교로 전학을 했다. 공부하고는 여전히 담 쌓은 상태였지만 등하굣길의 즐거움이란 대단한 것이었다.

그런데 형이 지은 농사가 완전 쭉정이였다. 당숙이 가르쳐 준 대로 지은 것이 언제나 한 박자씩 늦었던 것이다. 무엇보다 보릿고개가 문제였다. 봄에서 여름이 되는 사이, 곡식이 영글지 않은 시기에는 보통 집에서 하루 한 끼 먹으면 잘 먹는 편이었다. 별수 없이 방앗간에서 등겨와 싸라기를 얻어다 시래기죽을 쑤어 먹고, 소나무 내피를 벗겨서 녹말 내고 등겨를 섞어 송피개떡을 만들어 쪄 먹는 등 초근목피로 연명을 해야 했다.

　못 먹고 물만 마시니 아이들은 배만 튀어나오는 기형적인 모습이 되어 갔고, 어머니는 술 지게미를 얻어다 달짝지근한 사카린을 넣고 끓여 주었다. 영양가는 어떤지 몰라도 술 지게미는 맛도 달콤하고 배가 불렀다. 그런데 그걸 먹고 농로길 십 리를 걸어 학교에 가노라면 이상하게 다리가 제멋대로 휘청거려서 넘어져 구르기도 하고 개울에 빠져 옷이며 책보, 얼굴이 온통 흙투성이가 되는 것이었다. 얼굴은 언제나 벌겋게 열이 오르고 술 냄새가 진동하곤 했다. 보다 못한 선생님이 그를 불러냈다. 눈동자까지 벌겋게 술에 취한 꼬마는 선생님 앞에서 해롱거렸다.

제2장
보릿고개

  보리 이삭이 팰 무렵의 들녘은 싱그러웠다. 부드러운 초록 잎새 속에서 긴 술을 꼿꼿이 쳐들고 알맹이를 품기 시작하는 보리들이 푸른 물결을 이룬 밭이랑에는 풀꽃들이 피어나 한들거렸다. 새들은 공중을 나르며 지저귀고 나비들은 꽃을 찾아 나풀거리며 춤을 추었다. 새순의 생명력을 푸름으로 머금은 공기 입자가 아지랑이를 피어올리며 화사한 봄을 재촉하고 있었다.

  그 꽃다운 계절에 4학년 꼬마가 얼굴이 벌겋도록 취해 등교를 해서는 왜 지각했느냐는 담임의 질문에 "지, 지각 안 했어유. 오후반이잖어유. 헤헤…… 끄으윽……." 하고 해롱거리며 트림을 하는 것이었다. 술 지게미 냄새가 교탁 주변으로 번져 나갔다.

  "아이 냄새, 술 냄새야."

  앞에 앉은 아이들이 코를 싸쥐며 앙탈하듯 소곤거리고 킥킥거리는 웃음소리가 여기저기서 터졌다. 무르익어 가는 봄 계절의 오후반 수업이란 첫 시간부터 나른한 법인데 술 취해 지각하는 녀석까지 있다 보면 분위기를 추스르는 일도 수월찮은 노릇이었다.

화가 나는 대로라면 따귀라도 올려붙이며 머리가 여물지도 않은 어린 것이 대낮부터 웬 술이냐고 한바탕 호통을 치고 싶지만 정오수 담임교사는 우선 참았다. '예, 아니오'의 대답조차 고갯짓으로 대신하기 일쑤인 아이가 그만큼 길게 설명을 한 것이 신통한 일이었던 것이다.

"김준성, 또 지각하면 기합이다."

킥킥거리면서도 혹시 전체기합을 받는 건 아닌가 담임의 눈치를 살피던 아이들 얼굴이 환해지면서 부스럭부스럭 책보를 풀고 책이며 공책을 꺼내는 소리가 들려왔다. 그날은 그렇게 지나갔다. 그러나 다음 날, 꼬마는 지각은 안 했지만 땅강아지 꼴로 흙투성이가 되어 술내를 풍기며 등교했고 다음 날도 여전했다. 지각이 문제가 아니라 날마다 만취상태로 학교에 오는 게 문제였다.

담임은 부모님을 모셔 오라고 했다. 대체 어린아이에게 매일 술을 퍼먹여 학교에 보내는 한심한 부모의 얼굴을 보고 싶다기보다는 이 맹랑한 사건의 진상을 알아볼 필요가 있었다. 무슨 까닭인지는 몰라도 아이와 얘기할 사안이 아닌 것이었다.

아무 영문을 모르는 채로 꼬마는 엄마를 기다려 담임 선생님의 말을 전했다.

"엄마, 선생님이 내일 핵교 오래."

"내일은 안 된다."

"와?"

"느 어메가 선상님이 오란다고 냉큼 핵교나 뛰어가는 한가한 사램이 아녀."

엄마는 손가락을 짚어 가며 내일은 감나무골, 모레는 양짓말, 글피는 배티재, 그 글피는 샘말하며 한동안 궁시렁궁시렁 따져 보더니 "열흘

뒤면 되것구만. 가서 선상님한티 열 밤 자고 간다고 혀."

"열 밤은 너무 먼 디······."

어린 소견에도 내일 오라는 것을 그렇게 마음대로 열흘 뒤로 해도 괜찮은가 싶어 꼬마는 슬며시 한 마디 내밀며 엄마의 기색을 살핀다.

"장시는 신용이 있어야 허는 뱁여. 동네마다 다 가는 날이 정해져 있는디 워쩌. 열 밤을 자야 느 핵교 있는 장거리부락 가는 날여. 발바닥에 불나게 돌아댕겨도 자석들 입에 밥을 못 넣어 주고 게우 술 지게미나 먹이는디 어메가 워떻게 장시를 파허고 핵교부텀 가겄어? 안 그려?"

"알었구만, 핵교에서 밥을 주는 건 아닌 게."

여전히 얼굴이 벌게서 비틀거리며 등교한 준성은 부모님께 말씀을 전했느냐는 담임에게 "여······ 열 밤유." 했다. 열 밤이라니 그게 무슨 뜻이냐고 재차 묻자 꼬마는 얼굴이 더 빨개져 가지고 기어 들어가는 목소리로 "열 밤 지나서유." 했다.

열흘이 지나가고 마침내 어머니가 오시마던 날이 되었다. 꼬마는 좀이 쑤셨다. 오금도 저려 왔다. 엄마가 집채만한 장사보따리를 머리에 이고 보무도 당당하게 학교에 나타날 생각을 하면 생쥐가 되어 쥐구멍 속으로 들어가고 싶었다.

필경 엄마는 집채만한 장사보퉁이를 머리에 이고 두 팔을 저으며 운동장에 나타날 것이었다. 머리에 인 짐을 따로 놓고 빨리 걸으려면 두 팔을 알맞게 저어 몸의 균형을 맞춰 주어야 머리 위의 짐을 떨어트리지 않는다는 것이있다. 다른 엄마들은 학교에 올 때면 모본단에 양단에 하다 못해 나일론 옷이라도 잘 차려입고 오는데, 엄마는 비단옷은 고사하고 장사보따리를 이고 오니까 꼬마는 그게 부끄러웠다. 전에도 엄마는 학교가 있는 마을 쪽에 온 길이라며 학교에 들른 일이 있는데 꼬마는 장사보퉁이를 머리에 인 엄마가 창피해서 생쥐가 쥐구멍으로 숨듯 잽싸게 숨어버린 일이 있다. 엄마는 그날 "눈깔사탕을 주고 싶어서 핵교 갔더니 안 보이두만." 하였다. 꼬마는 눈깔사탕 소리에 침이 꼴깍 넘어갔지만 생쥐처럼 숨었던 걸 후회하지는 않았다. 그런데 오늘은 선생님의 호출을 받고 오는 날이니 숨을 수도 없다.

마침내 엄마의 그 집채만한 장사보퉁이가 운동장에 나타났고, 보퉁이는 교실 쪽으로 오지 않고 교무실 쪽으로 둥둥 떠가듯 갔다. 보퉁이에 가려 엄마는 보이지도 않았다. 꼬마는 안도의 숨을 내쉬며 가슴을 쓸어 내렸다. 엄마가 교실로 오지 않는 게 얼마나 다행인지 몰랐다.

교무실 앞 복도에 짐을 내려놓은 어머니는 머리에 짐을 받치느라 놓았던 따리 대용의 수건을 탁탁 털어서 그것으로 옷도 털고 얼굴도 쓱쓱 문질러 닦았다. 그리고 수건을 보퉁이 위에 던져 놓으며 교무실로 들어갔다.

"어떻게 오셨습니까?"

"4학년 김준성 엄만데 선생님께서 불러서 왔슈."

"저쪽에 가 기다리시면 선생님이 수업 끝내고 오실 겁니다."

수업을 마치는 종소리가 울리고 손가락에 분필가루를 묻힌 선생님이 들어오셨다. 엄마는 고개를 숙였고 선생님은 엄마를 바로 보지도 않고 김준성 어머니냐며 의례적으로 물었다. 항상 술이 잔뜩 취해 등교하는 말썽꾸러기 엄마 말고는 올 사람이 없었다. 어머니는 선생님이 움직이는 대로 따라 돌아서면서 허리 굽혀 절했다. 보통으로 허리를 굽히는 게 아니라 그야말로 머리가 땅에 닿을 지경으로 절을 하는 것이었다. 어머니는 눈길도 바로 주지 않는 담임 선생님께 공손하게 물었다.

"저희 아이가 무슨 잘못을 했는지요? 자식을 맡겨 놓고 인사 한 번을 못 드리고 삽니다. 죄송합니다."

선생님은 비로소 얼굴을 들었다. 그리고 매일 아이에게 술을 퍼 먹여

보내는 여인답지 않게 점잖고 공손한 부인을 바라보았다. 그는 막연히 대폿집 같은 걸 하거나 아무튼 술과 관련이 있는 그런 학부모가 아닐까 지레 짐작을 했던 것이다. 누가 일러주거나 무슨 이유가 있어서가 아니고 아이에게 매일 술을 먹이는 경우란 술장사를 하거나 술집 종업원이 아니고는 달리 상상이 되지 않았던 것이다. 그런데 '행색은 초라하기 이를 데 없어도 점잖기 짝이 없는 이 부인이 김준성의 어머니라니!' 하는 놀라움으로 여인을 바라본 순간, 정오수 선생은 입을 딱 벌리고 말을 잇지 못했다. 그는 한동안 부인을 쳐다보다가 물었다.

"저…… 김진현 선생님 사모님 아니십니까?"

어머니는 잘못 들은 것이 아닌가 귀를 의심했다. 남편 돌아간 지 십여 년 성상인데 뜻밖에 남편의 이름자를 듣고 보니 어안이 벙벙한 것이었다.

"김진현 선생님 사모님이 틀림없으시지유?"

말투까지 바뀐 담임이 재차 물었고 어머니는 우물우물 대답했다.

"그 냥반 살았을 땐 그렸쥬. 사모님 소리도 들었슈. 그런디 워쩧게 즈이 바깥냥반을 선상님께서 아시는 감유?"

정오수 교사의 귀에는 그 양반 살았을 땐 어쩌고 하는 소리는 들리지 않았다. 즈이 바깥양반이라는 한 마디만 청각을 울렸다.

"사모님! 저, 저를 모르시겠습니까? 저, 정오숩니다, 사모님."

담임 선생이 손을 잡고 흔드는 바람에 어머니는 더욱 정신을 차릴 수 없었다.

"누구신지? 당최 생각이 안 나는디."

"사모님께서 매일 점심밥을 지어주신 정오수입니다. 선생님 감원학교 계실 때 관사로 진지 잡수러 가실 때면 꼭 저를 데리고 가셨는데, 기억 못하시겠습니까? 꼭 더운 밥 지어주시고 제가 잘 먹는다고 배추꼬리 장아찌 무쳐 주시고 가끔 주머니에 누룽지도 찔러 넣어 주시지 않았습니까? 생각 안 나세요, 사모님?"
　어머니의 눈이 찬찬히 담임의 얼굴을 더듬고 있었다. 혈색 없는 얼굴에 웃음을 잘 짓던 아이, 늘 허기가 져 있으면서도 눈만은 초롱초롱하던 그 헐벗었던 아이 얼굴이 희미하게 떠올라 부인의 두 손을 잡고 울먹이는 젊은 교사의 얼굴에 겹쳐지고 있었다.
　"그게 언젯적 일이랴, 이십 년도 넘은 것 같은디. 그 뇌랗던 오수가 선상님이 되셨는가? 그라고 보니 눈허고 코허고 입이 어릴 적 모습 그대로여."
　"잊지 않으셨군요? 알아보시는군요, 사모님."
　"관사에 와서 밥 먹은 학상들이 여럿 있었구먼. 어느 핸가는 내처 두 명씩 데불고 오기도 혔는디 그 중에서도 오수는 원체 몸이 약혀서 알것어. 공부 잘헌다고 선상님이 얼매나 이뻐허셨는디 워찌 잊어부리겄어. 아이고, 참말 옛날 일여. 지금에사 그런 시절이 있었던가 싶고만."
　"선생님 덕분에 제가 진학도 할 수 있었고 언제나 희망을 가질 수 있었고 용기를 잃지 않았습니다. 이렇게 교단에 설 수 있게 된 것도 선생님 가르침 때문이지유. 언제 한번 선생님을 찾아뵈어야지 벼르기만 허고 사람 사는 게 뭔지 당최 마음뿐으로 못했는디 이렇게 사모님을 뵙게 되는구만유. 그러니께 준성이가 우리 선생님 자제분인가유? 선생님은 지금 어디?"
　"이 사람아, 선상님 돌아가신 지 야뎗 해여."
　"야? 돌아가셨다구요? 선생님이…… 어쩌다가?"
　"사고라는디 잘은 몰러. 자유당 선거 밑에 그랬제. 선상님이 기시믄 지금 준성이가 저 꼴이겠는가. 4학년이 되어서도 안즉 한글도 다 못 깨치고 쌈박질만 하는 줄은 아는디, 내가 장사 댕겨서 게우 입에 풀칠을

26　마음의 물결

항게 공부는 뒷전이여. 그란데 준성이가 또 아아들을 팼는가? 부모를 오라고 헌 기 뭣 땀시여?"

"아이를 때린 건 아닙니다. 녀석이 학교에 올 때마다 어디서 술을 마시고 오는 것 같아서요. 처음엔 설마 했는데 두고 보니 사실이었습니다. 두 시간쯤 지나야 술이 깨서 눈동자가 바로 돌아옵니다. 중학생도 아니고 4학년짜리가 벌써 술을 그것도 하루도 안 거르고 날마다 만취가 되도록 마시고 오는 건 보통 일이 아니어서요. 근데 선생님이 돌아가시다니, 그리고 준성이가 선생님 자제라니……."

어머니와 담임의 만남은 무슨 이산가족 상봉 같았다. 어머니는 밥을 굶겨 보낼 수 없어 술 지게미를 얻어다 끓여 먹여 보냈더니 그게 아마 학교 오는 동안 취했던 모양인데 그게 취할 수도 있다는 생각은 못했노라고 장황하게 설명을 하고, 담임은 준성이가 몇 살 때 선생님이 돌아가셨나, 그동안 어떻게 살아오셨나 꼬치꼬치 물었다. 평생의 삶의 방향을 몸으로 가르쳐 주신 은사가 찾아뵙기도 전에 세상을 달리하셨다는 것, 준성과 다름없었던 자신의 옛날을 아득하게 잊어버리고 어려운 환경의 제자를 오해했던 걸 뉘우치면서 담임은 어머니의 손을 잡고 눈물을 흘렸다.

다음 날부터는 선생님이 도시락을 두 개 싸가지고 와서 매일 꼬마에게 주었고 꼬마는 땅강아지처럼 흙투성이가 되어 교실에 들어서지 않았다. 술 지게미를 먹지 않고 수제비나 풀떼기죽 같은 것을 먹으니 배는 좀 고팠지만, 십 리나 되는 등굣길이 흔들흔들 흔들리지는 않았던 것이다. 땅이 제멋대로 움직이고 다리가 제멋대로 휘청거려서 책보를 떨어트리기도 하고 개골창에 빠지기도 하고 진창길에 구르기도 하던 그 농로길이 그리 반듯하고 상쾌할 수가 없었다. 예쁜 꽃들이 보이고 새들의 지저귐이 들리고 하얀 뭉게구름의 변화가 흥미로웠다. 때로는 자기도 모르게 휘파람이 불어지거나 노래가 흥얼거려질 때도 있었다.

그 통학길은 다리는 좀 아팠지만 즐겁고 유쾌하고 모험이 가득한 체험장이었고 먹을 것들이 생기는 보급로였다. 평생 잊을 수 없는 소중한 추억의 길이었다.

그는 미리암 수녀에게 '아마 이 작은 덩치로 어디 가건 힘깨나 쓴다는 말을 듣는 건 그 통학길에서 온갖 영양을 다 섭취했기 때문일 겁니다.' 라고 했는데 사실이었다.

항상 배가 고픈 상태였기에 눈에 먹을 것만 보였는지 모르지만 어떻든 꼬마는 그 길에서 먹을 수 있는 건 모두 먹어 두는 게 유리하다는 걸 스스로 터득했다. 친구는 없었다. 아이들은 그를 두려워할 뿐 같이 놀지는 않았으므로 그는 혼자 삘기를 뽑아 먹고 싱아를 따먹고 여물지 않은 목화 열매를 따먹었다. 그러나 누구나 다 따먹는 그런 식물성 먹을거리로는 성이 차지 않았다.

꼬마는 차츰 개구리를 잡아 구워 먹고 가재나 땅강아지, 새나 새알, 쥐, 뱀 등 먹을 수 있게 생긴 건 다 잡아 구워 먹었다. 논두렁의 들불이나 모닥불이 흔하던 시절이어서 구워 먹는 데는 불편이 없었다.

심지어 땅벌집을 뒤집어 토종꿀을 조갈이 나도록 실컷 먹은 적도 있었다. 그 땅벌집은 통학하는 아이들을 오 리쯤 돌아가게 만드는 공포의 대상이었다. 한 번 쏘이면 괴물처럼 부어오르는 것은 물론 많이 쏘이면 치명적이기도 했으므로 처음엔 꼬마도 아이들처럼 벌집을 피해 오 리를 돌아서 다녔다. 그러나 생각해 보니 매일 오 리씩 돌아다녀야 하는 게 억울할 뿐더러 언제까지 이래야 하는가 싶었다.

꼬마는 먼저 벌에 쏘이지 않을 방법을 궁리했다. 공부는 못했지만 우연히 들여다본 자연책에 두꺼비가 파리와 벌을 잡아먹는다는 게 나와 있었다. 옳다 이거다 싶었다. 꼬마는 두꺼비를 두 마리 잡아서 다리를

28 마음의 물결

묶어 가지고 벌집 앞 큰 돌멩이에 고정시켜 놓았다. 그리고 개구리를 몇 놈 잡아 땅속 깊은 벌집 굴에 집어넣고 냅다 뛰어 그 자리를 피했다. 아마 개구리들이 벌에 쏘여 막 뛰면 벌집 속의 벌들은 소동이 날 것이고 벌들이 밖으로 나오면 두꺼비가 잡아먹을 것이었다.

꼬마는 하루를 기다리고 또 하루를 기다려서 벌집을 찾아가 보았다. 조용했다. 그의 이론이 맞아 떨어진 것이었다. 꼬마는 느긋하게 땅을 파고 벌집을 꺼내 통째로 다 먹어치웠다. 그렇게 맛있는 걸 먹어 보기는 난생 처음이어서 꿀에 붙어 있는 벌 새끼나 알까지 모두 씹어 먹었다. 꿀맛이라는 게 바로 이런 거로구나 싶었다.

그 보릿고개 이야기는 텔레비전 프로그램에서 1960년대 당시의 춘궁기 자료들, 마을 가까운 곳의 소나무들이 사람 키가 닿는 위치 아래로만 흰 띠를 두른 듯 모두 벗겨진 사진이라든가, 굶주림으로 배만 앞으로 튀어나오고 팔다리는 거미 같은 아이들의 사진이나 그림으로 자세히 보여준 적이 있다. 그러나 당시에도 농촌과 도시의 생활 차이, 빈부의 차이는 여전히 골 깊게 존재했으므로, 도시 아이들에게는 보릿고개라는 것이 아프리카 난민들의 얘기처럼 거리감을 갖게 했다. 그래도 보릿고개 그림은 인상적이었다. 그 그림은 보리밭에서 익은 보리이삭을 자르는 여인들이며 자른 이삭을 가마솥에서 찌는 모습 등을 나타냄으로써 찐 보리를 멍석에 널어 말려 가지고 비비면 보리알갱이가 나오는데 그렇게 보리를 먹을 수 있을 때까지의 봄철 춘궁기가 보릿고개였다고 순차적으로 보여주고 있었다. 그러나 보릿고개 대목의 핵심은 정오수 선생님의 이야기로 압축이 된다고 미리암 수녀는 설명했다.

"죄송합니다, 야고보 선생님. 이 감동적인 스승 대목은 드라마로 만들어야만 제격인데 아직 방송의 꽃인 드라마를 제작할 형편은 못 되는지라. 꿩 대신 닭이라고 드라마 대신 애니메이션 처리를 했는데 어떨지 모르겠습니다."

"저는 수녀님 말씀을 알아듣지도 못하니 뭐라고 말씀도 못 드리겠고 아무튼 망신만 안 당하게 해주십시오."

"그야 여부가 있나요. 제가 하느님하고 종씨 아닙니까. 하느님도 편애를 하시거든요. 이 조카가 하는 일에는 축복을 배로 주시니까 안심하십시오."

우연치 않게 시작된 일로 그는 거의 매일 방송국으로 퇴근을 하다시피 하므로 미리암 수녀와도 꽤 임의로워졌는데 여전히 알아들을 수 없는 말은 많았다.

"하느님하고 종씨라니 그게 무슨?"

"아니, 여태 하느님 성씨도 모르십니까? 원, 이렇게 어두우셔서야. 아, 나하고 종씨인 오씨시잖아요. 사람들이 다 '오! 하느님' 그러니 오씨죠. 더러는 '아! 하느님' 하는 사람들도 있지만 아씨 성은 없으니까."

수녀의 능청에 고지식한 그는 그것이 농담이라는 것을 한참 후에야 깨달았다. 그러나 문득 생각이 날 땐 절로 웃음이 머금어지곤 하는 재담이었다.

방송은 생각보다 복잡한 일이었다. 그러나 제작진과 함께 고향에 다녀온 것 외엔 특별한 일은 없었다. 대개는 대역 배우가 그를 대신하고 웬만한 것은 해설로 처리되면서 그림이나 사진으로 꾸며지므로 겁을 먹었던 데 비해서는 그다지 어렵지 않았다. 살아온 세월을 시시콜콜 더듬어 내야 하는 삶의 무게가 이따금 만감을 서리게 할 뿐이었다.

유년 시절의 이야기를 끝내고 청소년 시절로 넘어가던 날, 오 수녀는 모처럼 길 카페에서 차를 한 잔 하자고 했다. 길 카페란 길가의 자판기를 이르는 말임을 이제는 그도 알아듣는다. 길 백화점에서 산 양말이란 게 길가의 노점상에서 산 것이라는 것도 이제는 안다.

30 마음의 물결

"정오수 선생도 은사 소식을 타계 후에 듣고 안타까워하더니 야고보 선생님도 그렇게 되셨네. 실은 당사자인 정오수 선생을 찾아 실물 커트 몇 장면 넣으면 더 이상 좋을 게 없겠어서 알아봤거든요. 갑자기 만나게 해드리려고 얘기도 안 한건데, 약하긴 엄청 약하셨던 분인가 봐요. 애석하게도 세상을 뜨셨다네요."

서울 복판의 거리에서 종이컵을 들고 그는 하늘을 올려다보았다. 몇 갠가의 별이 희미하게 반짝이고 있었다. 그의 눈가로 서울의 꺼질 듯 희미한 별빛이 흘러들었다.

제3장
무작정 상경

 4학년 여름부터 그 한 해는 꿈결처럼 참 빠르게 흘러갔다. 매일 도시락을 싸다 주는 사람이 다른 누가 아닌 담임 선생님이라는 사실은, 아무도 알아주는 이 없던 바닥인생에서 대단한 신분 상승이었다. 그 이후로는 아무도 꼬마를 업신여기지 않았다. 공연히 돌팔매질을 하며 놀리거나 시비를 걸다가 두드려 맞을까 봐 냅다 도망을 치는 아이들도 없었다.
 "아, 저 김준성이가 말야. 정 선생 은사의 아들이라는구먼. 교장까지 지내셨다는데 일찍 돌아가셔 가지고 부인이 행상을 하신다지, 아마?"
 선생님들은 그러며 일부러 준성에게 와서 머리를 쓰다듬어 주고, "공부 열심히 해, 임마. 그렇게 훌륭하신 아버지가 지하에서라도 과연 내 아들이로구나 자랑스러워하셔야 할 거 아냐?" 하며 타일러 주었다.
 담임 선생님은 공부시간에 일쑤 준성을 시키거나, 칠판 앞으로 불러냈다. 늘 굶주리는 꼬마에게 입쌀이 듬뿍 섞인 도시락은 하루 한 끼나마 뱃속이 든든한 안정감을 주었고, 선생님들이 아는 척을 해주는 건 귀공자가 된 듯 저절로 어깨가 펴지는 일이었다.

꼬마는 공부에 관심을 안 가질 도리가 없었다. 원래 기본이 안 되어 있어서 벼락치기 공부를 해 보았자 별 효과가 있는 건 아니지만, 공부하는 시늉이라도 해야 했다.

"와, 준성이 반찬은 고기다, 장조림 고기야."

꼬마들에게 가장 큰 관심을 끄는 건 뭐니 뭐니 해도 도시락이었고, 아이들의 눈은 선생님으로부터 받는 준성의 도시락에 쏠리곤 했다. 아주 이따금 달걀부침이 들어 있거나 명절 아니면 잔치 때나 맛볼 수 있는 고기반찬이 들어 있을 땐 아이들의 환성이 터졌다. 보통은 콩자반이나 멸치볶음이었는데, 아이들이 싸오는 보리밥에 벌겋게 물을 들이는 시큼한 냄새의 열무김치에 비하면 그건 왕자님의 진수성찬이었다. 준성은 반 아이들 모두가 부러움 가득한 시선을 보내는 그 좋은 반찬들을 혼자 먹지 않았다. 또한 아이들도 눈 깜짝할 사이에 마구 덤벼들어 반찬을 빼앗아 가는 난폭한 짓을 준성에게는 하지 않았다. 콩자반 한 톨, 멸치 한 개, 장조림 한 쪽을 나누어 줄 때까지 얌전히 기다렸다.

선생님은 아이들에게 어렸을 때 얘기를 해주었고 아이들은 감동했다. 맹물만 잔뜩 마시고 학교에 가면 눈앞에 별만 깜박거리는데, 준성 아버지인 선생님을 따라가 더운 점심을 배불리 먹고 나면, 그 다음부터는 공부가 머리에 쏙쏙 들어오더라는 것이었다.

"그 시절에 난 선생님 댁에 가서 얻어먹는 점심 한 그릇으로 살았다. 공부하러 학교 간 게 아니라 선생님 따라가 밥 얻어먹으려고 학교에 갔으니까. 나라를 빼앗겼다가 찾은 무렵이었는데, 그건 해방이 아니었다. 국토를 반으로 동강 낸 분단의 시작이었지. 백성들은 그것도 몰랐어. 너무 배가 고파서였을 게야. 그 시절엔 사람들 소원이 '배 안 곯는 것'이었다. 굶어 죽는 게 예사였거든. 오죽하면 배 안 곯는 게 소원이었겠니. 그 허기 속에 내가 선생님이 된 건 배워야 살아남는다는 스승의 가르침 때문이었어. 너희들도 환경이 어렵다고 포기하거나 좌절해서는 안 된다. 하늘은 스스로 돕는 자를 돕는 법이야. 열심히 공부하면 반드시 길은 열리는 법이니까."

선생님의 입지전적 성공담이 아이들을 감동시킨 그 해는 참으로 빨리 지나가고 꼬마의 좋은 시절도 끝났다. 선생님이 전근을 가신 것이었다. 준성은 다시 끈 떨어진 뒤웅박 신세가 되었지만, 싸움질을 하거나 말썽을 부리지는 않았다. 그는 4학년 때 한글을 깨쳤는데 아마 농사 때문에 결석이 많지 않았던들 범생이 소리를 들을 수 있었을지도 모른다. 선생님이 문광학교에 한두 해만 더 계셨어도 농사일 때문에 학교 공부가 뒷전이 되는 어리석은 실수도 없었을 터였다. 그랬으면 진학을 했을 것이고, 당연히 무작정 상경의 가출로 기구절창 험한 인생 항로로 들어서지도 않았을 것이다. 그러나 이미 지나가 버린 시절을 이러저러했더라면 하고 가정해 보는 것은 얼마나 한심하고 덧없는 것이던가.

정오수 선생님이 돌아가셨다는 소식을 미리암 수녀를 통해 들은 날, 그는 산다는 것이 얼마나 엄혹한 것인가 돌아보지 않을 수 없었다. 선생님도 기구하게 만난 어머니 앞에서 아버지를 생전에 찾아뵙지 못했음을 그리 한스러워했다고 들었는데 그 역시 마찬가지가 된 것이었다. 언제 한번 찾아뵈어야지 했던 마음이 삶의 엄혹함 속에서 십 년, 이십 년 미루어지다가 이제 다시는 만나 뵐 기회를 잃어버린 것이었다.

어떻든 어린 그가 반품 일꾼으로 거의 본격적으로 농사에 매달린 것은 그 이듬해부터였다. 형님이 죽으면 죽었지 농사는 못하겠다면서 경찰관 시험을 봐서 도시로 날아가 버리고 말았던 것이다. 어머니는 여전히 장사를 다녔다. 어린 소견에 땅을 내버려둘 수는 없는 일이었다.

자갈논이 5마지기, 밭이 7백 평이었다. 반품을 팔아야 하는 꼬마가 짓기에는 결코 적은 농지가 아니었다. 그런데 무슨 뱃심이었는지 어린

소견으로 그 땅을 열심히 일구면 살아갈 길이 열리지 않을까 싶었다. 농번기에는 거의 학교를 못 갔지만 그는 마을에서 인기 좋은 반품 일꾼이었다. 반품 일꾼이란 어른 남자 일꾼의 반값을 쳐준다는 뜻으로 아낙들이 이에 속했다. 남자어른에게 가서 이틀 일해 주면 어른은 그의 논에 와서 하루를 일해 주는 것이었다. 여자어른과는 맞교환이 되었다. 남자어른들이 하는 쟁기질이나 써레질 같은 것은 반품 일꾼들은 할 수 없는 것이었다. 그러나 그런 큰 일을 제외한 다른 일은 다 가능했다. 특히 그는 몸은 작았지만 벌집을 꺼내 먹고 뱀을 잡아 구워 먹어서 그랬는지 체격에 비해서는 힘이 장사였다. 특히 마을 아짐씨들이 그를 좋아하는 것은 일하는 날 술을 안 사주어도 되고 담배를 사줄 필요가 없기 때문이었다. 그저 밥 세 끼 먹여 주면 한눈 한 번 안 팔고 몸이 부서져라 열심히 일하고 꾀를 부리지 않으니까 섣부른 어른 일꾼보다 꼬마가 낫다는 것이었다. 그의 품을 사려고 마을 아짐씨들은 줄을 섰고 모내기 철, 벼 베는 철엔 당연히 학교를 못 갔다. 그러면서도 졸업장을 받을 수 있었던 것은 고학년이 되면서 결석은 많아도 성적이 나아졌고 싸움질도 덜한 때문이었다.

 그는 정말로 열심히 농사를 지었다. 졸업하던 해엔 형이 지은 것보다 갑절이 넘는 소출을 거둘 수 있었다. 대단한 성공이었다. 이제 양식 걱정은 하지 않아도 좋았다. 그런데 양식 걱정만 하지 않으면 충분하다는 것은 5, 6학년 때의 마음이고 친구들이 중학생이 된 그 해에는 양식 걱정이 없다는 것으로 충분할 수 없다는 사실을 깨닫지 않을 수 없었다. 이미 누나는 서울로 올라간 후였다. 그는 중학교에 못 갈 바엔 서울 가서 공장에라도 다니는 것이 앞으로 학교에 갈 수 있는 기회라는 생각이 들었다. 어머니의 꾸중을 무릅쓰고 누나가 몰래 떠날 때만 해도 강 건너 불이었던 자신의 진학문제가 코앞에 닥치자 그 역시 생각을 안 할 수가 없었던 것이다. 땅강아지 같은 꼴로 들에서 일을 하는데 교복 입고 교모 쓰고 가방을 든 친구들이 휘파람을 불며 지나가다가 "준성아!" 하고 합창을 할 때는 생쥐가 되어 숨고 싶은 정도가 아니라 촛불처럼 그냥 세상에서 꺼져버리고 싶었다. 눈물이 나올 만큼 자존심이 상하고 교복과 교모의 중학생이 부러워서 농사꾼으로는 고향마을에서 살 수가 없을 것 같았다.

결국 그는 졸업 후 한 해 더 농사를 지었다. 소출은 지난해보다 더 좋았다. 어머니의 양식으로는 충분할 곡식을 쟁여 놓고 그는 지붕을 이었다. 초가지붕은 해마다 새 볏짚으로 갈아주어야 보기에도 폼이 나고 겨울에 따뜻하며 여름에 시원한 법이다. 노르스름하게 반짝이는 햇 볏짚으로 지붕을 새로 이으려니 만감이 교차했다. 잊을 수 없는 아릿한 추억이 눈시울을 덥게 하는 것이었다.

겨울엔 초가의 처마 밑 구멍에 참새가 들어가 잠을 자는데 밤에 플래시를 비추면 참새는 그 조그만 눈을 부스스 뜨고 눈이 부셔선지 꼼짝을 못한다. 가만히 손을 넣으면 따뜻하고 복슬복슬한 참새가 손안에 꼭 들어오는데 그걸 잡아 가지고 구워 먹으면 그렇게 고소하고 맛날 수가 없다. 참새고기를 먹으면 그릇을 깨뜨린다고 해서 여자 아이들은 못 먹게 하는데 엄마는 달랐다. "그릇 깨뜨리는 게 대수여? 괴기국도 못 끓여 멕이는데, 참새고기라도 멕이야제." 하는 것이 엄마의 지론이었다. 준애 누나가 특별히 그릇을 많이 깨뜨렸는지는 물어본 적이 없지만, 누나만큼 참새고기를 많이 먹은 여자도 없을 것이다. 특히 누나는 뱀을 안 먹기 때문에 어머니가 참새만은 준성에게보다도 누나에게 더 많이 먹였던 것이다.

왜 참새가 뱀에 비교되나 하면 간혹 참새 대신 뱀이 들어 있어 까무러치게 놀라면서도 한사코 뱀까지 잡았기 때문이다. 그 배고프던 시절에

36 마음의 물결

는 뱀 역시 굽거나 끓이거나 음식으로 삼는 데는 예외가 아니었다. 뱀은 어른들이 매우 좋아하는 보양식이어서 그는 한동안 마을에 흘러든 땅꾼을 따라다니며 뱀 잡는 법을 배운 적도 있다. 해발 2백 미터 정도의 야산에 올라가 뱀굴을 찾아내면, 그 굴을 지키다가 뱀을 한 마리가 아니라 집단으로 생포하는 것이었다. 뱀이 집단으로 모여 산다는 사실도 그때 알았다. 마치 아침에 나갔던 식구들이 저녁이면 집으로 들어오듯 뱀들 역시 한 마리씩 나갔다가도 저녁이 되면 모두 굴로 모여드는 것이었고 땅꾼들은 그걸 기다려 잡았다. 땅꾼들이 다른 것은 뱀을 죽여서 잡는 게 아니고 상처 하나 없이 산 채로 생포를 하는 점이었다. 그래야 좋은 가격에 팔 수 있다는 것이었다. 꼬마는 재미로 그들을 따라다니며 거들다가 한두 마리씩 얻어 왔고, 동네 어른들은 그 징그러운 산 뱀을 그렇게 좋아할 수가 없었다. 말썽만 부리는 줄 알았더니 이렇게 신통할 수도 있냐는 것이었다. 그런데 마을 어른들이 다 좋아하는 뱀을 누나나 어머니는 질겁하며 야단만 하기 때문에 그는 더 이상 땅꾼을 따라다닐 재미가 없어져 참새를 더 많이 잡았다. 아마 새로 잇는 지붕에도 참새들은 변함없이 잠자리를 틀 것이었다. 그가 집을 떠나면 참새들은 잠결에 잡혀 나와 사람들의 먹이가 되는 횡액을 면하게 될지 모른다.

　이런저런 생각으로 묵은 지붕을 벗겨 내고 햇 이엉을 엮어 올리면서 그는 정말 누나처럼 떠나지 않고는 방법이 없는가 하고 곰곰이 궁리했다. 농사를 열심히 지으면 밥이야 먹을 테지만 그뿐이었다. 밥을 먹을 수 있을 뿐 아무 희망이 없었다. 그는 무슨 일이 있어도 교복 입고 모표 반짝이는 중학생 모자를 쓰고 근사한 가방을 들고 폼나게 중학교에 다니고 싶었다. 그 희망을 이루기 위해서는 누나처럼 서울로 가는 수밖에는 도리가 없었다.

　'농사일을 하는 자기 앞에서 으스대며 학교 다니는 친구들처럼 나 역시 무슨 일이 있어도 중학생이 되어야 한다. 그러기 위해서는 서울로 가야 한다. 농촌에 남아서는 기회가 없다. 마을 아저씨들, 할아버지들 같은 농꾼이 김준성의 장래희망일 수는 없지 않은가.'

지붕을 이어 놓은 후에는 나무를 하러 다녔다. 한겨울에 어머니가 부족하지 않게 땔 수 있을 만큼 나무를 잔뜩 해다가 처마 밑이며 광에 가득 가득 쌓았다. 그리고 방으로 들어간 그의 눈에 횃댓보에 걸린 어머니 몸뻬가 들어왔다. 그는 횃댓보로 다가갔다. 떨리는 손을 눈 딱 감고 어머니 몸뻬 주머니에 넣었다. 얼만지도 모르는 돈을 손에 잡히는 대로 꺼내 가지고 그는 읍내로 내뛰었다.

괴산 읍내는 그가 살던 송평리서 십리가 채 안 되는 3km 정도였다. 어머니가 '준성아, 게 섯거라!' 하고 고함쳐 부르며 따라오는 것 같아서 그는 뒤도 돌아보지 않고 내달렸다. 숨이 턱에 닿을 정도로 뛰어 차부에 도착했고 매표소로 다가가 서울 가는 버스표를 달라고 했다. 돈을 치르려고 보니 모두 7백 원이었다. 서울까지는 250원이라고 했다. 표를 사고 450원이 남았는데 다시 집에 오려면 250원이 있어야 하므로 그 돈은 없는 셈 치기로 결심하고 깊이 넣었다.

14살 때의 추수 후였다. 며칠 정신없이 일을 하며 긴장했던 탓인지 그는 버스에서 잠이 들었고 정신없이 곯아떨어져 자다 보니 서울이라고 했다. 마장동 시외버스 종점이었다. 아마 4시간쯤 잔 듯싶었다.

버스에서 내리니 비가 추적추적 내리고 있었다. 공연히 콧잔등이 시큰했다. 시름없이 내리는 가을비가 영락없이 아들이 없어진 것을 보고 어머니가 흘리는 눈물처럼 여겨졌다. 길바닥은 진창이었고 그는 검정 고무신에 맨발이었다. 나무하러 갔다 와서 정신없이 도망을 했으니 행색은 거지 중의 상거지였다.

"야, 임마. 비 오는데 우산도 없이 너 어디 가는 거야? 갈 데는 있

어?"

그를 깨워 준 운전기사가 물었다.

"누나네 집으로 갈 건데유."

"그럼 저 안에 들어가 있다가 비 그친 담에 가, 임마. 비 맞지 말구."

"야."

정류장 안의 매표소 건물에 들어가 1시간쯤 웅크리고 있자 비가 그쳤다. 사람들이 갈 데도 없는 아이로 볼까 봐 누나네 집으로 간다고는 했지만 누나가 있는 데는 주소도 몰랐다. 밖으로 나왔지만 눈에 뜨이는 모든 것이 낯설 뿐 어느 쪽으로 발길을 내딛어야 할지 막막했다. 이 낯설고 넓은 서울 땅에 나 혼자뿐이로구나 하는 적막감과 공포가 왈칵 밀려왔다. 꼬마는 무서운 생각을 떨쳐 내기 위해 머리를 저으며 손바닥에다 침을 탁 뱉었다. 그리고 다른 손으로 치니 침이 오른쪽으로 튀었다. 그건 꼬마가 마음을 정할 수 없을 때 하는 방법이었다. 침이 튀는 쪽을 바라보니 버스들이 정차를 하다가 떠나가고 있었다. 시내버스 정류장인 모양이었다. 그는 무조건 뛰어가 부르릉거리는 버스에 올라탔다. 버스는 덜컹거리며 달려갔고 소년은 휙휙 스쳐 지나가는 낯선 창밖을 바라보았다.

버스 안에 가득했던 사람들이 차가 정차할 때마다 줄어들고 마침내 몇 명 남지 않았다. 밖으로는 느티나무가 보였다. 시골 같은 풍경이었다. 버스가 마침내 종점에 이르고 소년은 내릴 수밖에 없었다.

배가 고파 왔다. 생각해 보니 점심도 못 먹고 떠나온 길이었는데 날은 어둑어둑해지고 있었다. 주머니에 400원 남짓한 돈이 들어 있었지만 그건 최악의 경우 집에 돌아갈 차비였으므로 쓸 수 있는 돈이 아니었고 또한 그는 돈을 써 본 적이 없어서 뭘 살 줄도 몰랐다. 옛날부터 서울 가면 눈 뜨고도 코 베어 간다는 말을 들어서인지 그는 자신의 코를 손으로 쓰다듬어 보고는 구름다리를 건너갔다. 포플러나무가 듬성듬성 우거져 있는 그곳은 경치가 좋았고 가족으로 보이는 사람들이 삼삼오오 나무그늘을 차지하고 있었다. 소풍을 나온 듯 가벼운 짐을 싸 들고 그곳을 떠나가는 사람들도 보였고 무언가 음식을 먹고 있는 이들도 있었다.

소년은 한 가족이 음식을 먹는 광경이 내려다보이는 둔덕 위의 나무 그늘에 앉았다. 몹시 배가 고파서 어디로 가야 하나 하는 걱정보다는 무엇을 어떻게 먹을 수 있을까가 걱정이었다. 그런데 둔덕 아래 가족들은 아주 큰 닭을 찢어서 대여섯 살쯤의 어린애한테 다리를 하나 들려주고 어른들은 먹지도 않았다. 소년의 눈은 그 아이가 들고 있는 닭다리에서 떨어질 줄 몰랐다. 시골에서 닭고기라면 푹 삶아서 고기는 한 젓가락이나 될 만큼 찢어 주고 그 국물에 밥을 말아먹는 것이 전부인데, 둔덕 아래 서울 사람들은 닭을 통째로 삶았는지 구웠는지 겨우 다리만 뜯어 먹는 시늉을 하다가, 남은 것과 한꺼번에 신문지에 둘둘 마는 것이었다. 마침내 그들은 닭고기가 잔뜩 든 신문뭉치를 내버리고 그 자리를 떠나갔다.

소년은 비호처럼 달려가 그 신문뭉치를 찾아 들고는 사람들 눈에 잘 안 뜨이는 둔덕 위 나무 뒤로 돌아왔다. 멀리서 보았던 것처럼 신문지 속엔 닭고기가 잔뜩 들어 있었다. 시골에서 먹던 것과는 비교가 안 되게 고소했다. 그는 정신없이 먹어 댔다. 다 먹고 나서는 다시 그 쓰레기통으로 갔다. 그곳엔 없는 게 없었다. 남은 김밥 버려진 것이며 빵이며 과자가 배를 두드리면서 먹을 만큼 풍족했다.

소년은 그렇게 서울 입성 첫날의 만찬을 뚝섬 종점 유원지에서 느긋하게 즐겼다. 사방은 캄캄하게 어두워 있었다. 그는 불빛이 훤한 종점 쪽으로 다시 걸어왔다. 이제 잘 곳을 찾아야 했던 것이다.

제4장
앵벌이에서 공돌이로

　1966년 가을, 뚝섬 부근은 놀러 나온 사람들의 발길로 조금은 흥겹고 어수선한 분위기였다. 서울 사람들이 놀러 갈 수 있는 곳이 그 시절엔 한강 기슭의 광나루와 중랑천과 한강이 합류하는 중간의 뚝도라고도 부르던 살곶이 말 목장(뚝섬의 옛 지명)뿐이었다. 유원지에서 구름다리를 건너 버스 종점을 지나면 수원지가 있던 성수동 네거리에 성당과 수녀원이 있고, 연륜 깊은 느티나무가 이정표 구실을 하고 있었다.
　배가 부른 꼬마는 종점 부근을 어정거렸다. 갈 곳도 없고 길도 몰랐으므로 불빛이 비치는 밝은 데로 걸었고 버스는 차비를 내야 하기 때문에 타지 않았다.
　서울이 좋기는 좋았다. 구걸을 하지 않아도 배불리 먹을 수 있고 밤이 되어도 사방에 불빛이 있어 어둡지 않았다. 물론 겁이 안 나는 건 아니다. 언제 코를 베어 갈지 알 수 없고 어디서 어떻게 밤을 지낼지 막막하기 짝이 없다.
　한참 가다 보니 굴다리여서 꼬마는 컴컴한 그곳으로 들어갔다. 춥다는 느낌은 없는데 바깥보다 훈훈한 공기가 반갑다. 근데 이게 뭐람. 사람들이 길바닥에 죽 누워 있다. 낡은 거적을 깔고 자는 사람도 있고 신문지를 덮고 지나가는 사람을 구경하기도 한다. 꼬마는 자석에 끌리듯 다가갔고 가까이 가 보니 비교적 깨끗한 삿자리 깔린 곳이 비어 있다. 재수가 좋다고 생각하면서 꼬마는 얼른 그 빈자리에 들어가 누웠다. 다리가 뻐근하고 하루 일이 꿈같다.

 서울 올 궁리는 하고 있었지만 그렇게 갑자기 떠날 작정은 아니었는데 엄마 몸뻬를 보는 순간부터 누가 시킨 것처럼 행동했고 이제는 서울에 와 있다. 마치 보이지 않는 어떤 거대한 손이 그의 잔등을 떠밀어 서울까지 오게 한 것 같다. 어설픈 잠자리였으나 어지간히 고단했으므로 꼬마는 이내 곯아떨어졌다.

 세상 모르고 자는데 누가 얼마나 아프게 궁둥이를 걷어차는지 꼬마는 벌떡 일어나다가 나동그라졌다. 들어 본 적 없는 입에 못 담을 육두문자의 욕설과 함께 비명이 절로 터지도록 무시무시한 매질이 그의 작은 몸을 난타하고 있었다.

 "이 빌어먹다 뒈질 시러베 아들놈아. 쥐새끼만한 게 겁대가리 없이 감히 우리 형님 자리를 차지하고 자빠질러 자? 응? 이 육시를 할 놈, 염병을 할 놈!"

 욕설도 대단하지만 쉴 새 없이 날아오는 매질은 피할 재주가 없다. 서울이란 데는 코를 베어 가는 게 아니라 사람을 때려 작살 내는 데로구나 싶다. 코를 베이는 게 얼마나 아플지는 몰라도 죽어라 두드려 맞는 것보다는 나을 것 같다.

 그도 그럴 것이 그 자리는 뚝섬 주변을 주름잡는 앵벌이 집단의 왕초 자리였던 것이다. 쿨쿨 자다 그렇게 무방비로 얻어터진 것은 난생 처음인데다 그 매질은 시골에서의 싸움과는 다르게 금세 숨이 끊어질 지경

이어서 꼬마는 무조건 빌었다. 그들은 낮엔 앵벌이를 하고 밤엔 술집이나 유흥가를 돌아다니다 그 굴다리로 돌아오는 것이었다. 왕초는 어른이고 똘마니들은 청소년들로 보였다. 사정없이 때려 초죽음을 시켜 놓고서야 그들은 선심 베풀 듯 끄트머리에서 자라고 한다.

이튿날부터 꼬마는 선택의 여지없이 앵벌이가 되었다. 매가 무서워 도망칠 생각은 할 수 없었다. 그들의 표현대로 자칫하면 매 맞아 골로 갈 형편인 것이다. 시키는 대로 앵벌이를 나가는데 감시자와 본을 보이며 가르치는 리더가 따라붙는다. 어디를 어떻게 다니면서 어떻게 사람들의 시선을 끌고 동정심을 유발해서 껌을 사게 하는지 교육을 시키는 것이다. 여학생들은 까마귀 사촌 같은 손을 펴 들고 교복을 더럽힐 시늉만 보여도 돈을 주는 일이 있다는 귀띔도 한다.

"여학생이라고 다 그런 봉인 줄 알았다간 큰 코 다쳐야. 돈은 땡전 한 푼 안 주고 자지러지게 비명을 지르거나 냅다 파출소로 도망쳐서 혼꾸멍을 내기도 하니까 봐 가면서 접근을 해야 하는 겨."

꼬마들은 껌을 팔고 큰 아이들은 양말을 강매한다. 주 무대는 다방이나 버스 안인데 도망갈 위험이 있는 신참은 버스를 못 타고 감시하기 쉬운 다방이나 음식점에서 시킨다. 길거리에서도 하지만 잡혀 갈 위험 때문에 상황판단을 잘해야 한다.

공포 속에 보내는 하루는 천 년처럼 길었다. 여차하면 주먹과 욕설이 날아오므로 한 대라도 덜 맞고 지내는 게 지상 최대의 과제였다. 도망치다 잡히면 그야말로 골로 가거나 병신이 되도록 두드려 맞기 때문에 선불리 도망갈 궁리를 할 수도 없다.

보름쯤을 죽으라면 죽는 시늉까지 하면서 지내자 차츰 감시가 느슨해졌다. 오줌 누러 갈 때도 따라붙지 않고 길을 걸을 때도 그림자처럼 바싹 붙어 뒤쫓던 것이 이젠 웬만큼 거리를 둔다. 꼬마는 꽤 신임을 얻을 때까지 충성을 보이는 척 죽을 힘을 다해 노력했다. 섣불리 도망치다 잡혀 죽도록 얻어터질 바엔 가만 있는 게 낫다는 판단에서다. 앵벌이 집단에서 살아남는 길은 신임을 얻는 것뿐이었다. 서울 지리를 익힐 틈은 없지만 앵벌이들이 활동하는 곳과는 반대라고 생각되는 방향을 미리 점찍어 놓고 벼르다가 마침내 꼬마는 리더를 따돌리고 줄행랑을 쳤다. 앵벌이들이 다방이나 음식점이 많은 번화가를 활동무대로 삼고 있으므로 도망치는 길은 반대방향의 한적한 주택가로 잡았다. 작은 몸을 더 작게 웅크리고 담벼락이나 전신주에 붙어 무작정 걸었다. 한 걸음도 더 걸을 수 없을 정도로 지치자 쓰레기통 아래 쪼그리고 앉았다. 그 시절엔 집집마다 대문 옆 담장에 시멘트 쓰레기통이 버티고 있었다. 잡힐까 봐 겁이 나서 배고픈 것도 느낄 수 없었다. 추운데다 기진한 터라 졸음이 왔다. 전봇대와 쓰레기통 사이에 기대 깜박 토끼잠이 들었을 때 누군가 툭툭 쳤다. 꼬마는 화들짝 놀라 일어났다.

"야, 너 집이 어디야? 너, 가출한 놈이지?"

"아아…… 아녀유."

"거짓말 마, 임마. 쓸데없이 어정거리다 깡패한테 걸리면 너 쥐도 새도 모르게 팔려 가거나 죽어, 임마. 너 갈 데 없으면 나하고 가자."

"야? 아아아녀유. 우리 형님 집이 저, 저기, 저기여유."

허름한 신사복을 입은 수상쩍은 사내는 왕초보다는 나은 것 같지만 믿을 수는 없다. '이 허름한 신사를 따라가 볼까? 앵벌이는 아닌 것 같지만 사기꾼인지 깡패인지 어찌 안담. 그냥 내빼 버릴까?' 반은 내빼고 싶고 반은 따라가고 싶은 꼬마의 마음을 들여다보듯 신사는 무조건 꼬마의 손목을 틀어줘었다. 손아귀의 힘이 앵벌이들과는 다르다. 아프지가 않다. 때리지도 않으니 우선 마음이 놓인다. 못 이기는 척 끌려간 곳은 판잣집이기는 하지만 다행스럽게도 공장이었다.

 44 마음의 물결

"얌마, 너 괜히 얼쩡거리다 무인도로 팔려 가면 어쩔 거야? 너 같은 아이들 잡아가면 쌀 두 가마 값을 쳐준다든가? 너, 그런 소문 못 들었어? 해적한테 팔려 가면 평생 육지 구경도 못하고 무인도에서 썩는 거야. 알아? 그러니까 말이다. 에 또, 여기서 마 월사금은 안 받고 공짜로 기술을 가르쳐 줄테니까, 어떠냐? 배워 볼탸?"

"무슨 기술인데요?"

"무슨 기술이건 마 기술만 배워 두면 평생 밥 굶을 걱정은 없어, 임마. 넌 지금 호박이 덩굴째로 굴러 온 거야."

"그게 무슨 기술인지 알아야 대답을 하쥬."

"허, 이눔 보게. 야 임마, 지금 니 처지에 찬밥 더운밥 가리게 됐어? 열심히 배워 두면 천지사방 공장에서 모셔 갈려는 기 기술자여. 잔소리 말구 있겠으면 나가서 물이나 한 바가지 떠오고. 어이, 여기 밥 좀 줘. 너, 이름은 뭐냐?"

어린 속셈에 오기는 잘 왔구나 싶은데 기술 가르쳐 주는 월사금은 안 받는다지만 밥값을 내라면 어쩌나, 밥도 공짜로 줄까, 공장이라 해도 살림집에 붙어 있는 걸 보니 잠자는 건 문제가 아닐 것 같다. 아무튼 이 집에 있으면 앵벌이들에게 들킬 염려는 없으니 맞아 죽을 걱정은 하지 않아도 될 듯싶다.

시멘트가 깨져 흙 반 양회 바닥이 반인 마당에 수도가 있고 꼭지를 비틀자 물이 콸콸 쏟아졌다. 꼬마는 플라스틱 바가지에 물을 받아다 험상궂게 생겼지만 나쁜 사람으로는 보이지 않는 사내에게 내밀었다. 신사는 물을 벌컥벌컥 마시고 나서 다짐했다.

"잠은 지하실 공장에서 자고, 밥값은 마 니가 기술 배워서 월급을 받게 될 때까지는 거저 멕여준다. 더 바라는 거 있냐?"

"아니, 없습니다. 열심히 배우겠습니다."

꼬마는 일단 안심했다. 이런 판잣집 같은 공장인지 살림집인지 알 수 없는 데가 아니고 버젓한 공장에 들어가 기술을 배우는 것이 목표지만 첫술에 배부를 수는 없지 않은가. 우선은 앵벌이 집단에서 벗어나 서울 하늘 아래 먹고 잘 데만 있으면 소원이 없었는데 그 바람이 다 해결된 것이었다.

꼬마는 시래깃국에 꽁보리밥을 얻어먹고 아저씨가 안내하는 대로 지하실 공장의 기계 밑에 들어가 눈을 붙였다. 그곳은 가내 영세공장이었고 아마도 데리고 있던 아이가 도망가자 주인 아저씨가 꼬마를 잡아온 모양이었다.

그 시절엔 무작정 상경해서 거리를 배회하는 아이들이 발에 차이는 돌멩이만큼 흔하고 재워 주고 먹여 주면 무슨 일을 시켜도 마다하지 않는 아이들이 수두룩했다. 노동자의 인권이니 최저임금이니 하는 건 개념조차 없던 시절이었다.

새벽이 되니 직공들이 출근하기 시작했고 꼬마도 기계 앞에 앉았다. 기술이라는 게 아주 간단했다. 기계 앞에 앉아 그걸 돌리면 되는 단순한 노동이었다. 위에서 아래로, 아래서 위로, 오른쪽에서 왼쪽으로, 왼쪽에서 오른쪽으로 돌리기만 하면 되는 노동은 그야말로 누워서 떡 먹기였다. 공장에서는 그걸 돌린다고 하지 않고 흔든다고 한다는 것도 알았다. 아래위와 양 옆의 손동작이 빨라지면 흔드는 것처럼 보이기 때문에 그런 모양이었다. 꼬마는 지루한 줄 몰랐다. 기계를 흔드는 대로 옷감이 만들어져 나오는 게 신기해서 처음에는 기계 앞에 꼬박 앉아 있는 시간이 하루에 열다섯 시간이 넘는다는 사실도 헤아리지 못했다.

새벽에 일어나 시래깃국에 싸라기밥 한 공기를 먹고 기계 앞에 앉으면 잠자리에 들기 전까지 열대여섯 시간 동안 꼼짝없이 앉아 기계를 흔드는 것이었다. 점심은 빵을 세 개 주는데 기계에 앉아 게눈 감추듯 먹

어 치우므로 일어날 필요가 없고, 화장실에 가는 때 외에는 아침 7시쯤부터 밤 10시쯤까지 앉아서 사는 것이었다. 주인집에서 주는 저녁은 콩나물국이나 된장국에 꽁보리밥인데 8시나 9시가 되어야 먹을 수 있고 저녁을 먹고도 곧장 잘 수 있는 게 아니다. 이도 잡아야 하고 누더기 같은 옷을 빨거나 꿰매야 하고 낮에 작업한 천의 뒷손질도 해야 한다. 이불도 없어서 자기가 기계로 짠 천을 깔고 덮는데 온종일 기계마다 천을 짜므로 꼬마가 덮는 것은 천이 아니라 먼지 덩어리 같다. 더욱이 판잣집의 지하공장이므로 하루 종일 기계를 흔들고 나면 눈썹 위에 하얗게 먼지가 쌓인다. 작업환경의 열악함이란 이루 말할 수가 없었지만, 불평을 할 줄도 몰랐다.

꼬마가 도망을 친 것은 배고픔보다도 추위 때문이었다. 공장다운 공장으로 가고 싶다는 생각과 더 이상의 기술을 가르쳐 주지 않는 것도 이유였다. 이번에는 좀더 멀리 간다고 버스를 탔는데 내린 곳은 왕십리였다. 당시에는 그곳이 서울에 처음 발을 딛은 마장동에서 가까운 지역이라는 것도 몰랐다. 어떻든 뚝섬보다는 시내 쪽이라는 느낌으로 극장을 지나고 시장을 지나 두리번거리며 헤매다가 '천일기업사'라는 회사 간판이 눈에 띄었다. 꼬마가 있던 공장과는 비교할 수 없게 큰 진짜 회사였다.

꼬마는 어깨를 펴고 수위실로 갔다. 그동안 서울 밥을 먹었다고 배포가 생겨 있었다. 모 아니면 도 아니던가. 그 시절 공장엔 대부분 공원모집 공고가 붙어 있고, 어디서나 요코(실로 원단을 짜는 일) 기사는 환영한다는 실정을 알았으므로 꼬마는 점잖게 말했다.

"나, 요코 기사인데 취직하러 왔수다."

수위는 기사라는 말에 꼬마를 제대로 보지도 않고 들어오라고 했다. 꼬마가 도망나온 공장집 아저씨도 요코 기사라는 것을 이제 꼬마는 안

다. 요코 기사는 열 명쯤의 '시다'라고 부르는 보조원을 필요로 하는데, 꼬마는 맨 꼴찌이고 직공 형들의 목표는 모두가 기사이다. 맨 꼴찌 시다라고 해서는 회사에 들어가 볼 수도 없을 것이었다.

수위는 꼬마를 곧장 생산과장에게 안내했다.

"요코 기사라고? 그럼 게이지 내는 건 잘 알텐데 설명을 해 보게."

"그…… 그게. 그러니까 저, 저는……. 어떻게 왔나 하면……."

"안다는 소리야? 모른다는 소리야? 그럼 꽈배기는 어떻게 트나?"

기사는 사람을 보면 그 자리에서 그 사람의 치수를 뽑을 수 있고 그걸 게이지 낸다고 하는데 꼬마가 그걸 알 턱이 없다. 사태를 눈치 챈 과장이 소리를 높인다.

"야 이 자식아, 그럼 너 할 줄 아는 게 뭐야?"

"흔드는 거, 그거 할 줄 압니다."

"뭐? 야 임마, 그건 시다 중에서도 최하급 시다가 하는 거야. 원 맹랑한 녀석 다 보겠군. 용기가 가상해서 붙여 줄테니까 열심히 해봐. 어이 남 기사, 이 녀석 자네가 일 좀 시켜 보게. 용돈이나 좀 주고."

보람은 있었다. 여기서는 숙식에 용돈으로 발전을 한 것이다.

거기서 만난 남 기사는 특별한 사람이었다. 조직 폭력배의 중간보스를 하다 과감하게 손을 씻고 새로운 삶을 꾸려가는 인물이었다. 그는 남 기사를 형처럼 의지하며 신상 얘기를 하게 되었고 남 기사는 얼마 후 그를 하청공장으로 보내 주었다. 요코 기술을 배우기에는 큰 회사보다 하청공장이 빠르다는 것이었다.

민수집이라 부르는 하청공장은 가내공업이긴 해도 규모가 크고 남 기사의 소개로 가게 되니 정말로 기술을 배우면서 먹고, 자고, 용돈 수준이긴 했지만 월급을 받을 수가 있었다. 공장에서 얻어먹는 밥이라는 게 언제나 배가 고팠으므로 용돈이건 월급이건 입으로 다 들어가게 마련이

지만 용돈과 월급은 차원이 달랐다. 그는 이제 떳떳한 직장인이 된 기분이었다. 먼지구덩이 냉방공장에서 기숙을 해도 희망에 부풀었다.

요코를 짜는 노동은 다리를 한 곳에 고정하고 몸만 움직여야 한다. 한 겨울에도 난방을 하지 않는 공장은 입김이 얼어붙을 지경이지만 꼬마는 고생이라 생각하지 않았다. 이제는 희망이 보였다. 열심히만 하면 기사가 될 수 있고 월급이 오르고 그러면 다른 직원들처럼 방을 얻어 자취하며 출퇴근을 할 수 있을 것이다. 그러면 중학교에 갈 수 있을 것이다. 힘들 것이 없었다.

그런데 그렇게 겨울을 보내다 보니 발이 이상했다. 방에 들어가면 가려워서 미칠 지경이었다. 얼음이 박히는구나 하고 생각은 했지만 대수롭게 여기지 않았다. 대수롭게 여긴다 한들 다른 방법도 없었다. 긁지도 못하고 발을 비비면서 견디는데 나중엔 너무 가렵고 아파서 견딜 수가 없었다. 비로소 발을 살펴보니 어디까지가 검정 고무신이고 어디부터가 살인지 구별이 안 되게 완전히 새까만데, 그게 얼음 박힌 동상 때문에 까만 건지 때가 끼어 까만 건지 알 수가 없었다.

그는 참다 못해 공장의 도정하는 형에게 발을 보여 주었다.

"어어, 이거 발이 썩어 들어가잖아. 너, 큰일났다. 어떡하려고 이 지경이 되도록 기냥 있는 거야? 발이 썩으면 잘라야 한단 말야."

"그렇지만 얘기하면 공장에서 쫓겨나잖아."

"쫓겨나도 절름발이가 될 수는 없지. 사장님한테 얘기해서 병원에 가야 돼."

그러나 얘기를 들은 사장은 낄낄 웃고는 그만이었다.

"너 임마, 그거 썩어서 자르면 병신 되는 거야." 그 한 마디뿐 병원은커녕 다시는 꼬마의 발에 대해 묻지도 않았다.

제5장
보이지 않는 길

 '썩어 들어가는 발을 어찌해야 좋을까. 정말로 잘라야 하나. 그럼 절름발이가 되는데……. 어떡하든 돈을 벌어 중학생이 되려고 서울까지 왔는데 병신이 되면 신세 망치는 것 아닌가.' 산재니 직업병 같은 건 생각도 못하던 시절이므로 꼬마는 "너 임마, 그거 썩어. 그러면 다리 잘라야 돼." 하고 낄낄 웃고 그만인 사장을 원망할 줄도 몰랐다. 쫓아내지 않는 것만 고마웠다. 60년대 겨울은 왜 그리 추웠는지, 배고픔 다음으로 무서운 것이 얼어 죽는 것이어서 하늘을 가려 주는 지붕과 바람을 막아 주는 벽만 있으면 난방 같은 것은 문제가 아니었다.
 민수집만 그런 게 아니고 대부분의 영세 공장들은 난방이라는 것을 몰랐다. 학교에서도 아이들 콧구멍을 굴뚝으로 만드는 조개탄 난로를 사용하고 중산층이 연탄난로를 지피는 게 고작의 호사였다. 냉방에서 일하고 잠자다 병이 들면 그건 공장 책임이 아니라 개인의 문제였다. 동상이건 폐병이건 한가지였다. 병든 이들은 질병보다 공장에서 쫓겨나는 것을 두려워했다.

"내가 간수를 얻어올테니깐 두루 니는 여 사장님한테 미지근한 물 한 대야 하고 살얼음 잡힌 얼음물 한 대야만 달라고 하그라. 병원에 못 가믄 간수로라도 얼음을 빼야 안 되것나. 내 간수 얻으러 간데이."

아침부터 밤까지 일하고 자리에 드는 건 밤 11시쯤인데 그 밤중에 명복 형은 간수를 얻어 왔다. 아랫동네 두부공장에 미리 부탁을 해 두었다는 것이다. 준성은 시키는 대로 얼음물에 발을 담갔다. 참을 수 없게 저리고 쓰리고 따갑고 쑤셨지만 이를 악물고 명복이의 말대로 10분을 버텼다. 그 10분은 10시간보다 길었으나 발을 자를지 모른다는 공포가 그 혹독한 고통을 견디게 했다. 얼음물에 담가 얼음기둥처럼 뻣뻣해진 발을 그들은 죽을 힘을 다해 주물렀다. 감각이 어떤지는 알 수 없다. 죽자고 주물러 얼음 같은 냉기를 녹여 이번엔 미지근한 물에 10분 담갔다가 주무르고 다음엔 간수에 10분 담갔다가 주무르기를 반복한다. 하루도 거르지 않고 명복이가 매일 간수를 얻어 오고 준성은 직심스럽게 정성을 다했다. 그의 진국 같은 면은 누구도 따를 수가 없었다.

20여 일이 지나자 무시무시하던 부기가 빠지면서 살이 물렁해지고 물집이 잡혔다. 바늘을 소독해 터뜨리자 온종일 물이 잘잘 흘러내린다. 그렇게 물이 빠지고 그의 발은 노인처럼 자글자글 주름이 잡혔다. 동상이란 냉기로 얼었던 피부조직이 상하는 것인데 정말 살 속에 얼음이 들었다 녹는 것처럼 느껴진다. 그래서 얼음 박혔다는 말이 생긴 모양이다.

하늘이 무너져도 솟아날 구멍이 있다는 속담을 준성은 그때부터 믿었다. 나중에 성당에서 만난 잊을 수 없는 비아 선생이 '사람의 힘으로 어찌할 수 없는 최악의 상황, 인간의 능력이 다했을 때는 반드시 하느님께서 천사를 보내 주세요. 잘 생각해 보면 누구든지 그 보이지 않는 천사의 도움을 받았다는 걸 깨달을 수 있어요.' 라고 했을 때 그는 명복을 생각했다. 당시엔 몰랐지만 생각해 보니 신기한 방법으로 동상을 고쳐 준

명복이 바로 천사였던 것이다.

그러나 공장생활이란 사람을 사귈 겨를조차 없도록 각박했다. 형에게 잘해야겠다고 마음먹고 있을 무렵 명복이가 공장을 떠나고 준성 역시 떠나야 했다. 오로지 기사가 되려는 열망으로 죽을 힘을 다해 열심히 일했건만 돌아온 건 도둑 누명이었던 것이다. 소년은 남 기사에게로 달려갔다.

"형님, 밀린 월급 안 주려는 수작입니다. 자고 있는데 주머니에 5백 원을 쑤셔 넣고 돈 잃었다 소리 지르고 그 자리에서 뒤지면 그 사람 주머니에서 나오잖아요. 명복이 형이 자다가 그렇게 쫓겨났어요. 아니라고 해 봤자 몰매만 맞으니까 억울하고 분해도 그냥 나가버려요. 머리에 털 나고 남의 것은 만져 본 일도 없는데 이제 기사 일 다 하니까 말로만 기사월급 준다고 하고 밥값만 주면서 나머지는 다음 달에 준다며 계속 미루다가 도둑 누명 씌워서 맨손으로 쫓아내는 겁니다."

준성의 말을 들은 남 기사가 달려가 대문짝부터 때려 부수며 고함을 질렀다.

"너, 이 새끼. 믿고 내 아우 맡겼더니 1년 넘게 노동력 착취하고는 이제 도둑 누명을 씌워서 내쫓아? 애 동상 걸렸을 때도 병원은 고사하고 너 약값 한 번 준 적 있어? 그때도 섭섭한 거 내가 참았는데 야, 이 새끼야. 너, 사람의 탈을 쓰고 그럴 수 있는 거야?"

사장은 오리발을 내밀었다. 직공들 사이의 일이라 자기는 모른다는 것이었다.

"남 기사도 이 바닥 사정 훤히 알면서 무슨 그런 오해를 하시나. 내가 아무려면 남형 아우한테 섭하게 하겠어? 동상이야 다 걸리고 겨울 지나면 낫는 거 아닌가. 오해 풀게. 월급은 안 준 게 아니고 회사 사정이 어려워 일부만 지급을 못하고 있는데 경기 풀리면 아무 때고 청산해 줄테

니 적금 붓는다 생각하라고."

그 번드르르한 말을 남 기사도 준성도 믿지 않았다. 고용주는 보조들의 머리가 커지면 어떻게든 쫓아내고 임금 낮은 신참을 채용하는 방법으로 어린 노동자들을 갈취한다. 기술을 익히고도 임금을 받기까지는 몇 년이 걸려야 한다. 청소년 노동자들의 대부분이 알게 모르게, 또 교묘하게 임금을 착취당하는 것이다.

"가자. 이제 기술은 웬만큼 익혔으니 이번엔 큰 공장으로 가 보자. 누나하곤 더러 만나냐?"

"서로 바쁘니까 만나지는 못하지만 있는 데를 아는데유, 뭐."

누나를 찾아 준 것도 남 기사였다. 우연히 얘기를 했는데 남 기사가 알아본다더니 이내 연결이 되었다. 누나 역시 섬유공장에서 일하고 있었다. 1960년대 산업을 주도한 것이 섬유산업이어서 당시 청소년 노동자의 대다수가 섬유 분야에 종사했고 그들의 희망은 한결같이 요코 기사였다. 누나도 아직 기사는 못 됐지만 준기사 정도의 직급으로 지오세 활동을 하고 있었다. 남 기사도 지오세 회원이기에 직접 아는 사이는 아니지만 연락이 가능했던 것이다.

처음 만났을 때 누나는 "너, 언제 어떻게 온 거야? 엄마는? 농사는? 오빠는?" 하고 숨도 안 쉬고 물어 대며 눈물을 흘렸다. 누나도 기숙사 생활을 하며 겨우 제 한 몸 건사하는 처지였지만, 남매는 이제 어서 돈을 모아 방을 얻어 함께 지내자는 꿈을 다지는 터였다.

남 기사가 준성을 데려간 곳은 행당동 공장지대였다. 질퍽거리는 길 양옆이 모두 공장들이었고 남 기사는 그중 한 곳에 준성을 넣어 주었다. 그곳은 비가 조금만 내려도 물난리가 나는 침수지역이어서 보통 때도 마른 땅을 보기가 어려웠다.

기사는 아니지만 웬만한 기술은 거의 익혔으므로 꿀릴 이유는 없었다. 게이지를 낼 줄도 모르면서 무작정 회사를 찾아가 기사라고 맹랑한 허세를 부리던 때에 비하면 장족의 발전을 한 셈이었다.

그곳은 가내영세공장이 아니고 제대로 설비를 갖춘 본격적인 생산공장이어서 이제 정말 명실상부한 직장인이 되었구나 싶다. 기숙사만 해도 수십 명이 쫙 누워 자는 엄청난 규모였다.

하지만 규모만 컸지 누우면 천장의 슬레이트와 벽의 틈새가 한 뼘도 넘게 벌어져 있어 그 틈으로 별빛이 쏟아져 들어오고 빗물이 벽을 타고 줄줄 흐른다. 이불이라는 건 덮으면 발목이 쑥 나오는 누더기 조각이다. 어머니는 이불솜이 주저앉으면 개 혓바닥 같다고 했는데, 그 누더기가 꼭 그랬다. 불결하고 습하고 사람은 많으니 살찌는 것은 이뿐이어서 보리쌀만한 슈퍼 이가 기세 좋게 기어다닌다. 워낙 고단하니 웬만큼 뜯어 먹히는 건 기본인데도 잠들기 전 한 시간쯤 잡지 않으면 잠을 못 잔다. 눌러도 잘 안 죽으니까 망치를 가져다 놓고 쳐서 죽이는 친구도 있다. 밥은 소금물에 끓인 우거짓국과 잡곡밥인데 야채시장에서 버리는 시래기를 수거해다 추려 가지고 끓이는 것이어서 그들은 쓰레기국이라 부른다. 그러면서도 게눈 감추듯 먹어 치운다.

중요한 건 하청공장에서 말로만 정해 놓고 한 번도 받아 본 적 없는 월급보다 기본 임금이 더 많고, 그 외에도 생산하는 만큼의 수당이 가산되는 조건이었다.

준성은 열심히 일했고 생산량도 남에게 뒤지지 않았다. 그런데 손꼽아 기다린 월급날, 앞의 동료도 옆의 동료도 월급봉투를 받는데 준성에게는 한 마디 말이 없었다. 총무과에 가 볼까 망설이다가 그는 참았다. 그런데 다음 달도 여전히 그에게는 봉투가 없었다. 총무과 앞까지 갔다가 그는 발길을 돌렸다. '설마 주겠지. 그렇게 열심히 일했는데, 무슨 이유가 있는 거겠지.' 두 달 임금 밀렸다고 쪼르르 달려가 물어본다는

54 마음의 물결

게 내키지 않았다. 하청공장에서 밀린 임금을 못 받은 경험이 있고 노동자들이 부초처럼 옮겨 다니는 이유가 임금체불이라는 얘기를 충분히 들은 터라, 차츰 좀이 쑤시고 애가 타고 수중에 한 푼이 없어 불편하지만, 그는 한 달을 더 기다렸다. 그러나 3개월이 지나도 소식이 없었다. 준성은 총무과를 찾아갔다.

"뭐야 너? 일 안하고 왜 여기 와서 얼쩡거려?"

사장의 사위인 과장이 금방 주먹질을 할 듯한 기세로 묻는다.

"3개월 동안 봉급이 안 나와서 타러 왔습니다."

"이 짜식이? 너는 짜식아, 불량품만 생산하고 무슨 봉급을 달라는 거야?"

"예? 제가 불량품만 생산을 하다니요?"

"짜식아, 니가 생산한 건 다 불량품야. 당분간 월급 받을 생각은 접어."

"불량품이 생산되면 반품으로 돌아와 보수를 하게 돼 있지 않습니까. 제가 생산한 건 반품 온 거 석달 동안 두 개였고 보수했습니다."

"이 짜식이, 근데 그렇다면 그런 줄 알 것이지 웬 말이 많아? 버르장머리 없게. 너, 맛 좀 볼래?"

순간 눈에서 불이 번쩍하더니 직원 서너 명이 집단으로 달려들어 사정없이 구타를 했다. 당시 공장에서 따귀는 기본이고 일쑤 주먹이 날아오거나 발로 걷어차는 게 예사였다. 열여섯 살의 그는 열두어 살쯤으로 보이게 작았지만 일은 깔축없이 어른 몫을 해냈다. 그건 그의 자존심이고 성품이었다.

"쥐새끼만한 게 때 되면 어련히 알아서 줄까 봐 벌써부터 월급 타령야? 몇 달 더 배워서 일 제대로 하면 월급 줄테니까 알아서 해, 짜식아."

온몸을 성한 데 없이 얻어맞고 엉금엉금 기다시피 기숙사로 돌아온 그는 뜬눈으로 밤을 새웠다. 온몸이 쑤시고 아파서가 아니었다. 맞은 데가 아픈 건 참을 수 있는데 불량품을 생산해 월급을 못 준다는 모함은 너무나 분하고 억울했다. 불량품을 생산하지 않는 정도가 아니라, 되도록 우수제품을 생산하는 것이 그의 자존심이고 보면 불량품 생산 운운하는 모함은 참을 수 없는 모욕이었다.

다음 날 새벽에 준성은 공장으로 갔다. 기숙사에서 공장까지는 5분도 안 걸렸다. 왜 이렇게 일찍 나왔냐는 수위의 말에 어제 생산한 제품 중 손볼 게 많아 일찍 왔다니까 들어가란다. 그는 숨겨 온 공구로 그동안 자신이 사용한 기계를 뜯었다. 일본 제품인 그 기계는 준성의 1년치 봉급보다 비싸다고 했다. 그는 기계를 뜯어 중요한 부속품을 뽑아 가지고 슬그머니 공장을 나와서 걸었다. 그리고 한양대를 지나 성동교에 이르러 부속품을 냅다 강물에 던졌다. 3개월치의 월급을 주지 않고 불량품을 생산했다는 억울한 모함 값은 기계 값의 열 배, 스무 배도 넘을 것이다.

그 기계를 다시는 사용할 수 없게 복수를 하고 나면 기분이 좀 풀릴 줄 알았는데 부속품을 첨벙 받아 가라앉힌 물이 언제 그런 일이 있었냐는 듯 묵묵히 흘러가자 기분이 영 개떡 같았다. '하늘은 투명하게 개이고 바람은 부드럽고 사람들은 바쁘게 오가는데 나는 이게 뭔가.' 문득 어머니 얼굴이 떠오르면서 왈칵 눈물이 솟았다. '어느새 서울 온 지 2년이 넘었는데 그동안 한 것이 무엇인가. 과연 중학교에 갈 수 있을까. 처음엔 철없이 교복 입고 교모 써 보는 게 바람이었지만 이제는 아니다. 공부를 하고 싶다. 배우고 싶다. 나는 안동 김씨이고 아버지는 페스탈로치 못지않은 선생님이었다. 아버지에게 부끄러운 못난 아들이 되어서는 안 된다. 대체 이 모진 천대와 멸시와 고난을 언제까지 겪어야 하는

가. 무슨 일이 있어도 나는 공부를 할 것이고 성공할 것이다. 그러지 못하면 우리 부모님의 자식이 아니다.' 눈물범벅의 얼굴로 결심을 하고 그는 거의 의식 없이 걸었다.

걷다 보니 뚝섬의 누나 회사 근처였다. 자신도 모르게 누나를 찾아온 것이다. 누나 회사를 보니 누나를 만난 것처럼 가슴이 뭉클해진다. 누나가 알면 얼마나 펄펄 뛸까? 분해서 어쩔 줄 모르겠지. 누나만은 동생의 자존심을 알아주리라. 그는 뛰다시피 수위실로 가 김준애 동생이라고 면회를 신청했다. 얼마나 일찍 나왔는지 걸어왔는데도 시간이 일러 누나는 아직 출근을 하지 않은 시간이다.

누나는 놀라선지 금세 나왔다. 기숙사가 멀지 않은 모양이다. 그런데 반가워하지를 않는다.

"너, 이렇게 일찍 여긴 왜 온 거야? 우린 아직 아침도 안 먹었는데. 빨리 출근해야 하거든. 아무튼 여기서 나가자. 이리 나오라니까. 꾸물거리다 친구들이 보면 어떡하니?" 누나는 사투리를 말끔히 버리고 여학생 같은 서울 말을 쓰고 있다. 어쩐지 누나가 달라진 것 같다. 아우에게 무슨 일이 있었는지는 관심이 없고 친구들에게 들킬까 봐 그 신경만 쓰이는 눈치다.

"애들이 금방 나올 텐데 어쩌지. 너 힘들어도 참아야 돼. 우리 같은 사람, 누구든지 열두 번 때려치고 싶고 열두 번 도망가고 싶고 그거 안 겪는 사람 없어. 하지만 때려치면 실패하는 거야. 끝까지 참아야 성공할 수 있어. 이거 차비하고 빵 사 먹어. 그리고 늦기 전에 회사 들어가, 알았지? 누나 들어간다. 다음엔 미리 연락하고 와."

누나는 아마도 준성이가 회사 일이 힘들어서 온 줄로 짐작하는 모양이다. 누나 얼굴만 봐도 그동안 헛고생하고 억울한 소리 듣고 죄 없이 두드려 맞은 분통이 좀 풀리는 것 같다. 누나가 들어가고 거리로 나서니

갈 곳이 없다. 길가 노점상에 건빵이 산더미처럼 쌓여 있다.

"한 됫박 주세요."

건빵을 사 들고 소년은 걷는다. 한 개를 입에 넣고 씹는데 또 울컥 눈물이 나오려 한다. 누나가 그렇게 서두르며 내친 게 서운하기보다는 오죽하면 그러랴 싶어 마음이 아프다. 교복 입은 중학생 동생이었으면 누나도 자랑스러웠겠지만 초라한 공돌이 동생이 어찌 창피하지 않을까. 누나도 학교에 갔으면 여고생일 나이다.

어렸을 때부터의 일들이 눈앞을 스친다. 월급에서 밥값을 제하면서부터는 가능하면 하루 두 끼로 버티면서 한 끼 밥값을 아끼기 위해 수돗물 한 바가지를 더 마신 게 얼마나 여러 번이었던가. 그렇게 먹을 것 못 먹으며 뼈 빠지게 일해 모은 봉급을 만져 보지도 못하다니. 사람들은 봉급을 땀값이라고 하는데 소년에게는 그것이 자신의 생명 같다. 땀값은 땀 흘리며 일한 대가인데 소년은 땀만 흘린 게 아닌 것 같다. 하나라도 더 배워 좀더 우수한 제품을 생산하기 위해 자신의 전 존재를 다 바쳤다 해도 틀리지 않는다. 그 생명 값을 단 한 푼도 못 받다니 다시 또 분하다. 기계 부속품 빼다 버린 게 조금 분풀이가 된 것 같은 한켠으로 회사 사람들이 잡으러 오면 어쩌나 걱정도 된다. 이런저런 생각에 빠져 언덕길을 오르다가 소년은 여학생과 부딪쳐 건빵봉지를 떨어뜨리고 말았다.

"야, 너! 눈은 가죽이 모자라서 찢어 놓은 거니? 재수가 없을라니까 별 거지 같은 게 속을 썩이고 있어."

부딪친 건 어느 한쪽의 잘못이 아니라 서로간의 잘못이련만 여학생은 욕을 퍼붓고도 모자라는지 가방으로 냅다 후려친다. 화를 내려면 아침밥인 건빵을 길바닥에 쏟은 준성이가 내야 하련만 여학생은 적반하장으로 침까지 퉤 뱉고 간다.

욕먹고 가방으로 등짝을 맞은 준성은 길바닥에 쭈그리고 앉아 흩어진

58 마음의 물결

건빵을 주워 봉지에 담는다. 다시 눈물이 주르륵 흐르고 건빵을 오래 입에 물고 씹었건만 목이 막혀 넘어가지를 않는다. 소년은 어디인지도 알 수 없는 주택가 골목을 한나절 헤매고 나서야 공동수도를 발견하고 달려가 물을 얻어 마시고 얼굴을 씻었다.

제6장
만남

　소년은 다시 걸었다. 벼룩도 낯짝이 있지 또 남 기사 형을 찾아갈 수는 없어서 무작정 걷는다. '어찌하나? 어디로 가나? 요코 공장 말고는 갈 곳이 없을까?' 배에서 꼬르륵 소리가 난다. 건빵과 수돗물로 요기를 했는데도 허기가 진다. 눈앞에서 불꽃이 번쩍하더니 "쿵!" 하고 쇳소리가 들린다. 비로소 앞이고 뒤고 보이는 것이 전부 철공소뿐인 게 구별된다. 하왕십리 광무극장 앞 대장간 거리였다. 뚝섬에서 왕십리까지 걸어온 것이다.
　소년은 대장간 앞에 서서 윗몸이 맨살인 아저씨가 불덩이 쇠를 "쿵!" 하고 내리치는 광경을 구경했다. 망치를 내리칠 때마다 불똥이 사방으로 튄다. 그게 위험하다는 분별도 못한다. 아무 생각이 없다. 다리가 아프고 배가 고플 뿐이다. 그런데 불덩어리 쇠에 망치질을 하던 대장간 아저씨가 이마의 땀을 훔치며 그를 보고는 턱짓으로 들어오라는 시늉을 한다.
　컴컴한 대장간 안에는 소년 또래의 아이와 스무 살쯤 되어 보이는 청

년이 각기 풀무질과 메질을 하던 일손을 막 거두는 중이다. 밖에서 보기보다는 안이 꽤 넓은데, 화덕과 모루 안쪽의 쪽문이 열려 있고 열린 문으로 평상 위의 밥상이 보인다.

소년은 끌리듯 안으로 들어가 쪽문턱에서 밥을 바라본다. 상은 칠이 다 벗겨진 소반인데 사발을 마주 엎어 놓은 모양으로 수북하게 담은 잡곡밥에서 무럭무럭 김이 오른다. 반찬은 김치와 콩자반, 고등어자반과 된장국이다. 기숙사에서 보던 반찬이고 밥인데 기숙사 음식과는 차원이 다르게 먹음직스러워 절로 침이 넘어간다.

"너 배고프구나? 홍수야, 쟤 데리고 들어가 밥 먹어라."

땟국 절은 수건을 허리에서 뽑아 줄줄 흐르는 땀을 닦는 아저씨의 말을 못 들은 척, 아이와 청년은 소반 앞으로 다가간다. 어느 틈에 아저씨가 그의 등을 밀어 평상에 앉히고 숟가락을 쥐어 준다. 밥은 세 사발뿐이다.

"이거 아저씨 밥 아니에요? 먹어도 되요?"

"너, 배 안 고파?"

"…… 고파요."

"그럼 임마, 먹으랄 때 얼른 먹어. 남 걱정하지 말구. 남 걱정하면 너 평생 배고픈 거 못 면해."

"남 걱정이 아니구 이건 아저씨 밥이니까. 내가 먹으면 아저씨가 배고파질 건데……."

"허, 고 녀석. 그 밥 먹고 밥값하면 되잖아."

"밥값을 어떻게 하면 되는데요?"

"인석 보게, 그냥 넘어가는 게 없네. 홍수야, 안에 들어가 밥 한 사발 더 내와라. 한 끼 밥값은 화덕에 풀무질 한 번 하면 되고, 계속 밥 벌고 싶으면 일 배우면서 심부름하고. 너 눈이 퀭한 게 사흘은 굶은 얼굴인데 어서 먹어. 생각은 먹고 해도 되잖아."

"큰아버지, 얘가 풀무질하면 저는 형이랑 이제 메질해요? 야, 너 재수 좋은 줄 알아. 우리 큰형 군대 갔기 땜에 자리가 빈 거야."

철공소에서 대장간 일을 배우게 된 건 순전히 아저씨의 인심에 끌려서였다. 아저씨만 좋은 게 아니라 아주머니도 좋았다. 우선 먹는 게 공장 밥하고는 달랐다. 일은 불과 쇠와의 씨름이니 하루에 땀을 서 말씩 쏟을 만큼 힘겹지만, 공장 일처럼 숨이 막히지는 않는다. 무엇보다 가족같이 대해 주는 게 좋았다.

철공소는 대부분 가족이나 친척끼리 운영하고 불집게를 잡는 대장 아래 두세 명의 메질꾼을 두는 게 보통이다. 준성은 질흙 화덕에 풀무질을 하는 게 주 임무였다. 풀무를 돌려 바람을 보내 주면 화덕 속의 골탄이 파란 불길을 내뿜고, 대장은 기다란 집게로 불 속에서 시뻘겋게 단 시우쇠라는 쇳덩이를 꺼내 모루 위에 올려 각도를 맞추며 망치로 친다. 이어 메질꾼들이 쇠메로 친다. 메질한 쇠를 물에 담가 담금질을 하고 다시 불에 달구어 메질을 한다. 그렇게 해서 호미, 칼, 낫, 작두, 보습, 편자 등을 벼리는 것이다.

불 옆에서 젖 먹던 힘까지 내야 하니 웃통을 벗어부치지 않을 수 없다. 그런데 몸은 힘겨워도 마음이 편하다. 서울 올라와 그렇게 뱃속 편하게 지내본 건 처음이다. 쇠를 불과 물로 단련하듯 사람 몸도 단련이 되는 것 같다. 그러나 대장장이가 되는 일은 요코 기사가 되는 일보다 더 어려워 보인다. 쇠를 마음대로 주무르는 대장이 되려면 메질꾼으로 관록이 붙어야 하고 메질꾼이 되는 데도 풀무질을 2-3년은 해야 한다. 가족 같은 분위기와 새로운 일에 대한 호기심으로 두어 달을 보낸 준성은 아무리 뱃속 편하고 묘한 매력을 지닌 게 대장간 일이라 해도 오래 있을 수 없다는 분별을 한다. 대장간에서 돈을 모아 학교에 가기는 콩을

보고 팥이 되라고 하는 것만큼 어렵겠구나 하고 판단이 서는 때문이다.

"너, 공사장 안 가 볼래? 질통을 지면 하루 품값이 여기 월급 일주일 치래."

공작소 간판을 붙인 옆 대장간에서 풀무질을 하던 또래의 말에 끌린 건 아니지만, 준성은 결국 공사판을 찾았다. 또래의 친구는 주인이 풀무를 모터로 교체하는 바람에 일자리를 잃었다. 한 집, 두 집 대장간들이 수작업 풀무를 모터로 교체하던 시기였다. 준성은 어서 돈을 모아 자취방을 구하고 누나와 함께 살며 학교에 가야 하는 처지이므로 뱃속 편하다고 대장간에 눌러 있을 수가 없었다.

그런데 친구를 따라간 풍납동 건축 공사장에서 끄떡없이 질통을 진 건 친구가 아니라 준성이었다.

"야, 너 어디서 이런 걸 배웠냐? 난 도저히 일어서지지가 않고 넘어지는데……."

"난 시골서 농사 질 때 똥장군을 져 봤거든."

"똥장군이 뭔데?"

"거름. 그건 아이가 진다고 반만 채우고 갈 수 있는 게 아냐. 꽉 채워서 흔들리지 않게 걸음마다 균형을 잡아야 되는데 이 질통도 그 요령으로 균형을 잡아 줘야 해."

열네 살 때던가, 준성은 똥장군을 지고 가다 도랑에 빠져 그걸 홀랑 뒤집어쓴 적이 있다. 근데 그건 완전히 부패하면 독이 없지만 그러기 전에 살에 닿으면 독이 올라 심하면 살이 썩어 죽는다고 한다. 꼬마였던 준성은 모내기한 남의 논에 들어가 데굴데굴 구르며 논물에 몸을 씻어 독이 오르는 건 면했는데, 다음 날 박살난 모를 심어 주느라고 진땀을 뺐다. 뼈가 굳어지기도 전인 어릴 때부터 별별 일을 다 하며 살아온 게 공사장에서도 보탬이 되는 듯했다.

질통을 지는 일은 하루 품삯이 높은 편이었다. 계산상으로는 몇 달만 고생하면 허름한 방 한 칸은 마련할 것 같다. 잠은 노동자 합숙소에서 자고 밥은 사 먹는다. 공식 이름이 '근로자 쉼터'인 합숙소는 등록을 하고 들어가면 여러 명이 함께 자는 방에서 눈을 붙일 수 있고, 밥값은 시중의 절반도 안 되게 매우 저렴했다. 노숙상태의 근로자를 위한 정부 시설이었다.

그러나 공사장의 보수는 월 단위가 아니라 3일 정도 단위로 받는데 아무리 노임이 많은 듯해도 합숙소에서 잠자는 값, 밥값, 옷값, 이발값, 목욕값, 버스값 등을 제하면 남는 건 형편없었다. 특히 질통을 지는 일은 젖먹던 힘까지 다 써야 할 만큼 힘든 것이어서 합숙소의 밥만으로는 지탱할 수 없는데 그 군것질이랄까 체력유지에 드는 비용이 만만치 않았다.

준성은 차츰 인건비가 높은 미장 일을 따라다니게 되었다. 인건비가 높은 만큼 미장 일은 섬세함과 꼼꼼함이 요구되는 기술이라기보다 솜씨에 속하는 일이었다. 미장 일을 하다 보니 더 마음이 끌리는 게 건축물에 돌을 붙이는 석공 일이어서 그는 다시 석공을 따라다니게 되었다.

석공 일은 섬세함과 꼼꼼함 외에 힘이 필요한 게 마음에 들었다. 어디 한 군데 매이지 않고 현장을 따라다니며 육체노동을 하는 것도 활기차고 일이 끝나면 자유로운 시간을 가질 수 있는 데다 미장이라든가 석공은 보수가 좋아서 아예 건축 방면의 기술자가 되는 것도 괜찮겠구나 싶었다. 돌을 밀가루처럼 마음대로 다루는 석공의 기술은 예술의 경지처럼 황홀해 보였다. 그러나 미장 솜씨도 석공 기술도 짧은 시간에 배울 수 있는 것은 아니었다.

몇 개월의 방랑 끝에 준성은 지금까지의 생활은 연습이었다고 결론짓고 요코 기술 배운 것을 살리기로 했다. 남 기사 형이나 누나의 의견도

그러했다. 계획성 있게 공부를 하기에는 그중 안정적인 게 섬유회사였던 것이다.

그는 노사관계가 정상적이고 보수를 제대로 지급하는 우량기업에 정식 준기사로 취직을 하고 차분하게 봉급을 모아 자양동에 자취방을 얻었다. 누나는 이제 정기사였으므로 남매의 생활은 안정되었다. 무작정 상경한 지 4년 만에 봉급 받으며 일하는 보람을 맛보게 되고, 기술자로서 자부심을 가지고 공부할 길을 모색하게된 것이다.

그동안 중학교 입시는 교육제가 무시험제로 바뀌어서 입학이 수월하다고 했다. 초등학교를 졸업한 지역에 가서 배정을 받아 가지고 그 지역 중학교에 입학해 전학증을 떼어 오면 서울에 있는 학교에 다닐 수 있다는 것이다. 그러나 회사에 다녀야 하는 그에게 그것은 불가능한 노릇이었다. 그야말로 한가하게 학교에만 다닐 수 있는 여건이 아니었기 때문이다. 다음으로 찾은 것이 재건국민운동중앙회에서 운영하는 야간학교인데, 말이 야간이지 오후 3시부터인 등교시간을 지킬 수가 없었다. 회사를 다녀야만 학교도 갈 수 있는데 회사 근무시간과 중복되는 것이었다. 고등공민학교를 찾아갔으나 역시 시간이 맞지 않았다.

"김 기사, 너 천주교 알아?"

"천주교요? 왜요?"

"너, 초등학교 졸업한 지 4년이 넘었잖아. 다녔으면 중학교 졸업하고 고등학생이 되었을 나이인데 말야. 천주교 쪽으로 가 보지 그래?"

"천주교에 가면 공부를 할 수 있습니까?"

"뜻이 있으면 길이 있지. 천주교엔 가 본 적 없어?"

"예, 그게……. 엄마가 다니시긴 했는데 영세를 했는지는 모르겠어요."

"무슨 소리야?"

"엄마가 교리 공부하던 중에 점을 봤거든요. 그걸 동네 아줌마가 성당에 일러서 영세를 못 받았는데, 저 서울 온 후에 받으셨는지는 모르겠어요."

그가 어렸을 때 교회는 개신교건 천주교건 우유가루, 설탕, 밀가루, 돌처럼 단단하게 굳은 딱딱한 우유 등을 배급해 주었고, 당시 우유나 밀가루 때문에 교회에 다닌 사람들을 밀가루 신자 또는 우유가루 신자라고 부른 걸 준성은 기억한다. 어머니가 교리공부를 하신 것도 원인은 밀가루였는데 준성이 너무 싸움질을 하는 바람에 어머니는 성당에서 점보지 말라는 걸 깜박 잊었던 것이다. 그리고 그걸 고자질한 동네 아줌마는 영세자가 많으면 우유를 배급받을 사람이 많아져서 배급이 조금 나올까 봐 교리 받는 이들을 감시하며 영세를 못 받도록 방해했노라고 후에 실토하였다.

회사 선배는 준성의 얘기를 듣고 배를 잡으며 웃었다.

"엄마가 저한테도 성당에 다녀야 한다고 했는데 그럴 겨를이 없었죠."

"배급 조금 나올까 봐 영세를 방해했다는 게 당시엔 웃을 일이 아니었을 거야. 전쟁 후 워낙 굶주렸으니까. 아무튼 천주교엔 유치원부터 대학까지 있는 재단도 있고 열심히 하면 공부할 길이 있을 것 같은데. 궁하면 통한다는 궁즉통 알아? 한 번 가 봐."

그는 처음 성당을 찾아간 날을 잊지 못한다. 1971년 3월 24일, 눈보라 속에 화양리 성당을 찾아갔다. 당시 그는 세종대학의 전신인 수도여자사범대학 부근에서 누나와 자취를 하고 있었다. 요코 준기사이긴 했지만 그의 행색은 남루했고, 사무실 직원은 그를 흘끗 바라보더니 구걸하러 온 사람 대하듯 어떻게 왔냐고 물었다.

"저, 성당에 다니고 싶어서 왔는데요. 어떤 절차를 어떻게 밟아야 하

는지……."

 사무실 직원은 그에게는 대꾸도 없이 목소리를 높여 누군가를 불렀다. 그의 귀에는 '삐아 선생님' 이라고 부른 것으로 들렸다. 그래서 그는 아직도 이 비아 선생님을 삐아 선생님으로 기억한다.

 오십 전후의 중년 여인은 하늘에서 내려온 듯 얼굴 가득 웃음을 지었다. 왼팔이 없어 의수를 했는데 그리 곱고 부드러울 수가 없었다. 비아 선생님은 팔을 벌려 그를 살짝 안고 의수한 손으로 그의 등을 두드려 주었다.

 "제발로 찾아온 사람은 처음이에요. 고맙기도 하지. 한 달 전에 시작된 예비자 교리반이 있는데 부지런히 배우면 따라갈 수 있을 거야."

 그의 머리에는 빨리 신자가 되어야 학교 갈 길이 열린다는 일념뿐이었다. 그는 교리반에 열심히 나갔고 배우는 대로 모두 외웠다. 외우는 데는 워낙 소질이 있었고 남보다 두 배 세 배 노력하니 교리반에서는 그를 당할 사람이 없었다.

 "교리공부가 대학에서 배우는 것보다 중요한데 준성이는 수석이야."

 비아 선생님은 작은 일에도 칭찬을 아끼지 않았고 그에게는 교리교사의 관심과 애정이 큰 격려가 되었다. 당시 교리공부는 까다로웠고 특히 찰고는 엄격했는데, 준성은 3개월과 6개월에 우수하게 찰고를 통과하고 그 해(1971) 성모승천대축일에 성세를 받았다.

 그러나 영세의 그 더할 수 없는 축복이 준성에게는 오로지 학교에 들어갈 수 있는 기회로 여겨질 뿐이었다. 그 소중한, 영원한 생명의 축복을 준성은 잠재적으로 받아들였을 뿐, 제대로 인식할 여유가 없었던 것이다. 그러나 그가 의식을 하건 못하건 그는 이제 여태 살아온 세상과는 차원이 다른 영원한 생명의 나라로 들어갔다.

 준성은 청년 레지오 쁘레시디움에 입회했다. 말끔한 교복을 입은 학생들이 준성의 눈에는 귀공자들로 보였다. 그 자신도 귀공자 같은 학생 신분이 될 날을 하느님께서 마련해 주시려니 믿으며, 그는 성당이라는 새로운 사회에 열심히 적응했다. 레지오 회합에 나가려니 자주 씻어야 했고, 더럽거나 해지지 않으면 충분했던 옷차림에도 신경이 쓰였다.

그는 단장이 시키는 대로 레지오 성격을 연구해서 발표하라고 하면 정성을 다해서 그리했고, 쁘레시디움 대표로 어디에 나가라고 하면 열심히 준비해 가서 발표하곤 했다. 단장의 칭찬과 신뢰가 쌓이고 꾸리아에 대표로 나가는 일이 많아졌다. 회사 근무 이외의 시간은 모조리 성당을 위해 소비하는 셈이었다.

특히 화양본당 출신의 신학생은 본당에 들를 때마다 그를 일부러 불러 격려를 해주었고 누구보다도 이 비아 선생님의 자애로운 사랑은 말할 수 없이 든든했다. 그에게는 본당 신학생이 우상이었다.

세상에 태어나 그렇게 신나고 기쁘게 살아보기는 처음이지 싶은 1971년이 저무는 11월, 그는 성당 게시판 앞에서 발을 멈추었다. 동성고등학교의 신입생 모집공고가 붙어 있었다. 뚫어지게 바라보던 준성은 신부님 추천서, 총회장 추천서, 학생회장 추천서라고 중얼거렸다. 메모할 것도 없이 그 세 가지 추천서가 머릿속에 입력되었다. 그는 주저하지 않고 사제관으로 갔다. 민후고 본당 신부님은 사제관에 계셨다.

"신부님, 저 동성고등학교에 가고 싶습니다. 신부님 추천서가 있으면 된다고 합니다."

신부님이 깜짝 놀라시더니 노란 털이 부숭부숭한 손으로 덥석 준성의 손을 잡으며, 아니 우리 성당에 이게 웬 경사냐고 예비신학생이 나왔다고 하시며 어쩔 줄 모르시는 것이었다. 왜 경사라고 하는지, 또한 예비신학생이 무슨 뜻인지도 모르는 채 준성은 감격할 수밖에 없었다. 신부님이 그 자리에서 추천서 양식을 꺼내 영어로 일필휘지 해 추천서를 써

주셨던 것이다. 그는 쾌재를 불렀다. 신부님이 그리 반가워하고 기뻐하며 추천을 해주셨으니 이건 된 일이다 싶었다. 본당 사목회 총회장은 교수였는데 신부님 추천서를 보더니 두말없이 그 자리에서 추천서를 써 주었다. 그는 두 장의 추천서를 들고 레지오 단장한테 갔다. 학생회장을 레지오 단장이 겸하고 있었던 것이다.

"젊은 사람이 어려운 결심을 했네. 축하하네. 그런데 이건 나한테 먼저 왔어야 할 일이 순서가 거꾸로 되었구먼. 먼저 학생회장 추천서를 가지고 총회장에게 가고 총회장 추천서를 가지고 본당 신부님에게 가는 게 순서라네. 어쨌거나 이런 경사스러운 일을 그동안 왜 한 마디도 안 했나?"

평소에 안면이 익은 단장은 의외인 듯하면서도 역시 반가워하는 기색은 감추지 않고 그 자리에서 추천서를 써 주었다. 석 장의 추천서를 다 받은 것이었다. 그는 추천서 세 통을 들고 보무도 당당히 동성고등학교를 찾아갔다.

제7장
생인발

 혜화동 로터리의 동성고교는 근사했다. 가장 아끼는 누비바지와 잠바를 차려입고 그중 덜 기운 양말에 운동화가 없어 검정고무신을 신었지만 이발을 깨끗이 한 소년에게 그곳은 천국으로 느껴졌다. 그곳이 수많은 신부님들의 개구쟁이 시절이 아로새겨진 소신학교란 것을 모르는 소년에겐 오로지 교복 입고 모자 쓴, 중학생도 아닌 고교생이 된다는 부푼 희망에 온 세상이 빙글빙글 돌아갈 지경으로 마음이 들뜨는 것이었다.
 "안녕하세요? 원서 접수하러 왔습니다."
 허리를 90도 각도로 꺾으며 씩씩한 인사를 건네자 마음씨 좋게 생긴 수위 아저씨가 "오, 그래." 하고 웃으며 고개를 들다가 이상스러운 듯 소년의 아래위를 살핀다.
 "여기 입학하려고?"
 "예."
 "근데 왜 교복을 안 입고……. 어느 중학교 나왔는데?"
 "중학교요? 저, 그게 저……."

마침 전화벨이 울리자 수위는 수화기를 집어 들면서 턱짓을 했다.

"교무실로 가지 말고 교장실로 가 보거라. 서무실 옆이다."

"예, 알겠습니다."

중학교 소리에 가슴이 철렁했던 소년은 교장실로 가라는 말에 마음이 놓여서 코가 땅에 닿도록 절을 하고는 비탈진 언덕길을 달음질하듯 올라갔다. 그의 마음은 이미 이 기막히게 좋은 학교의 학생이 된 것만 같았다.

교장실로 들어가니 뜻밖에도 신부님이 앉아 계신다. '신부님이 교장 선생님을 할 수도 있는 건가? 신부님이 교장보다 높은 거 아닌가?' 소년은 순간적으로 헷갈렸지만 어떻든 신부님이니 한결 안심이 되었다.

"우선 앉지. 원서를 접수하러 왔다는데 소신학교를 지원하려고?"

"아니, 신부님. 아 아니, 교장 선생님. 저, 저는 소신학교 아니고 고등학교에 입학을 하려고……. 여기 추천서는 다 받아 왔습니다."

교장 신부님은 이미 수위실로부터 인터폰을 받은 모양으로 미소를 지으며 서류를 받아 펼쳐 본다.

"본당 신부님 칭찬이 대단하시군? 반갑네. 잘 왔어. 그런데 중학교 졸업증명은 어디 있지?"

"예? 중학교 졸업장이 있어야 합니까? 입시요강에는 그런 거 없었는데. 저, 저는 중학교는 못 다녔습니다."

"그랬군. 어쩐다? 우리 학교에 오려는 뜻은 가상한데 여기는 문교부인가를 받은 고등학교이기 때문에 중학교를 마쳐야 입학이 가능해요. 추천서 보니 신앙생활을 열심히 하는 모양인데 먼저 중학교 과정부터 수료하고 오도록 해요."

신부님의 말씀은 부드러웠지만 결국 안 된다는 뜻이었다. 성냥에서 본 포스터와 똑같은 입시요강에는 분명 중학교 졸업증명이 들어 있는데 성당 게시판에서는 그 부분이 안 보였던 것이다.

맥없이 교장실을 나온 준성은 분통이 터져 참을 수가 없었다. 전지전능하신 하느님께서 고등학교 가는 소원 하나 못 들어 주신단 말인가. 그렇다면 전지전능하신 하느님도 아니지 않은가? 하느님은 뭐든 다 들어 주시고 이루어 주신다더니 거짓말이다, 속은 것이다. 그는 냅다 학교 머릿돌을 걷어찼다. 그리고 순간적으로 주저앉았다. 고무신 신은 발로 그 육중한 돌을 있는 힘껏 내찼으니 발이 온전할 리 없었다. 눈물이 빠지도록 엄지발가락이 아팠지만 그는 분이 풀리지 않은 채 절름거리며 집으로 돌아왔다. 발은 피가 말라붙어 양말과 살이 한 덩어리가 되어 있었다. 그는 어금니를 물고 발을 물에 담갔다. 아프고 쓰린 것쯤 치미는 울화에 비하면 아무 것도 아니었다. 물에 적셔 겨우 양말을 벗고 보니 엄지발가락이 엉망으로 뭉개져 있었다.

그 일은 생인발(발가락 끝에 종기가 나서 앓는 병)을 앓게 만들었고 반쯤 죽을 만큼 고생하며 발톱이 빠진 후 몇 달이 지나서야 새 발톱이 나오기 시작했다. 그러나 그는 생인발을 앓으면서도 성당을 그만두지는 않았다. 하느님한테 실망하고 배신감을 느꼈을 땐 성당에 다시 가고 싶지 않았지만 주일미사를 걸러 보니 답답한 건 자신이었다.

고등학교 입시요강에 중학교 졸업장이 있어야 한다는 상식을 무시한 것도 자신이고, 입시요강에서 그것만 못 본 것도 자기 실수일 뿐 하느님 책임일 수는 없는 노릇이었다. 어쩌면 하느님은 정말로 기회를 열어 주실지 모른다. 천릿길도 한 걸음부터라는데 한 번 실수했다고 성당을 안 갈 수는 없다는 것이 미사를 한 번 걸러 본 그의 결론이었다. 아니, 그는 무슨 핑계를 대서라도 성당을 그만둘 마음이 전혀 없었다.

그는 성당의 모든 것이 좋았다. 세상에 성당만큼 좋은 곳은 없었다. 선생님들과 쁘레시디움 단원들과 레지오 단원들과 만나는 모든 교우들

이 좋았다. 성당이 아니라면 그렇게 많은 훌륭한 어른들과 어찌 그렇듯 대등하고 친밀하게 어깨를 나란히 하고 생활해 볼 수 있을까 싶었다. 세상과는 다른 평등한 공간을 제공해 주는 것만으로도 천주교는 충분히 좋은 것이었다.

그는 여전히 회사에 근무하는 이외의 모든 시간을 성당에서 보냈다. 그런데 사람들이 수군거리는 소리가 우연히 들려왔다.

"우리 성당 사기사건 소문 들었어?"

"응? 성당에 사기사건이 났단 말야?"

"글쎄, 웬 애 녀석이 와서 교리 받고 영세하더니 신부님과 총회장님을 감쪽같이 속였다잖아. 소신학교 갈 성소자라고 사기를 쳤대."

"어머 어머 세상에. 대체 얼마를 사기당했는데?"

"그건 모르지. 신부님, 총회장님 전부 추천서를 써 주셨다니까."

"세상에, 이젠 별 사기가 다 있네? 성소자를 사칭하고 사기를 치다니."

"혹시 몰라서 그런 거 아냐? 아무려면 사기를 치려고 성소자를 사칭할라구?"

"사기꾼이 뭔들 못하겠어. 세상이 말세지."

준성은 숨이 멎을 것 같았다. 자기 얘기가 갈 데 없는 사기꾼 소문이 된 것이다. 그렇다고 나서서 해명을 할 용기는 없었다. 동성고 안에 소신학교 학급이 있는 줄도 몰랐고, 사제를 희망하며 그 길을 가는 아이들을 성소자라 부른다는 사실조차 몰랐던 소년은 창피하고 부끄러워 얼굴을 들 수 없는 심정이었다. 그러나 오직 한 분 하느님만은 아실 것이다. 하느님만은 그가 사기를 친 게 아니라 학교에 가고 싶어 그리했다는 걸 아실 것이다.

그런데 하느님은 어쩌자고 그 창피한 소문 하나 막아 주시지 못한단 말인가. 학교는 못 보내 주시더라도 소문쯤은 막아 주실 수 있을 것 아닌가. 그런 소문 하나 못 막으실 만큼 하느님은 힘이 없으신 걸까.

어떻든 사람보다 만만한 분이 하느님이었으므로 준성은 '하느님은 진짜 힘이 없으신 겁니까, 아니면 힘이 있으신데 때를 기다리시는 겁니까? 진짜로 전지전능하신 건 맞아요? 저한테만 솔직히 말씀해 보세요. 소문 안 낼테니.' 하며 떼쓰고 어리광 부리듯 별별 속말을 다하면서 소문이 가라앉기를 기다렸다.

봄이 오는지 다시 겨울로 가는지 헷갈리게 추운 날이었다. 교복 입고, 교모 쓰고, 고3 배지를 단 학생이 화양리 막다른 골목의 허름한 자취방을 찾아왔다. 가슴에는 '조인호'라는 명찰이 궁체의 흘림글씨로 박음질되어 시선을 끌었다.

어디서 본 듯한 인호는 성당 학생회 간부라고 신분을 밝히면서 오해하지 말고 자신의 얘기를 들어 달라고 서두를 뗐다. 그러고 보니 성당에서 낯이 익은 기억은 나지만 준성의 태도는 떨떠름했다. 소신학생 사기 사건의 당사자가 준성이라는 것이 알려지면서 손가락질을 받기 시작하던 즈음이었다.

"할 얘기가 있으면 성당에서 할 것이지 집까지 찾아온 이유가 뭐요?"

"신부님께 얘기 들었어. 추천서를 써 줬는데 이상한 소문이 되었다고. 총회장님께도 확인했고. 사실은 나도 어렵게 공부하는 처지라 남의 일 같지 않았거든. 얼마나 공부를 하고 싶었으면 그렇게 무모한 짓을 했을까 금방 알겠더라고. 그래서 정말 공부할 길을 찾고 있는지 알아보려고 온 거야."

"그걸 알아서 뭘 어쩔 건데?"

"우리 학교에 편입을 할 수 있을 것 같거든."

"정말?"

74 마음의 물결

"우리 담임 선생님이 아주 좋은 분이서. 상의를 드리면 틀림없이 방법이 있을 거야. 지금 편입생을 모집 중이기도 하고."

아! 하느님께서는 이렇게 섭리를 하시는가. 동성고등학교를 찾아간 일, 생인발을 앓은 일, 사기꾼 소문을 들은 일, 이 모든 것이 헛일이 아니고 섭리였던가. 준성은 눈물이 나올 것 같은 뜨거운 감정을 눌러 참으며 공부를 할 수만 있다면 학교는 상관없다고 말했다.

인호가 돌아가고 준성은 좀처럼 마음이 진정되지 않았다. 이러다 또 실망을 하지 싶어 기대를 갖지 않으려고 애써 본다. 신부님이 교장인 학교도 중학교 졸업증명이 있어야 한다는데 일반학교야 말할 것도 없지 싶은 것이다. 그러면서도 물에 빠진 사람이 지푸라기라도 잡듯 인호를 기다렸다.

며칠 후, 성당에서 만난 인호는 세종대학 앞 금잔디 다방으로 선생님이 나오시기로 했다며 날짜와 시간을 알려 왔다.

약속한 날, 선생님은 조인호와 함께 나왔고 준성을 보자마자 어느 중학교 출신인가를 물었다.

"저, 중학교를 못 다녔는데요."

그는 정말로 쥐구멍이 있으면 들어가고 싶었다. 선생님이 인호를 돌아보며 어떻게 된 일이냐고 꾸짖듯 물었고 인호는 자기 잘못인 양 변명을 해주었다.

"중학교 나온 사람 이상의 실력이 있습니다, 선생님."

선생님이 난감해하시는 것을 보니 역시 글렀다는 생각이 들었다. 고등학교라는 데는 중학교 졸업장 없이는 명함을 내밀 수 없는 곳이다. 그러나 자기를 생각해서 애써 주는 인호와 여기까지 나와 상담을 받아 주는 선생님 앞에서 실망한 내색을 보일 수는 없었다.

참으로 길고 긴 침묵의 시간이 흘렀다. 아마도 그 시간이 그리 긴 시간이 아니었는지도 모른다. 입을 꾹 다물고 무언가 골똘히 생각하는 선생님과 무조건 선생님만 믿는다는 인호 사이에서 진땀이 흐르느라 그리 지루하게 느껴진 것 같기도 하다.

마침내 선생님이 준성을 지그시 바라보며 "어떻든 편입학을 시켜 주면 등교는 할 수 있겠는가?" 하고 물었다.

"예, 선생님."

준성은 급히 설명을 덧붙였다. 중학교 근처에도 못 가 봐서 공부를 따라가기가 쉽지는 않겠지만 기회가 주어진다면 부모에게 물려받은 모든 것, 자신의 모든 것을 다해서 최선을 다해 보겠다고 결의를 다짐했다. 선생님의 표정이 움직이는가 싶더니 미소 같은 것이 떠오르는 듯했다.

"해 보지. 해 보자구. 자네, 눈이 살았어."

준성은 자칫 소리를 지를 뻔했다. 그런 기적이 일어나다니 믿을 수가 없었던 것이다. 당시 그의 요코 기술은 상당한 수준이었고 월급도 적은 편이 아니었다. 직장생활이 그만큼 안정된 괘도에 올랐기에 공부하고 싶은 열망이 더욱 간절했는지도 모른다.

집에 돌아오니 인호와 선생님을 만났던 일이 비현실적으로 느껴지면서 다시 의구심이 생겼다. 어디 한번 해 보자고 결의를 보인 선생님 얼굴은 또렷이 떠오르는데, 과연 학교에 다니는 것이 현실이 될 수 있을까 싶어 선뜻 믿어지지 않는 것이었다. 무슨 일이 생겨 어그러지지 말라는 보장이 없지 않은가.

그런데 인호는 좁은 골목을 돌고 돌아 다시 준성의 자취방을 찾아왔고, 그는 한 번 더 선생님을 만났다. 선생님은 다짐을 두었다.

"자네, 정말로 기회를 주면 열심히 할 수 있겠지?"

"죽기 아니면 까무러치기로 하겠습니다, 선생님."

"상의를 끝냈다. 내가 책임을 지기로 하고 교장 선생님께서 허락을

해주셨어. 월요일 오후 2시에 야간부 교무실로 오너라. 교복, 모자, 책가방 착용하고."

그 월요일이 되기까지 준성은 살을 몇 번이나 꼬집어 보며 쁘레시디움 팀의 영세 동기 바오로를 찾아갔다. 교복과 모자와 책가방, 교과서 일습을 구하기 위해서였다. 흑인 혼혈아인 바오로는 그 해 봄에 ㅅ고등학교를 졸업했다.

바오로는 자기 일처럼 기뻐하며 준성에게 옷, 모자, 가방, 신발, 교과서, 공책, 연필과 필통까지 모두 내주었다. 체격의 차이 때문에 바오로가 1학년 때 입던 옷이 준성에게는 맞았다. 가방은 새것이나 다름없고 책은 보기만 해도 가슴이 울렁거렸다.

친구는 새 운동화를 입학선물이라며 내주었다. 좀 헐렁해도 검정 고무신에 비할 바가 아니었다. 이발소로 준성을 안내해 머리를 빡빡 밀게 한 것도 바오로였다. 당시 중고생은 머리를 완전히 빡빡 밀어야 했다.

학용품 일습을 가져다 놓으니 정말 며칠이 무사히 잘 가고 월요일이 와줄 것인지 하는 생각에 준성은 좀이 쑤셨다. 날이 밝으면 금요일만 한정 없이 계속되는 천재이변이 일어나지 않을까 염려스럽고, 금요일이 무사히 저물자 하루 이틀 사이에 그 학교가 없어져버리는 이변이 일어나는 것은 아닌가 하고 겁이 났다. 스무 살이 다 되어 고교생이 될 기회가 왔는데 학생이 못 돼 본 채 무슨 사고를 당할 것 같은 불길한 예감까지 드는 것이었다.

마침내 월요일이 밝아 오고 준성은 학교를 찾아갔다. 1972년 4월의 일이었다.

"김준성, 넌 당분간 정규학생은 아니다. 네 여건을 고려해서 우선은 교장 선생님하고 나만 알고 공부할 자리를 마련해 주는 기니까 약속대로 최선을 다하기 바란다. 다른 선생님들이나 학생들은 이 사실을 모르니 공연히 기죽을 필요는 없다. 네가 학생으로서 기본적인 소양과 자질을 가졌다고 판단되면 필요한 행정절차를 밟아서 정규학생으로 받아들인다는 조건이다. 알겠나?"

"예, 선생님."

"넌 1학년 3반이다. 반장에게 시간표 받고 모든 과목이 진도를 조금씩 나갔으니까 모르는 건 선생님한테나 친구들한테 질문을 해라. 수업 시간은 3시부터 11시까지인 거 알지? 네가 적응을 잘하는지, 성실한지, 교과과정을 제대로 따라가는지 모든 면을 주시할 테니까 열심히 해서 선생님의 기대를 저버리지 않기 바란다."

그는 서무과에 가서 편입학금을 내고 1학년 3반 교실로 갔다. 첫 시간은 영어였다. 눈매가 고운 여선생님이 들어오더니 교탁에 서면서 평생 잊을 수 없는 한 마디를 했다. 그의 귀에 그 투명한 소프라노 음성은 새소리 같았다. 사람 입에서 나오는 소리라고는 믿어지지 않는 그 한 마디가 '여러분, 4과를 펴요.' 라는 뜻의 "에브리바디, 오픈 레슨 포." (Everybody, open lesson four)였음을 알아들은 것은 그 후 몇 달이 지나서였다.

어떻든 그 말이 무슨 뜻인지를 몰랐으므로 준성은 옆 아이 책을 보고 페이지를 맞추었다. 그 50분은 그에게 평생 살아오면서 가장 곤혹스럽고 불안하게 느껴진 시간이었다. 그는 궁리하고 궁리했다. 다른 시간은 어떻든 우리말이므로 역사건, 사회건, 과학이건, 수학이건 우주에 온 듯 생소한 두려움이 없는데 영어시간만은 그렇지가 않았다.

"어때? 할 만해?"

쉬는 시간을 이용해 슬며시 찾아온 인호의 물음에 준성은 영어시간의 생소한 두려움을 털어놓았다.

"겁낼 것 없어. 용기가 미래를 창조한다는 말이 있잖아. 창피하게 생

각하면 절대로 발전 못하니까 모르는 건 되도록 질문하면서 짚고 넘어가. 넌 할 수 있을 거야."

인호의 격려에 용기를 얻은 준성은 다음 영어시간에 손을 번쩍 들었다. '아이 엠 어 보이'(I am a boy)라는 문장이 수없이 나오는데 그는 그게 무슨 뜻인지 알고 싶었던 것이다.

그런데 문제가 터지고 말았다. '아이 엠 어 보이'가 자꾸 나오는 이유는 주어와 동사를 설명하기 위해서였는데 뜻을 묻는 질문을 하자, 영어 선생님은 그것을 교사를 우롱하는 놀림거리로 받아들여 학생주임에게 보고한 것이었다.

제8장
스무 살 고교생

 준성의 학교생활은 오해와 체벌로 시작되었다. 그는 학생주임에게 끌려가 불문곡직하고 얻어맞았다. 곡괭이 자루에 물을 잔뜩 먹인 방망이는 살 속으로 파고드는 아픔이 마른 나무보다 배쯤 된다. 그는 이유도 모르면서 팬티에 피가 젖도록 무자비하게 맞았다. 처음에는 매를 세었는데 고통이 심해지면서 숫자가 헷갈렸지만 대충 30대쯤이었다.
 "너, 다음에 다시 한번 여선생님에게 하까시 하면 조치한다. 알았어? 어디서 감히 스승에게 기어올라 오르기를? 고얀 놈 같으니."
 문드러진 엉덩이의 고통 때문에 정확하게 알아듣지는 못했지만, 어림짐작으로 영어 선생님에게 질문을 한 것이 놀림이 되었음을 알아차렸다. 어떻든 선생님한테 매 좀 맞았기로 그것이 대수인가 싶었다. 고교생이 되었다는 사실만이 꿈만 같았다.
 다음은 수학시간이었는데 역시 사범대를 갓 졸업한 여선생님이었다. 그러나 준성은 선생님이 젊었는지 늙었는지는 분별도 하지 못했다. 인수분해라는 말이 계속 나오는데 그 말을 모르니 초등학교 다닐 때도 소

80 마음의 물결

질 없던 이 수학의 벽을 어떻게 넘어야 한단 말인가 하고 한숨이 나올 뿐이었다. 그는 다시 용기가 미래를 창조한다는 말을 떠올리며 손을 들었다. 질문을 하기는 창피하지만 창피함을 참는 용기를 내면 모르던 것을 알게 되는 미래를 가지는 것이다.

"선생님, 인수분해가 뭡니까?"

선생님이 고개를 들어 준성을 보는 싸늘한 눈빛이 심상치 않다. 키들거리던 아이들조차 선생님의 냉랭한 반응에 입을 다문다. 마침 수업 종료를 알리는 종이 울렸고, 선생님은 인사도 받지 않고 바람을 일으키며 나가버렸다.

"김준성, 나와."

이번에는 학생주임이 아닌 생활지도 선생님에게 끌려가 엄청 맞았다. 수학 선생님이 생활지도 선생님에게 이른 것이었다.

"아니, 준성이 아니냐? 잠깐."

그를 구해 준 것은 불법입학을 시켜 준 이동진 선생님이었다. 준성이 워낙 많이 맞았으므로 사건의 윤곽을 들은 이 선생님은 나직하게 책망부터 했다.

"체벌은 함부로 할 게 아니지 않습니까. 이 학생의 처지가 특수하다는 걸 미리 말씀드리지 못한 내 불찰이 크지만 그렇다고 순진한 것과 불량한 것을 그렇게 구분하지 못합니까? 다른 선생님들께서도 다음부터는 무슨 일이건 김준성의 일은 나한테 먼저 보고해 주세요. 준성이 넌 돌아가거라."

어찌나 맞았는지 그는 걸음을 걸을 수 없었다. 이를 악물며 교실로 돌아왔으나 자리에 앉을 수도 없었다. 그는 벌서는 사람처럼 엉거주춤하게 엉덩이를 약간 든 채로 앉아서 남은 수업을 마쳐야 했다.

"앞으로는 특히 여선생님한테는 모르는 게 있으면 수업 끝난 후 교무실에 와서 질문을 하도록 해라. 그러면 오해할 선생님은 안 계실 테니까."

이동진 선생님은 안타까워하며 그렇게 일러주었다.

"예, 선생님. 알겠습니다. 고맙습니다."

그런데 일주일쯤 지나자 이번에는 회사 총무과에서 호출이다.

"자네 매일 세 시만 되면 나가는데 학교 다닌다면서?"

"예."

"우리 회사는 사규상 조기퇴근의 특례를 둘 수가 없네. 웬만하면 학교라 묵인을 해주고 싶지만 조직사회 아닌가. 회사와 학교 중 양자택일을 해야겠네."

불만이 없는 회사란 흔하지 않아서 사직을 하는 일은 쉽지 않았다. 그러나 어떻게 들어간 학교였던가. 서울에 온 이후 줄곧 꿈꾸어 온 것이 공부하는 길 아니었던가.

그는 성당에는 열심히 다니지만 아직 하느님의 현존을 절실하게 느끼는 것이 아니었다. 성당에 열심히 가고 열심히 기도하지만, 중요한 순간에는 언제나 하느님을 잊어버렸다. 그런데 회사 일로 고민을 하면서는 하느님께서 또 길을 열어 주시겠거니 싶었다. 성소자의 뜻도 모르고 소신학교도 모르는 그에게 동성고등학교를 찾아가게 하고 사기꾼 소문이 나게 하고 그 소문 때문에 불법입학이지만 공부할 기회를 가지게 된 것을 준성은 사람의 힘이라고는 생각할 수 없었다. 어른들이 즐겨 사용하는 섭리라는 말을 믿고 싶었다. 그렇다고 학교생활에 자신이 있는 것은 아니었다. 회사도 그만두고 공부도 좌절하면 어쩌나 싶은 두려움이 앞섰다. 영어와 수학은 아무리 해도 넘을 수 없는 벽으로 느껴졌다. 그러나 그에게 공부할 길을 열어 주신 하느님이라면 정말 넘을 수 없는 산으로 여겨지는 영어와 수학의 그 절망적인 벽도 넘을 수 있도록 도와주

시지 않을까. '일단은 공부를 해 보고 실패하면 다른 길을 찾아도 늦지 않을 것이다.' 그는 정든 회사에 사표를 제출했다.

"너, 대책 있어?"

처음 천주교에 가 보라던 남 기사가 묻는다.

"없습니다."

"여기 근무하다 독립해서 민수공장 하는 선배가 있는데 아마 너도 얼굴 보면 알 거야. 거기 가면 세 시까지 일하고 학교 가는 거 봐줄지 모르니까 새벽에 두 시간쯤 더 일찍 나가 열심히 일하겠다고 부탁해 보는 게 어때?"

"해줄까요?"

"그 선배도 공부 못한 거 한 맺힌 사람이니까 다른 일도 아니고 학교 다니는 건데 그만한 편리쯤 봐주지 않겠어? 아무튼 가 보라구."

그는 자신에게 진정한 노동의 기쁨을 알게 하고 노동자의 자부심을 심어 준 회사를 떠나 능동에 있는 공장을 찾아갔다. 얼굴이 익은 선배는 사정을 듣고 감탄하면서 흔쾌히 받아 주었다.

"자네, 숙식은 어디서 하고 있나?"

"누나하고 자취를 했는데 혼자 나와야 할 것 같습니다."

"왜?"

"누나가 결혼을 하게 돼서요."

누나는 요코가 너무 힘드니까 그동안 틈틈이 미용을 배웠고 자격시험에 합격해 면허증을 땄다. 그리고 같은 회사에 근무하던 사람과 결혼할 예정이었다.

"그럼, 자네 우리 집으로 오는 거 어떤가. 마침 방이 빠졌는데."

준성은 선배의 집으로 들어갔다. 선배로선 공부 안 하는 자기 아이들에게 '저놈을 봐라. 저렇게 어려운 처지에서 공부하는 놈도 있다.'라는 산 교훈을 보여 주고 싶은 모양이었다.

준성은 회사도 집도 옮기고 새로운 생활에 들어갔다. 아침 6시에 일어나 밥을 끓여 먹고 출근해서 7시부터 8시간 동안 근무하고 오후 3시에 학교 가서 밤 11시까지 공부, 집에 와서 보통 새벽 1시나 2시가 넘도록 복습을 하는 초인적인 생활이었다. 얼마 안 가서 코피가 터졌다. 먹는 건 부실한데 일과 공부 모두 단 한 순간도 건성으로 할 수 없으니 당연한 일인지도 몰랐다.

그동안 서산 형님댁에 가 계시던 어머니가 올라오셨다. 준성이 서울 온 사이에 형님은 땅을 전부 팔고 어머니를 모셔 갔던 것이다. 어머니가 올라와 함께 살며 밥을 해주신 기간은 3개월 정도였다. 아침마다 코피는 쏟았지만 준성에게는 가장 행복했던 기간이었다.

그런데 어머니가 갑자기 앞을 더듬으며 눈이 안 보인다고 했다. 침침하다고만 느꼈는데 자각을 못하는 틈에 어머니의 눈은 백내장으로 진행되었고 수술할 기회조차 놓쳐 실명이 되어버린 것이다. 기막힌 일이었다. 어쩔 수 없이 어머니는 형님 집으로 내려가고 준성은 다시 혼자가 되었다. 어머니 생각을 하면 가슴이 미어졌다.

학교생활은 원수 같은 영어와 수학만 아니면 어려울 것이 없었다. 준성은 우선 원수 같은 두 과목을 제외한 모든 과목들을 정복해서 평균점수를 낙제가 안 되도록 올려놓기로 했다.

초등학교 때의 아이큐 검사를 그는 기억한다. 공부를 제일 못했건만 지능지수는 전교에서 가장 높아 화제가 되었다. 송아지를 길러 중학교에 가겠다고 결심한 것이 그 지능지수 때문이었는지도 모른다. 생각하면 그때의 송아지 사건은 무슨 섭리였을까. 중학교에 가려고 기른 송아지는 경찰관 시험에 합격하고도 발령을 못 받던 형의 뇌물로 없어졌다. 학교 갔다 오면서 꼴을 베어 왔는데 외양간이 비어 있었다. 가슴이 철렁

했다. 텅 빈 공간이 그렇게 절망스러울 수 없었다.

"엄마, 내 송아지 어디 갔어?" 엄마는 대답을 못하다가 준성이 난리를 치자 형이 팔아 갔다고 했다. 그런데도 송아지 뇌물이 적어서 형은 주소지인 충북으로 발령을 못 받고, 충남으로 받게 되었다고 들었다. 뇌물이 아주 공공연하던 시절이었다.

혼자 자취를 하게 되면서 준성은 대부분 라면으로 끼니를 때우고 살았다. 밥을 해서 뜨거운 밥에 마가린과 간장을 넣고 비벼 먹는 것은 일요일이나 되어야 맛볼 수 있는 성찬이었다. 건강이 모든 것의 기본이며 생명의 바탕이라는 것도 생각하지 못하던 시절이었다. 그에게 중요한 것은 오로지 공부뿐이었다.

걸어가거나, 버스를 타고 가거나, 화장실에 가거나, 어디서나 앞에 글자를 놓고 보고 외우는 것이 그에게는 습관이 되었다. 요코를 짜면서도 앞에다 영어단어를 놓고 외우며 했다. 수학 같은 과목은 앉아 있을 수 있는 짬짬이 문제를 풀었다.

1학기 성적은 52등이었다. 하느님은 결코 넉넉한 기적을 보여주시지는 않는가 보다. 53등만 하면 희망이 있는 거라고 혼자 목표를 세웠는데, 겨우 한 등수 올린 결과지만 그는 이제 가능성을 넘어선 자신감을 갖게 되었다.

자신감이 생기자 그는 먼저 영어 선생님을 찾아갔다. 중학교를 다니지 않은 것은 비밀로 하기로 이동진 선생님과 약속했으므로 둘러대기로 했다.

"고등학생이 알파벳 모르는 걸 이해하실 수 없겠지만, 어쨌든 제가 지금 알파벳을 모릅니다. 그런데 지금은 영어를 하고 싶습니다. 그것도 그냥 하고 싶은 게 아니라 죽기 살기로 잘하고 싶습니다. 그러니 제가 어떻게 공부를 해야 하는지 가르쳐 주십시오, 선생님."

선생님은 준성을 찬찬히 바라보다가 고개를 끄덕였다. 그리고 어느 서점에 가서 무슨 책을 사다가 어떻게 공부해 오라고 했다. 그렇게 사사로운 지도를 받으면서 알파벳과 발음기호를 익히고 원한에 사무쳤던 '아이 엠 어 보이'와 주어와 동사를 배우면서 다음 단계 또 다음 단계로 넘어갔다.

수학 선생님은 조금 더 깐깐하고 냉정해서 중학교 1학년 과정부터 다시 하라는 말뿐이었다. 소년은 중1 수학 자습서를 구하고 문제집을 구해 혼자 공부했다. 2학년 과정, 3학년 과정은 혼자 하기 어려워서 중간중간 선생님을 찾아갔고 선생님은 언제 쌀쌀했더냐 싶게 성의 있는 개인지도를 해주었다.

그러나 어려운 일은 공부만이 아니었다. 하루에 3시간씩 자면서 건강이 상해도 체질화한 거라고 믿는 그에게 주먹을 쓰는 친구들이 시비를 걸어온 것이다. 별 볼일 없어 보이던 쬐그만 녀석이 계속 질문을 해 대더니 성적이 올라가고 성격 또한 만만치 않은 것이 그 친구들의 신경을 건드린 모양이었다. 성적이 중상위권으로 진입하던 2학년 때였다.

"야 짜식아, 너 야구부 사무실로 와."

그동안 나름대로 부딪치지 않고 피하려고 노력해 왔는데 어쩔 수 없는 일이었다. 야구부실에는 8명쯤이 방망이를 휘두르기도 하고 들고 서 있기도 했다. 순간적으로 그는 머리를 굴렸다. 어떻게 하면 비굴하지 않게 맞서지 않으면서 빠져나가는가가 문제였다. 솔직히 싸움이라면 공부보다 자신 있고 맞장을 뜨면 승산도 있었다. 특히 그들은 준성처럼 바닥을 헤매며 살아남은 악바리들이 아니다. 한 마디로 철부지들인 것이다. 그러나 맞장을 뜨면 그날로 공부는 끝장이다. 어떤 방식으로건 그들은 계속 준성의 주위를 맴돌 것이기 때문이다. 결국 그들의 목적을 달성하게 해주는 편이 뒤가 깨끗할 것이라는 판단을 하며 준성은 당당하

게 들어갔다.

대장은 소아마비를 앓았고 어려서부터 무술을 해서 유도, 태권도, 합기도를 합하면 20단이라는 소문이 자자한 친구였다. 그 대장이 눈짓을 하자 눈앞에 별이 번쩍하면서 그는 나동그라졌다. 준성은 묵묵히 맞았다. 아마 30분쯤 무자비한 난타를 당했을 것이다. 그들은 얼굴이고 뭐고 없이 만신창이를 만들어 놓고는 준성이 무릎을 꿇고 빌면 보내 주겠단다.

"그건 기대하지 마라. 지금은 물론 앞으로도 내가 이유 없이 무릎 꿇는 일은 없을 것이다. 필요하면 더 때려라. 더 맞아 줄 수는 있으니까."

어금니 사이로 대꾸하자 저런 독종은 처음 본다며 대장이 똘마니들을 데리고 나갔는데 한 명이 되돌아와 준성을 부축해서 일으키더니 안티프라민 연고를 주며 바르라고 했다.

가까스로 숨을 돌리고 걸어 나왔을 때 느낀 분노는 하나씩 잡아다 끝장을 보고 싶을 만큼 극렬한 것이었다. 그러나 그 감정을 억제하지 못하면 공부가 끝이라는 생각이 그를 참게 했다. 아니, 그를 참게 한 분은 따로 계셨다. 그는 쉴 새 없이 하느님을 불렀던 것이다.

'하느님, 당신께서 공부할 기회를 주셨으면 공부해 낼 수 있도록 책임을 져 주셔야 할 것 아닙니까. 사정은 안 합니다. 어떤 경우에도 사정할 줄 모르는 성질을 주신 것도 당신 아닙니까. 그러니 책임져 주십시오. 책임져 주시면 당신이 제시하는 길은 제 존재가 다 부서지도록 최선을 다해 가겠습니다.' 그는 이렇게 중얼거리면서 논두렁길을 비틀대며 걸었다. 당시 천호동은 논밭이 즐비한 서울 외곽의 시골이었다.

다음 날, 준성은 아무 일도 없었다는 듯이 등교해서 똑같이 질문을 하고 똑같이 생활했다. 며칠이 지나자 그 친구들이 하나 둘 다가와 사과를 했고, 2학년을 마치면서 그는 학급에서 5등을 했다.

3학년이 되자 각 반에서 석차가 10위 이내인 학생만 뽑아 진학반이 구성되었다. 당연히 준성은 진학반에 들어갔고 3학년 1학기 시험에서는 전교 1등을 했다. 늘 전교 수석을 다투는 친구가 찾아와 정중히 악수를 청하면서 "너, 참 대단하다."라고 했을 때 준성은 자칫 눈물이 빠질 뻔했다. 그동안 얼마나 죽기 살기로 공부하며 어떻게 입에 풀칠을 해 왔는지 아무도 모를 것이기 때문이었다. 친구는 지난 얘기를 했다.
　"2학년 때 국민윤리 선생이 각자 희망을 말하라고 했을 때 너 유엔 사무총장이 되고 싶댔지? 대통령은 한 나라를 다스리지만 유엔 사무총장은 모름지기 세계 대통령 아니냐고. 그래서 '저놈, 단단히 돌았구나.' 했는데 오늘 보니 김준성 넌 해낼 것 같다. 축하한다, 미래의 유엔 사무총장."
　그의 별명은 자연스럽게 유엔 사무총장이 되었고 학교생활은 즐겁고 보람찼다. 그러나 그의 형편은 처절했다. 대학입시 혹은 취업입시를 준비해야 하는 고3 때 회사생활을 겸할 수는 없었던 것이다. 그는 형님한테 내려갔다. 성적표를 챙겨 가지고 가서 3학년 한 해만 도와주면 원 없이 공부하고 더 이상 손 벌리거나 부담 주지 않겠다고 했다.
　"야, 이 자식아. 내가 애가 다섯이야, 임마. 경찰관 봉급으로 앞 못 보는 엄마 모시고 애들 학교 보내면서 사는 일이 쉬운 줄 알아? 내가 무슨 수로 널 도와주냐?"
　준성은 형이 면목이 없어서 저러는 것이라고 짐작했다. 형이 송아지만 팔아 가지 않았어도 준성이 무작정 상경했을 리 없고 남들 대학 다닐 나이에 고등학교 다니느라 생고생을 하지는 않았을 것이다. 그런데 무작정 상경했던 동생이 고등학생이 되어 내려왔으니 대견하긴 한데 형편은 넉넉치 못하고 면전에서 칭찬은 못하는 성격이라 공연히 허세를 부리는 것일 터였다.

"형수님, 오늘부터 전 직장 안 나갑니다. 형님이 돈 안 보내주면 굶습니다."

준성은 형수에게 다짐을 두고 올라왔다. 그 정도를 못해 줄 형이라는 생각은 들지 않았다. 몇 만 원의 생활비는 꼬박꼬박 왔다. 그런데 넉 달째인가, 생활비가 안 오는 것이었다. 쌀이 바닥나고 라면은 부스러기도 남지 않았다. 그는 굶었다. 굶으면서도 학교는 갔다. 학교는 그의 삶의 전부였다. 네 시간 자면 대학에 가지만 다섯 시간 자면 떨어진다는 '사당오락'의 말이 나올 만큼 시간이 금쪽 같은 수험생이 생활비 안 온다고 구하러 다닐 틈이 있을 리 없었다.

굶은 지 사흘째까지는 정상적으로 공부하고 얘기도 할 수 있었는데, 4일째부터는 세상이 노랗게 보이면서 말을 제대로 할 수 없고 수업시간에도 졸음이 쏟아졌다. 걷다가도 잠이 들면서 고꾸라지다가 깨어났다. 준성은 어금니가 부서져 나가라 악물었다. 눈가에는 뜨거운 물기가 배어났다.

제9장
애송이 공무원

인간에게 배고픈 것보다 더 절박한 것이 있을까. 수업시간에도 머릿속은 오로지 먹는 생각뿐이고 눈앞에는 갖은 음식물만 오락가락한다. 졸음도 배고픔만큼이나 끈질겨서 걸어가다가도 순간적으로 잠이 들 지경이다. 가까스로 수업을 마치고 집으로 가는데 친구 녀석이 같이 가자며 따라온다.

"너희 집, 이쪽 아니잖아."

"볼일이 있거든."

정신이 혼미한 건 아닌데 자꾸 졸음이 오면서 순간적으로 모든 것이 흐릿해지곤 해서 준성은 어떻게 집까지 왔는지 모른다. 친구가 집까지 온 것 같기도 하고 아닌 것 같기도 하다.

그는 죽음 같은 잠에 빠졌다. 잠결에도 먹는 꿈만 꾸다가 학교에 가야 한다는 생각에 까부라지는 몸을 가누며 일어났다. '무슨 일이 있어도 학교에는 가야 한다.' 그런데 방문을 열고 나오자 쌀이 가득 든 봉투가 놓여 있는 것이 아닌가. 눈이 번하다는 말이 이럴 때 쓰는 거구나 싶었

다. 준성은 쌀이 어디서 났는지는 덮어 두고 일단 밥부터 지었다. 찬장에 남아 있는 건 시골집에서 담아 온 고추장과 간장뿐이었지만, 준성은 밥이 뜸도 들기 전에 고추장에 비벼 그야말로 게눈 감추듯 먹어 치웠다.

웬만큼 배가 불러오자 쌀이 어디서 난 걸까 궁금해지면서 꿈결처럼 어제 친구가 데려다 준 생각이 났다. 아마도 녀석은 준성이 며칠쯤 굶은 것을 눈치 채고 일부러 따라와 쌀을 사다 놓고 행여 준성의 자존심을 건드릴세라 그냥 돌아간 모양이다. 고맙다. 가슴이 뭉클하다. '친구야, 이 밥맛의 우정을 결코 잊지 않으마. 아아, 세상은 험해 보이지만 얼마나 고운 마음들이 곳곳에 숨어 있는 곳인가.' 며칠 만에 허기를 면한 준성의 눈에 논두렁의 잡풀이 그리 싱그럽고 예뻐 보일 수가 없었다.

생활비는 이내 왔지만 처절한 경험을 한 준성은 하루 한 끼로 연명하면서 다시는 쌀이 떨어지지 않도록 극기하다시피 살았다. 처음에는 허기 때문에 공부가 잘 안 됐지만 인간의 적응력이란 놀라운 것이어서 하루 한 끼만 먹으면서도 지탱이 되었다. 참 절박한 시절이었다.

여름방학을 앞둔 초여름에 일반사회 선생님이 들어오셨다.

"7월에 서울시 공무원 공채시험이 있는데 우리 학교 목표가 40명 합격이다. 진학반은 한 놈도 빠짐없이 원서 내고 전원 합격해서 학교의 명예를 빛내 주기 바란다. 알았나?"

아이들은 교실이 떠나갈 듯 우렁차게 대답했지만 시험준비를 특별히 한 것은 없었다. 어차피 고3은 죽어라 공부하고 시험 치는 것이 일과였으므로. 단지 공부를 할수록 또 성적이 선두를 맴돌수록 대학에 진학하고픈 욕망이 가슴 밑바닥에서 꿈틀거렸다. 그러나 고3 한 해 동안 일을 안 하고 버티면서 하루 한 끼만 먹는 그에게 진학이란 상상도 못할 일이었다.

고3 수험생에겐 이름뿐인 여름방학이 지나고 선들바람이 불어드는 2

학기 초, 준성은 교무실로 오라는 호출을 받았다. 그날 따라 교무실에는 선생님들이 많이 모여 있었다. 선생님들이 이렇게 많았던가 싶어 가만히 보니 주·야간 선생님이 다 모인 모양이다. 그는 담임에게로 갔다. "쟤가 김준성이야?" "전형적인 수재형이구먼." 하는 소리들이 귓가를 스쳤다.

"먼저 교장 선생님한테 가자."

무슨 일인가 싶었지만 이동진 선생님이 만면에 웃음을 띠고 담임과 함께 앞장을 섰으므로 나쁜 일이 아니란 것은 직감으로 알아차렸다. 아니, 이미 서울시 공무원에 합격했구나 하는 짐작이 들었다.

"자네가 이 학교에서 공부할 수 있었던 건 교장 선생님의 결단이었다. 나는 상황설명만 해드렸을 뿐이다. 교장 선생님, 이 학생입니다."

이동진 선생님이 그와 교장에게 나직이 일러주고 소개한다. 먼발치로나 뵌 교장 선생님이 준성의 손을 덥석 잡는다.

"그동안 자네를 유심히 지켜봤네. 30년 넘게 교직생활을 했지만 자네처럼 수직으로 일관되게 성적이 상승한 경우는 드물었어. 중간에 말은 많았네만 오늘 이 결과로 내가 체면이 서게 되었어. 아니, 교육자로서의 신념에 자부심을 느낀다. 김준성, 합격을 축하한다. 더욱 분발하도록."

"예, 교장 선생님. 열심히 노력하겠습니다."

준성은 마치 꿈을 꾸는 기분이었다. 교무실로 돌아가자 다른 선생님들의 환대는 더욱 요란해졌다. 이어 이동진 선생님에게로 질문이 쏟아졌다.

"대체 그 녀석 미스터리가 뭡니까? 반 석차 53등으로 시작해서 2년 만에 전교 수석을 한 녀석이 학생부로, 생활지도부로 끌려다닌 이유는 뭡니까?"

이동진 선생님이 그동안의 사정을 털어놓았다. '편입 상담차 만났는데, 중학교 졸업장이 없어서 없던 일로 치려고 했다. 그러나 회사를 그만두고라도 공부를 하고 싶다는 형형한 눈빛을 잊을 수 없어 구제 방법이 없을까 생각하다가 교장 선생님께 말씀을 드렸다. 교장 선생님께서 그렇게 아까운가, 믿을 만한가 하고 다짐을 두시고는 일단 임시로 청강을 시키면서 지켜보다가 장래성이 있으면 병설중학교 졸업장을 만드는 방법이 있을 수는 있다. 그러나 과연 그렇게 법을 어기면서까지 구제할 가치가 있는지 설왕설래하다가 그리스도교 정신으로 또한 교육자로서의 사명감으로 교장과 주임 두 사람만 아는 비밀로 하고 수업을 시켰던 것이다. 그리고 이 학생은 초인적인 노력으로 우리의 믿음을 배반하지 않았으며 본교 개교 이래 최초로 재학생이 서울시 공무원 시험에 합격하는 쾌거를 거두었다.' 이러한 요지의 내용을 설명하고 이동진 선생님은 갑자기 비장한 표정을 지었다.

"그러나 위법은 위법이므로 여러 선생님들이 나에게 법적, 행정적 책임을 지라면 질 용의가 있습니다. 단, 법을 초월하는 교육의 본질과 교장 선생님의 교육자로서의 확고한 신념에 깊은 존경과 경의를 표합니다."

박수가 터지고 누군가 장난스러운 응답을 한다.

"우리 학교에 이런 선생님이 계시고 이런 학생이 있다는 게 어찌 자랑스럽지 않으리요."

다시 웃음과 박수가 이어지고 학교는 축제 분위기가 되었다. 그 열기 때문일까, 그의 가슴에서 꿈틀거리던 소망이 반란을 일으키듯 소용돌이를 친다. 꿈도 못 꾸던 대학 진학에의 열망이 불길이 되어 타오르는 것이었다.

그는 다시 서산으로 내려갔다.

"형님, 공무원 시험에 합격했는데, 이왕이면 더 공부를 해 보고 싶습니다."

"너, 생활비 떨어졌으면 솔직히 말해, 임마. 당치 않은 거짓말로 형 속일 생각 말고. 서울시 공무원 시험이 장난인 줄 아냐? 원, 거짓말을 해도 정도껏 해야지. 정신 나간 놈."

합격 통지는 학교로 왔을 뿐 증서는 없었다. 그는 안 믿는 형에게 열심히 설명했다.

"제가 왜 거짓말을 하겠습니까? 우리 학교 개교 이래 재학생이 합격한 건 처음이랍니다."

"너, 공장 안 다니고 형이 보내 주는 생활비로 편안하게 살아보니까 다시 공장 들어가기 싫어졌냐? 지금 뻔한 수작부리는 거 형이 모를 줄 알아?"

"아니다, 아범아. 준성이는 거짓말은 모르는 아이다. 그 애가 공무원 시험 붙었다고 하면 그건 붙은 거야. 일부러 내려와서 허튼소리 하겠니."

눈이 안 보여 바깥출입을 못하는 어머니가 보다 못해 말을 거든다.

"형님께 대학 등록금을 다 대 달라는 게 아닙니다. 입학금만 해 달라는 부탁을 드리러 온 겁니다. 입학만 하면 다음은 제가 알아서 하겠습니다."

내려올 때부터 형이 선뜻 승낙하리라는 기대는 안 했지만 역시 형은 섭섭할 정도로 단호하게 잘랐다. 일곱 식구의 가장으로서 도저히 여유가 없다는 얘기였다.

"네가 정말로 공무원 시험에 합격했으면 다른 생각 말고 졸업하고 발령 받아서 착실하게 근무해라. 정 대학 가고 싶으면 근무하면서 기회를 보든가. 나로서는 고등학교 마칠 때까지 생활비 대주는 것이 한계라는

거 명심하고."

 그는 진학의 꿈을 접었다. 그러나 소망을 버린 것은 아니다. 바로 진학을 못해도 형님 말처럼 뜻을 버리지 않는 한 기회가 오리라는 믿음이 있다. 11월이 되어 예비고사를 치르고, 가든 못 가든 원서나 넣어 보자 싶어 ㄷ대학에 응시했다. 조바심을 치는 수험생들 사이에서 느긋했던 그만이 합격이었다. 등록은 2월 말까지, 입학금은 30만 원이 넘었다.

 기한이 지나자 미등록으로 합격을 취소하겠다는 통지가 배달되었고 그는 감회 깊은 졸업식을 맞았다. 1975년 3월 8일의 일이었다.

 집에 돌아오니 노란 봉투의 편지가 와 있었다. 서울시 발령 통지서로 주소지인 성동구청 천호 출장소로 3월 10일에 나와 발령장을 받고 근무하라는 내용이었다. 10일이면 바로 모레. 가슴이 두근거리고 '아, 내가 공무원이 되는 게 사실인가.' 싶었다. 그런데 옷이 없다. 옷이라고는 친구한테 얻어서 3년간 입어 닳고 닳아 다 해진 교복뿐이었다. 궁할 때 생각나는 건 혈육이어서 그는 당시 성남에서 미용실을 하는 누님에게로 달려갔다.

 "누나, 매형 양복 좀 있어? 나 발령장 받으러 가야 하는데 양복이 없잖아."

 "발령장은 뭐고, 네까짓 게 양복은 뭐하게?"

 "아무튼 양복 있어? 없어? 그것부터 말해."

 "결혼식 때 입었던 신사복 있지. 매형도 아담 사이즈니까 너한테 맞을걸?"

 양복은 얼추 맞았다. 그런데 빡빡 깎은 머리는 어찌해 볼 도리가 없었다. 그는 사회에서도 그랬지만 학교에서도 모범생이었으므로 졸업식 날까지 당시 교칙인 1부 길이로 빡빡 깎았던 것이다.

 그는 매형 양복을 입고 발령장을 받으러 갔다. 당시 서울특별시에는 구청이 몇 개 안 되었고 성동구청은 성동구 외에도 지금의 강동구, 송파구, 광진구를 포괄하고 있었다. 그리고 지역이 넓어 출장소를 두었는데 천호 출장소는 지금의 강동구청 자리에 위치했다. 모인 인원은 신규채용도 있고 전보발령도 있어 모두 25명쯤 되어 보였다. 그들은 소장실로 안내되었다. 총무계장이 도열을 시키는데 준성은 중간쯤 서게 되었다.

오십 중반의 인품 좋아 보이는 소장이 들어와 발령장을 주기 시작했다. 준성의 차례가 되자 소장이 총무계장에게 물었다.

"이 학생은 아버지 대신 발령장을 받으러 왔나?"

총무계장이 당황해서 준성의 얼굴을 본 다음, 서류를 다시 보고는 대답했다.

"여기 생년월일이 본인 맞습니다."

"대신 받으러 온 게 아니라, 이 학생이 본인이란 말이지?"

소장은 찬찬히 준성의 얼굴을 들여다보며 악수를 했다.

"자네, 지금 뭐하고 왔는데 머리가 이렇게 짧아?"

"그저께 고등학교 졸업했습니다."

"그럼 재학 중에 시험을 쳤나?"

"예."

"자네 학교에서 몇이나 합격했어?"

"저 혼잡니다."

"장학생으로 오라는 대학들이 있었을 텐데 어려운 선택을 했구먼. 고맙네. 이왕 나라의 동량이 되려면 일찍 시작하는 것도 나름대로 장점이 있지. 아마 이 세상 어떤 직업보다도 보람을 느끼게 될 걸세. 물론 사회는 학교와 다르지만 크게 생각하면 사회도 큰 학교라 볼 수 있네. 갈고 닦아서 서울시민, 나아가 이 나라 국민을 위해 봉사하기 바라네."

발령장을 주면서 소장이 그리 길게 머물러 얘기를 한 사람은 그뿐이

96 마음의 물결

었다.

준성이 발령을 받은 곳은 마천동 동사무소였다. 다음 날 아침에 '이게 첫 출근이구나.' 하며 동사무소로 나가자 직원이 소리를 쳤다.

"야, 꼬마. 너 뭐하러 왔냐?"

그는 얼굴이 빨개져 가지고 대답 대신 불쑥 발령장을 내밀었다. 그를 꼬마라고 부른 직원은 불에 덴 듯 놀라 그를 맨 안쪽 큰 의자에 앉은 동장에게로 데리고 갔다.

"자네가 우리 동사무소에 신규 발령을 받아 온 직원 맞나?"

"예, 그렇습니다."

"흠흠, 우선 앉게."

동장은 헛기침을 하며 직원들을 불러 모았다.

"흠흠, 에, 여기 김준성 씨가 우리 동회에 새로 왔습니다. 앞으로 잘 지내 주기 바랍니다."

인사를 시키는 동장도 직원들도 신기한 듯 준성을 바라봤다. 그는 출장소에서 발령장을 받을 때와 흡사한 과정을 거쳐야 했다.

처음 받은 보직은 주민등록 등·초본 발급 담당으로 눈코 뜰 새가 없는 자리였다. 취직을 하거나, 민·형사상 소송이 있거나, 모든 일에 감초처럼 끼어 들어가는 것이 주민등록 등·초본이다. 요즘은 그것을 컴퓨터나 복사기로 발급해도 일이 벅차다는데, 그 당시에는 모든 서류를 손으로 직접 기록해야 했다.

특히 애송이 공무원에게 닥친 난관은 한문이었다. 성명은 반드시 한문으로 써야 하고 주소지도 대부분 한문인데 학교에서 배운 것은 천자문이고, 합격 후에 한문이 필요할 것이라는 선생님 말씀에 따라 3천 자 한문을 공부한 것이 전부였다.

문제는 성명과 주소에 들어가는 한자 중에 어렵고 희귀한 것이 많아

3천 자 공부한 것 가지고는 감당이 안 된다는 것이었다. 마천동은 당시 화전민과 영세민 등이 많이 사는 곳으로, 인구가 3만여 명이 넘었다. 또한 저소득층일수록 주민등록 등·초본 발급 수요가 많아 그는 바짝 긴장을 해야 했다.

아침 9시 땡 치면 책상 앞으로 좍 줄을 서는데 보통 80-100미터 정도 늘어선다. 주민등록 등·초본은 일일이 손으로 써서 발급하는데 한문을 모르니 속도가 굼벵이었다. 더욱이 이름이나 주소의 한문이 잘못되면 항의가 빗발치고 난리가 났다. 민·형사 소송 때 이름이 틀리면 그 책임이 동회 담당자에게로 돌아오는 것이다.

빡빡 머리 애송이 공무원이 감당하기엔 버거운 일이었다. 그래서 퇴근하면 밤새도록 한문을 그리고 쓰며 외우다가 안 되는 한문은 뽑아서 주머니에 넣고 다니며 학교 다닐 때처럼 시도 때도 없이 외우곤 했다. 그런데 필체는 타고나는 것이라 했던가. 성적을 올리는 것보다도 필체를 좋게 하는 것이 훨씬 더 어려웠다. 아무리 연습을 해도 악필 소리를 면할 수가 없었다. 그 악필로 시간에 등을 떠밀리며 모르는 한자를 그리다시피 휘갈겨 써 주민등록 등·초본을 발급하노라니 진땀이 났다.

그런데 한문과 글씨체 때문에 정신이 없는 그에게 난데없이 담배와 성냥갑이 쇄도해 들어오기 시작한 것은 일주일도 되기 전이었다. 동사무소에는 대개 사람들이 줄을 좍 늘어 서 있는 한켠으로 무상출입을 하는 통반장들이 있게 마련이다. 통반장들의 특권이라 할 무상출입을 동회에서 강력하게 막지 않는 이유는 악어새와 악어의 관계에 비견될 만큼 그들의 도움이 중요하기 때문이다. 자연히 줄서서 기다릴 시간이 없는 사람은 통장을 통해 담배를 가져오거나 성냥을 가져오기도 했다.

"저, 담배 안 피웁니다."

내용을 모르는 그는 곧이곧대로 거절했다. 그런데 통장들 중에서도

유독 고집스러워 꼴통이라 불리는 양반이 그를 불러내더니, 어울리지 않게 귓속말로 소곤거린다.

"어이, 김 서기. 이건 담배가 아냐."

"뭐가 아녜요. 아무튼 전 안 핍니다."

"글쎄, 이걸 보라니까. 담밴가 아닌가."

통장이 담뱃갑을 딱 찢자 그 안에 돌돌 말린 오백 원짜리 지폐가 들어 있었다. 당시 오백 원 권 지폐는 요즘의 오천 원 권 지폐 정도의 가치였는데 그것을 도르르 말아서 넣으면 담배하고 크기가 똑같았다. 그 돈이 소위 말하는 급행료라는 것이었다.

학교 다닐 때 오백 원은 그에게 일주일 동안 하루 한 끼씩 밥을 배부르게 먹고도 남는 액수였다. 그런데 주민등록 등·초본을 다른 사람보다 조금 먼저 떼려고 오백 원을 급행료로 지불하는 것이 당시 세태였다.

손바닥 안에 납작하게 쥐어지는 성냥갑 안에는 오백 원 권 두 장이 꼬깃꼬깃 접혀서 들어 있었다.

제10장
멍서기와 팔통장

"어이, 김 서기. 이게 뭔가? 이 둘러친 건 뭐고 일체 출입금지라니 동장인 나도 자네 자리엔 출입금지란 말인가?"

"아, 아닙니다. 무상출입하는 사람들이 많아서 업무에 지장을 받기 때문에 어쩔 수 없이 바리케이드를 쳤습니다."

"바리케이드? 사무실에서 무슨 시가전이라도 하겠다는 건가? 당장 치우게."

"안 됩니다, 동장님. 일에 방해를 너무 받습니다."

앞에 창구가 있고 양 옆과 뒤가 통로인 그의 자리가 칸막이 비슷한 장애물로 둘러싸인 것은 이를테면 준성의 궁여지책이었다. 순진한 서민들은 알지도 못하는 '급행료'라는 걸 들고, 무상출입에 재미를 붙인 통장들이 무시로 드나드는 걸 나름대로 막아 보자는 심사였다. 한쪽에 본인만 드나들 수 있는 여닫이 장치까지 해 놓았으니 그야말로 동장조차 그에게 접근할 방법이 없게 된 것이었다. 입맛을 다시며 지켜보던 동장도 어쩔 수 없다 싶었는지 치우라는 말을 더는 하지 않았다.

그러나 뛰는 놈 위에 나는 놈이 있다던가. 옆구리를 쿡 찌르며 들이밀던 급행료가 차단장치를 한 뒤로는 공중으로 날아 들어오는 것이 아닌가. 펼쳐 보면 주소하고 돈이 들어 있었다. 당시 인지대가 20원인데, 던진 사람을 찾아서 전달해 주고 오면 서류 한 통 뗄 시간이 더 들어갔다. 그렇다고 쌓아 놓으면 누가 던진 건지 알 수가 없었다. 준성은 궁리 끝에 날아 들어오는 것을 받은 즉시 되던졌다. 그러자 종이비행기처럼 이따금 날아오던 것들이 서서히 사라져 가고 마침내 저놈은 벽창호라는 소문이 돌면서 시끄러워졌다. 통장들이 동장에게 빗발치듯 항의를 하기에 이른 것이다.

"여보쇼, 동장님. 통장 노릇 하려면 동회에서 그쯤은 좀 봐줘야 하는 것 아니오? 통장이 직접 올 때는 급해서 오는 건데 주민들하고 똑같이 줄서서 발급을 기다려야 한다면 통장이 왜 있는 거고 어떤 미친 시러배 아들놈이 통장질 해먹겠냔 말요? 아니 그렇소? 입이 있으면 대답을 좀 해 보시오."

마구 고함을 지르면서 삿대질을 하는 건 꼴통장뿐이 아니었다. 그럴 때마다 동장은 준성을 불러 잔소리를 하지만, 별 소용이 없다는 것을 안 후로는 통장들을 설득하기 시작했다.

"신출내기가 학교에서 배운 대로 한다는데야 어쩌겠습니까. 결혼이라도 해서 살림을 하는 사람 같으면 타일러 보겠는데 저 친구는 어제 졸업장 받고 오늘 발령 받아 왔어요. 낸들 어쩔 도리가 없다는 말씀입니다."

동장이 그렇게 통장들을 열심히 설득해서 돌려보내지만, 원성은 끊이지 않았다. 결국 동장은 그를 다른 보직으로 보내게 되었다. 5개월 만이었다. 그동안 준성은 인간의 이기심이 어디까지 와 있는지를 적나라하게 경험한 셈이었다. 그 위치에서 겪은 사회란 이타적인 구석은 찾아볼 수 없는, 남은 어찌 되든 나만 살고 보자는 이기적 문화만이 팽배한 곳이었다.

그가 새로 맡은 보직은 새로이 만들어진 민방위 담당이었다. 그 해에 법이 제정되면서 민방위가 창설됐던 것이다. 동장은 고육지책으로 그를 민원창구에서 뽑아내어 민방위 담당을 맡겼는데 워낙 새로 창설된 업무는 초임자에게 맡기는 것이 아니었다. 왜냐하면 새로 제정된 법을 해석해야 하고 주민들의 의식과 생활 속에 새 법질서가 뿌리를 내리도록 계도해야 하는 중차대한 일이므로, 경험이 전혀 없는 애송이 직원에게 맡기기에는 부담스럽기 때문이었다.

그러나 통장들의 원성이 하도 높으니 창구업무를 경력직원에게 맡기고 준성을 뒷자리로 물러앉힌 것이었다. 그 자리는 아무 시비가 있을 수 없었다. 다만 창구업무와 달리 담당구역이 정해져 있었다. 창구직원은 업무량이 많아 구역을 맡지 못하고, 뒤에 앉은 다른 보직자들이 행정구역의 기초단위인 통과 반을 갈라 맡는 것이었다.

그의 담당구역은 두 개의 통이었는데 지역에 나갔더니 공교롭게도 창구에서 크게 충돌했던, 고집 세고 목소리가 커서 꼴통으로 불리는 바로 그 문제의 어른이 있었다. 그 박 통장이 준성의 얼굴을 보더니 딱 외면을 해버린다.

"안녕하십니까? 이번에 이 지역을 맡은 김 서깁니다."

"대체 그 동장이 나하고 전생에 무슨 원수를 졌나? 왜 하필 멍서기를 우리 통으로 보내냐고!"

꼴통장은 최소한의 체면도 없이 소리를 꽥 질렀다.

통장이 안 도와주면 구역업무는 볼 수가 없다. 왜냐하면 어느 집이 어느 집인지 알 수도 없고, 다섯 평, 열 평 정도의 게딱지만한 집들이 다닥다닥 붙어 있는 영세민 달동네를 통장 없이는 찾아다닐 재주가 없는 것이다.

업무량도 만만치 않았다. 지금은 자동이체도 되고 고지서를 발부하면 그만이지만 그 시절에는 적십자회비, 청소비 등을 동직원이 직접 받으러 다녀야 했다. 하다 못해 고지서까지도 가가호호 방문해서 직접 전달하던 시절이었다. 그렇다 보니 하루에도 두서너 번씩은 담당지역에 나가야 하는 것이 동직원의 일과였다.

또한 대민 업무 중 가장 민감한 문제는 무허가 건축 단속이었다. 그런데 도면만으로는 찾을 수도 없고 도면도 볼 줄 모르는 처지이니 통장이 협조를 안 해주면 이게 무허가 건물인지 아닌지 분별조차 할 수 없었다.

"죄송합니다. 통장님. 그동안 섭섭한 게 있으셨다면 사과드리겠습니다. 아직 경험도 없고 미숙한 점이 많습니다. 정직하고 근면한 공무원이 될 수 있도록 잘 지도해 주시고 도와주십쇼. 열심히 하겠습니다."

꼴통장은 비로소 준성을 뚫어져라 바라본다.

"내가 자식 같으니까 참는데 김 서기 말야. 나이 어린 사람이 그렇게 뻣뻣해가지고는 일 못해. 사람이 융통성이 있어야지. 아무튼 이제 우리 통담당이 됐으니 잘 해 보자고."

하필이면 그렇게 묶였을까. 꼴통장과 멍서기가 짝을 이룬 대민활동은 동사무소 안에서도 관심의 대상이어서 동료직원들은 고소해 죽겠다는 눈치였다.

그러나 우려했던 것과는 달리 탈 없이 한 달이 지나가고 두 달이 지나갔다. 사무실에서도 더 이상은 화제가 되지 않았다. 민방위 업무는 새로 제정된 법이라 차근차근 배우면서 순조로이 진행되고 있었다.

그런데 이제 준성이 무허가 건축물이나 불법 건축물을 어느만큼 알아보게 된 무렵에 문제가 생겼다. 동네에서 가장 큰 집이 불법으로 증축을 하고 있었던 것이다. 준성은 적발 즉시 당장 공사를 중단하고 언제까지 철거를 하도록 집주인에게 통고하라고 통장에게 전달했다.

그런데 바로 그날 퇴근 무렵에 박 통장이 숨이 턱에 닿아 달려왔다.
"김 서기, 나 통장 못 해먹겠소."
동사무소 직원들에게 제일 겁나는 것이 통장 못 해먹는다는 소리인데 꼴통장은 그 겁나는 말부터 내놓았다.
"대체 무슨 일이신데요, 통장님. 왜 그러시는지 차근차근 얘기를 해 보십쇼. 무엇 때문에 그러시는지……."
"안으로 들어가십시다."
그때까지 준성은 숙직실에서 기거하고 있었다. 동사무소 발령을 받으면서 자취방을 따로 구하지 않았던 것이다. 그렇게 준성이 말뚝 숙직으로 기거하게 되면서부터 매일 두 명의 직원이 돌아가며 숙직을 해야 하던 것을 한 명씩만 하게 되었고, 직원들은 모두 좋아했다.
퀴퀴한 방으로 들어가자 통장은 봉투부터 내어놓으며 그 특유의 우격다짐으로 나왔다. 통장을 계속하게 하고 싶으면 우선 아무 말 말고 넣어두라는 것이다.
"무슨 일인지를 알아야 넣든지 까발기든지 하지요. 부당한 일만 아니면 제가 통장님 곤란하게 한 적은 없지 않습니까. 어서 말씀해 보세요."
"그 증축하는 집 말요. 그게 들을 때는 주소지라 내가 미처 그 댁인 줄 몰랐는데 보통 집이 아니라구. 구청이고 시청이고 다 통하는 거물이란 말요. 우리가 함부로 건드릴 송사리가 아니라니까."
"법을 어기는데 거물이 어디 있고 송사리가 어디 있습니까?"
"아이고, 김 서기. 이거 해결 못하면 나 죽어도 통장 더 못 해먹어. 김 서기만 눈감아 주면 문제 삼을 사람이 조선 천지에는 없다고. 그러니까 나를 봐서 한 번만 모르는 척 해 달라고. 향후 여기서 문제가 생긴다면 그건 내가 목숨 걸고 책임질 테니까."
"그럼, 얘기 다 들었으니까 이 봉투 좀 봐도 되겠습니까?"

"그럼, 그럼. 김 서기 건데. 그 댁 사장님이 인정 많고 의리 알고 보통 양반이 아냐. 김 서기가 숙직실에서 지낸다는 소리 듣고 방이라도 하나 얻으라고 하더라고. 어때? 김 서기도 체면이 있는데 언제까지 숙직실에서 지낼 수는 없잖아. 차차 결혼도 하려면 기반을 닦아야지. 안 그런가?"

하얀 봉투를 열어 보니 빠닥빠닥한 고액권으로 2십만 원의 거금이 들어 있었다. 당시 준성의 월급이 1만8백 원이었으니까 1년 반 동안 단 한 푼도 축내지 않고 모아야 하는 목돈이었다.

"통장님, 저 앞이 9만 리 같은 젊은 사람이고 공무원입니다. 만일 제가 통장님 자식이라면, 그래도 이거 받고 눈감아 주라고 하시겠습니까?"

준성의 진지한 말이 의외였던지 통장은 지그시 눈을 감았다. 준성은 나직이 말을 이었다.

"저, 숙직실에서 살아도 행복합니다. 그리고 이 봉투 받고 무사하다 하더라도 그런 식으로 살고 싶지는 않습니다. 그러니까 저를 자식처럼 생각하셔서 이거 돌려주시고 사흘 안에 철거하라고 전해 주십시오."

물론 개발제한구역의 증·개축이 남에게 피해를 주는 행위는 아니다. 하지만 나라에서 정한 법에 따르면, 원래 있는 건축물대로만 살 수 있고 증·개축은 금지되어 있다. 그런데 돈 있고 힘 있다고 법을 어기고 증축을 한다면 그러지 못하는 이웃에게 상대적인 박탈감을 준다. 자기는 못하고 사는데 다른 사람이 하면 따라 하고 싶어지는 것이 사람인 것이다. 무엇보다도 기물이어서 눈을 감아 준다는 것은 안 된다. 그것은 법 집행력의 공정성을 훼손하는 일이다.

김 서기가 몸을 일으키자 박 통장도 뭉그적거리며 몸을 일으켰다. 통장은 자식이라도 그렇게 권하겠느냐는 말을 들은 후로는 꿀 먹은 벙어리가 되었다. 그 후로 박 통장의 태도는 정말 자식을 대하듯 돌변하게 되었고, 이 불도저 같은 어른이 후일 준성의 장인이 될 줄은 아무도 몰랐다.

그런데 사흘이 지나자 이번엔 동장이 부른다.

"이 사장 집, 나갔었나?"

"예."

"어떡할 거야?"

"원상복구 시켜야죠."

"못 본 척하게."

"그럼 적발을 왜 합니까?"

"못 하겠단 말인가? 알았네. 나가 보게."

다음 날 통 담당이 바뀌었다. 거물의 힘이 워낙 막강해서 통장 선에서 안 되자 동장에게로 옮겨지고, 동장은 자신이 할 수 있는 권한으로 거물의 범법행위를 묵인하기 위해 말 안 듣는 직원을 교체한 것이다.

의외의 일은 동장의 태도였다. 준성에게 은밀히 못 본 걸로 하라고 명령이나 위협을 하는 것이 아니라, 부끄러운 듯 시선을 피하면서 부탁하듯이 다른 구역을 맡겼던 것이다.

동장의 태도는 지쳐 보였고 슬퍼 보였다. 공무원 생활이란 것이 어디까지 정의로울 수 있을까 하는 의문이 생기기도 했다. 누가 말했던가. 법이란 거미줄 같아서 큰 날짐승은 거미줄을 찢고 날아가고, 힘없는 하루살이나 걸리는 것이라고.

아이 적부터 어떤 일을 당해도 울지 않던 그였지만 회의가 느껴지자 편하기만 하던 숙직실이 전에 없이 초라해 보였다. 그날 따라 숙직 직원은 술 때문에 인간의 범주에 넣고 싶지 않은 '월남에서 온 김 상사'였다. 월남에 다녀온 뒤로 술만 마시며, 평소에는 과묵한 사람이 입을 한

번 열었다 하면 월남 타령만 하며 운다고 해서 붙여진 별명이었다. 술만 아니면 괜찮은 사람인데, 아니 술이 억수로 취해도 월남 타령하며 눈물을 흘릴 뿐 얌전하기 짝이 없는 모범 공무원인데, 자다가 오줌을 싸는 병은 어찌할 도리가 없었다. 그 뒤치다꺼리가 고스란히 김 서기 몫인 것이다.

그날 따라 준성은 지린내가 싫고 숙직실 생활이 지겨웠다. 문득 인간이 본래 선한 존재인가 악한 존재인가를 생각하면서 성선설과 성악설을 제대로 공부해 보고 싶은 궁금증이 솟았다. 어렸을 땐 막연히 사람이란 원래 선한 존재라고 믿었는데, 살아보니 아닌 것 같을 때가 많았던 것이다. 공장에 다니고 학교에 다니던 시절에는 인간관계가 대부분 종속관계여서 잘 몰랐는데, 대등한 관계에서 바라보는 사람들은 어떡하면 남을 이용해서 자기 이익을 챙길까만 궁리하는 존재들로 보였다.

동사무소에는 나이를 한 살 더 먹은 동료가 있는데 그는 어른들 뺨치게 성냥갑이나 담배를 챙겼다. 심지어 내놓고 준성의 어리석음을 비웃기도 했다. 흙탕물 같은 것이 세상인데 무슨 수로 흙탕물에 젖지 않고 사느냐는 것이다. 그 친구는 어서 돈을 모아 결혼 전에 집을 사는 것이 목표라고 했다. 그래서인지 술도 안 먹고 돈이 되는 것이라면 무엇이든 가리지 않았다. 그런데 준성은 그것이 싫었다. 술도 나쁘다는 생각이 들지 않았다.

그는 동사무소에 근무하는 동안 주일은 지켰지만 지극히 형식적이었다. 기도에도 게을렀다. 좀 과장한다면 하느님 생각을 할 틈도 없을 만큼 바쁘고 절박한 것이 직장생활이었다. 날마다 전쟁을 치르듯 시간에 쫓기며 긴장의 연속으로 지냈던 것이다. 하느님이 내 안에 계시다는 신념은 변함이 없는데 과연 하느님과 함께 살았던가를 생각하면 자신이 없었다. 언제부터인지 하느님께로부터 아득히 멀어져 버린 것이 아닌가 싶기도 하다.

　그는 동사무소에서 10개월 동안 근무한 것으로 공무원 생활에 쉼표를 찍기로 했다. 마침 신체검사 통지서가 나왔고 청주에 내려가 신체검사를 받은 준성은 그 자리에서 입대를 지원해버렸다. 언제 가든 군대는 다녀와야 하고 민방위 창설 업무는 마무리 단계였다. 그는 1975년이 저물어 가는 12월 24일, 군에 입대했다.

　논산 제2훈련소에 가서 훈련을 마치고 배치를 받은 곳은 대구 비행장이었다. 그는 배치를 받고서야 군대만큼 '빽' 이 많이 통용되는 데가 없다는 것을 절감했다. 사병 하나 배치되는 데도 장군이 동원되고 국회의원이 동원되었다. 당시엔 그 부정이 한결 더 심했다. 공군 비행장 안에 있는 육군부대로 배속된 동기가 네 명인데, 가자마자 들먹여지는 것이 너는 누구 덕분에 왔고 너는 사단장이 삼촌이고 너는 누구 덕분이라는 식이어서, 그 '누구 덕분에' 라는 꼬리표가 없는 사람은 준성뿐이었다.

　그는 속으로 '나는 하느님 빽으로 왔다.' 라고 중얼거렸다. 그리고 할 수만 있다면 멀어진 하느님과의 거리를 좁혀야겠다고 결심했다. 훈련이 심할 때조차 하느님을 생각하는 데는 지장이 되지 않았다. 직장에서와 달리 몸은 고되어도 머릿속이 한가한 때문인지도 몰랐다.

　그런데 가장 막강한 하느님 '빽' 만 안 먹히는지 걸핏하면 그만 불러내어 때리는 것이었다. 패는 이유는 참으로 여러 가지였다. 맞으면서 그는 어쩌자고 이런 어마어마한 엘리트 부대에 배속이 되었을까 싶었다. 알고 보니 그를 제외한 세 명이 청탁에 의한 배치여서 그는 군번 순으로 잘랐다는 명분을 살리기 위해 정말 우연치 않게 끼어든 경우였다.

　행정업무를 보다 갔기 때문에 군대에서도 그는 행정이 주특기여서 보급행정사병으로 보직을 받았다. 주위에서는 마음만 먹으면 3년 동안 집 한 채 살 수 있는 자리라며 땡 잡았다고 부러워했지만, 준성은 그 말이

무슨 뜻인지도 모르고 묵직한 창고 열쇠 꾸러미를 받았다.

다음 날 밤, 자고 있는데 누가 깨웠다. 이등병이니까 용수철처럼 발딱 일어났다.

"너, 빨리 열쇠 가지고 내려가 봐."

시계를 보니 자정을 넘긴 시각이었다. 구르듯 내려가 보니 선임하사가 차를 대고 있었다.

"창고 열쇠 따라."

이등병이 중사한테 '왜 그러십니까?'라고 묻지 못하는 곳이 군대다. 열쇠로 열어 주니 전투화며 통일화며 가마째로 내다가 싣는다.

"넌 못 본 거야. 올라가 자!"

아무리 명령이 생명인 군대지만 이것은 참 너무 심하다. 본 것을 못 본 것으로 하고 올라가려니 다리가 후들후들 떨린다. 자기 손으로 열쇠를 열어 주고 눈 똑바로 뜬 채 엄청난 도둑을 맞았는데 어찌 똑똑히 본 것을 못 본 것으로 한단 말인가. 만일 일이 발각돼 책임을 져야 한다면 당연히 열쇠를 가진 자신이 영창을 가야 하지 않겠는가. 그는 속병을 앓기 시작했다.

제11장
죽다 살아온 군대

"병장님, 보고사항이 있습니다."
"보고? 그런 거 안 해도 돼. 난 보고 받을 생각이 없으니까."
"받으셔야 합니다. 전 병장님께 말씀을 드려야겠습니다."
 제대를 앞두고 병영 일에 아무 것도 관여하지 않으려는 사수병장은 내놓고 귀찮아했다. 하지만 준성은 그에게라도 말을 하지 않고서는 견딜 수가 없었다. 뻔히 보면서도 못 본 척해야 하는 도둑질의 규모가 장난이 아니었던 것이다.
 "매일 퇴근하면서 통일화를 몇 켤레씩 들고 나가거나 쇠고기 열 근, 닭 몇 마리, 이런 식으로 부식을 잘라 가는 분이 있습니다. 운전병은 기름을 만땅 채워 가지고 나가서 팔아먹고 들어오고 장비 부속품은 거래선을 터서 왕창 빼다 주고 현금으로 수금하는 눈칩니다. 이거 걸리면 담당인 제가 다 책임져야 하는 거 아닙니까?"
 잠을 못 자고 가슴앓이를 하던 이병이 통사정을 할 수 있는 대상은 전임 담당인 병장뿐이었다. 병장은 물끄러미 준성을 바라보다가 마지못한

듯 대꾸했다.

"야, 내가 왜 특명 받자마자 여기 와서 누워 있겠니? 제대 앞두고 영창으로 끌려갈까 봐 그래, 임마. 근데 너 그렇게 사사건건 마음 쓰면 여기 근무 못해. 최대한 잘 어울려서 요구하는 건 들어주고 너도 실리를 챙겨야 해. 왜냐하면 네가 봉급 털어서 메워야 할 상황이 오거든."

"예? 제 봉급을 털어서 메워야 할 상황이라는 게 뭡니까?"

"차차 알게 돼, 임마. 아무튼 난 말이지, 돈 주면 받았다. 집에 갖다 주려고? 천만에. 계급이 있는데 내가 쫓아다니면서 막을 수 있는 게 아니잖니. 안 받아도 이게 또 터져야 되는 이유고. 그래서 일단 받아 뒀어. 그랬더니 내가 책임져야 할 상황이 오더라 이거야. 군바리 봉급 그게 몇 푼 된다고 그걸로 어떻게 막냐? 받아 둔 돈으로 메우는 거지. 그게 무사히 제대 말년까지 온 내 비결이라면 비결인데 너도 어떤 식으로건 살아남을 방도를 마련하라고. 알아들어?"

범을 피해 도망했더니 사자를 만난 격이라고, 이건 동사무소의 비리와는 차원이 달랐다. 그렇다고 탈출할 수 있는 데도 아니었다. 우선 두고 보면서 대책을 세우기로 했다.

가마째로 운동화건 뭐건 가져가는 선임하사는 나름대로 자기가 장부 정리를 하는 모양으로, 감사 때가 되면 직접 관구사령부에 가서 계산을 했다. 한참을 지나서야 준성은 그 내막을 파악했는데, 이를테면 선임하사는 그래도 약간 양심적인 장사를 하는 편이었다.

관구사령부에는 비는 품목에 대한 나름대로의 가격이 있었다. 통일화 한 켤레는 2백 원, 전투화 7백 원, 모포 1천5백 원 등으로 모자라는 분량을 대금으로 채워 넣는 것이다. 통일화 한 켤레를 가지고 나가서 3백 원에 팔면 백 원의 이문을 남기는 셈인데 담당자에게는 피해를 주지 않았다. 문제는 몇 켤레씩 매일 내다 팔고도 모른 척하는 사람들이었고 그

것이 바로 병장이 말하는 담당자가 메워야 하는 골칫거리였다.

준성은 왜 남대문시장 혹은 칠성시장 등에 군대용품이 널려 있는지 궁금했는데 이제 그 이유가 훤히 보였다. 원래 방위 산업체 물품은 내수 공급이 법적으로 금지되어 있다. 그런데 금지 품목인 군용물품이 시장에서 공공연하게 유통되고 있는 것이었다.

아마도 국가의 감시 관리 체계가 소홀하거나 아니면 비리와 부정이 고리에 고리를 잇는 구조적인 것일 수도 있다. 준성은 근원적인 것까지는 몰라도 자기 책임 아래 있는 물품은 지키기로 결심했다. 정면으로 맞설 수는 없지만 단순한 꾀를 쓰기로 한 것이다.

영외 거주자들이 퇴근할 무렵이면 "야, 김 이병. 퇴근차 몇 호에다 닭 좀 실어 놔." 하는 식의 지시가 내려오는데 그는 그 시간에 살짝 자리를 비웠다. 공군기지 안에 있는 통근버스는 시간을 칼 같이 지킨다. 김 이병이 물품을 못 실었다고 기다려 주는 것이 아니었다. 물론 다음 날, 김 이병은 무사할 수 없다. 고참의 첫째가는 권한이 졸병을 두드려 패는 것이므로 그는 작살나게 맞았다. 하지만 그렇게 맞고도 여전히 그 시간이면 그는 사라졌다. 인사계 선임하사가 소리소리 지르며 김 이병을 찾았지만 창고 열쇠를 가진 김 이병은 없고 통근버스는 떠나버렸다. 화가 난 선임하사는 김 이병이 결재를 받으러 갈 때마다 정강이를 찼다. 처음엔 피할 줄 몰라 주저앉고 말았다. 군홧발로 무릎 아래 뼈를 걷어차이는 그 아픔을 당해 보지 않은 사람은 상상을 못한다. 그 자리에서 살갗이 벗겨져 피가 배어 나온다.

하지만 거의 날마다 정강이를 맞다 보니 피하는 법을 알게 되었고 맞는 만큼 눈 뜨고 도둑맞는 일이 줄었을 때 선임하사가 교체되었다. 새로 온 선임하사는 정의파였다. 보급행정이 제대로 되어야 사병의 생활이 정상화되고 그래야 사기가 오르며 질서가 잡힌다는 새 선임하사의 말은

백 번 옳았다. 그런데 하사관들 사이의 위계질서는 절대적이어서 새로 온 한 사람이 정의파라 하여 골 깊은 부정이 근절될 구조가 아니었다. 결국 하사관들한테 두들겨 맞아 팔이 부러진 후부터 그는 한풀 꺾이고 말았다. 아마도 그 양반은 스스로 부정을 안 하는 선에서 만족하자고 마음먹었는지도 모른다. 어떻든 김 이병에게 정의파 선임하사는 용기를 주는 분이고 동지였다.

달걀로 바위를 치는 격이라 해도 해내겠다는 김 이병에게 선임하사의 존재는 말할 수 없이 위로가 되었다. 그러한 정의파가 둘이 되고 셋이 되는 날이 반드시 오리라는 것이 그의 믿음이며 희망이었다.

유격훈련을 다녀와 모두 외박을 나가고 난로 철거의 임무를 맡은 준성은 오슬오슬 떨려 의무대로 올라갔다. 훈련을 나갔을 때 하필이면 억수로 비가 퍼부었다. 하늘이 구멍난 듯 쏟아지는 폭우 속에서도 가장 기다려지는 것은 식사시간이었고 빗물에 밥을 말아먹어도 꿀맛이었는데, 오슬오슬한 감기 기운은 그 탓일 것이었다.

의무실 당번병은 군의관을 부르지도 않고 감기약을 지어 주었다. 약은 먹으나마나 오한이 나면서 식은땀이 흘렀다. 내무반의 한 말들이 주전자의 물이 동이 났건만 그는 매트리스와 모포를 겹쳐 깔고 모포 두 장을 겹쳐 덮었다. 난로를 철거했기 때문에 더 오한이 난다고 생각한 것이다. 그런데 자다 보니 두껍게 깐 자리가 땀으로 질퍽질퍽하다. 그는 다시 의무실로 올라갔다.

"열이 너무 나서 물을 많이 마셨더니 식은땀으로 매트리스가 다 젖었습니다."

"그래? 요새 도는 홍콩 독감인가? 하도 지독해서 약발이 안 듣는단 말야."

아마 약을 더 독하게 지어 준 모양이다. 그러나 약을 먹어도 차도는 없었고 감기라는 것이 어차피 날짜가 지나야 나으려니 하고 여기면서도 그렇게 아프기는 그야말로 머리에 털 나고 처음이었다. 어느 결 4일이 지났으나 의무실에 갈 때마다 군의관의 진료는 받아 보지 못했고 의무병이 조제해 주는 약을 받아다 먹을 수밖에 없었다. 또 사흘이 지났는데 이제는 열이 너무 올라 잇몸이 부풀어서 밥을 먹을 수가 없었다. 그 고통은 말하기 힘들 정도였고 갈 데는 의무실뿐이었다.

"거 참 이상하네. 이젠 나을 때가 됐는데……."

의무병은 고개를 갸웃하면서도 군의관에게 데려갈 생각은 하지 않았다. 그렇다고 겨우 상병 주제에 진찰 받게 해 달라는 말도 안 나온다. 무슨 말이건 하면 먼저 주먹이 날아오는 게 군대인데 이렇게 아파서 죽을 지경에 얻어맞으면 십중팔구 골로 간다는 생각밖에 안 드는 것이었다.

그렇게 무려 12일인가 지나고 아침에 전투복을 입고 출근해서 인사계 앞에 서류를 갖다 놓는데 사람이 둘로 보였다 셋으로 보였다 하더니, 눈 앞이 빙빙 돌며 출렁거렸다.

"이 새끼가, 이게 어저께 술을 얼마나 처먹어서 이 모양야?"

다음 순서가 정강이를 맞는 것이므로 피해야 하는데 생각뿐 몸이 말을 듣지 않아 정통으로 맞고 말았다. 그는 책상에 머리를 찧으면서 그대로 벌렁 자빠졌다. 그런데 그의 콧구멍과 입에서 피거품이 터져 나오는 것이 아닌가. 뇌진탕이라도 일으킨 몰골이었다. 고열이 오래 진행되면서 부풀어 올랐던 잇몸에서는 피고름이 질질 흐르고 얼굴은 벌겋게 열에 들떴다. 인사계가 혼비백산하지 않을 수 없었다.

"야야, 김 상병. 어, 이 새끼 봐라. 야! 1호차 대기시키고. 야! 너, 얘 업어."

지프차에 실린 김 상병은 비행장 안의 기지 병원으로 옮겨졌다. 완전

히 의식을 잃은 그의 몸은 물체처럼 흐느적거렸다.

"대체 이게 어떻게 된 일입니까? 열이 43도에 맥박, 혈압이 치사 수준인데 아무리 무식한 육군이라지만 어떻게 사람을 이 지경이 되도록 버려둡니까? 이렇게 될 때까지는 며칠을 죽도록 앓았을 텐데 이게 육군의 인사관리 방법입니까?"

김 상병이 실려 오자 응급실 수준의 병원은 비상사태였다. 우선 체온을 내려야 하는데 체온 강하제를 놓고 또 놓아도 열이 안 떨어지는 것이었다.

"한 대 더 놓아 볼까요?"

"한 대 더 놓으면 임마, 죽어. 빨리 대구 통합병원에 연락해서 급송 조치해. 여기 시설로는 어떻게 못하니까. 근데 이 아이 죽으면 책임질 겁니까? 의사로서 이런 꼴은 처음 보는데 목숨이 위태로우니까 책임질 각오를 해 두는 게 좋을 거요."

의사가 호통을 치면서 써 주는 소견서를 가지고 인사계는 앰뷸런스로 대구 통합병원 응급실에 김 상병을 호송했다.

그들이 도착하자 통합병원 역시 비상이 걸렸고 의료진이 몰려와 의식 없는 준성의 용태를 살피고는 발가벗겼다. 알몸을 얼음찜질을 하고 찬 수건으로 문지르고 얼음물에 넣었다 꺼내서 다시 마사지하고, 우선 열을 떨어뜨리기 위해 별 짓을 다했다. 그리고 용태가 하도 위급하니까 집으로 연락을 보내고 불침번을 세웠다.

그가 혼수상태에서 깨어난 것은 사흘 후였다.

"전보 받고 형님이 오셨는데 김 상병이 혼수상태라 눈물만 흘리다 가셨네."

후에 밝혀진 병명은 장티푸스, 옛날 말로 염병이란다. 원인은 훈련 가서 빗물 속에 밥 먹고 옷이 젖은 채로 잤기 때문이라고 했다. 장티푸스 초기 증상이 감기와 비슷하다는 것을 준성은 참으로 비싼 대가를 치르면서 배웠다. 당시 의무병이었던 친구가 지금은 은행지점장이 되었는데, 준성은 그 친구를 만나면 "야, 내가 살았기 망정이지. 네가 임마, 서울시 유능한 공무원 하나 잡을 뻔했어. 알아?" 하며 농담을 던지고 그 친구는 언제까지고 술값은 자기가 내겠다며 미안해한다.

어쨌거나 병명이 판명되기까지 근 한 달 동안 밥을 안 먹이고 링거로 영양제를 투여하는 통에 그는 또 다른 고생을 해야 했다. 링거 30여 개 정도를 맞으면 혈관이 숨으면서 혈관벽이 얇아져 주사 맞기가 어려워지는데 그는 70여 개를 맞았던 것이다. 손이고 발이고 찌를 수 있는 곳은 다 찔러 그의 몸은 벌집 같았다. 생사를 오락가락하다가 주사바늘한테까지 고통을 당하려니, 그의 신경은 매우 날카로워져 있었다.

"학생들한텐 안 맞아요. 간호장교를 불러오라고!"

간호장교가 한 번에 찾는 혈관을 실습 나온 학생들은 세 번, 네 번 찌르면서 헤매니 그가 화를 내는 것도 무리는 아니었다.

그런데 한 학생의 손가락에서 반짝이는 묵주반지가 그의 마음을 뭉클하게 했다. 학생들은 간호장교가 익숙하고 정확하게 주사 놓는 것을 지켜보고 있었다. 링거액이 한 방울씩 들어가기 시작하자, 준성은 묵주반지의 학생에게 본명을 물었다.

"세실리아인데, 신자세요?"

"예, 나는 야고보입니다. 반가워요."

세실리아는 이따금 찾아왔다. 죽음의 문턱을 넘나드는 준성에게 그 백의의 천사는 하느님께서 보내 주신 것 같았다.

책을 가져와도 어찌 그리 좋은 책만 골라 사 오는지, 이제 준성은 병상생활이 고통스럽지 않았다. A.J. 크로닌의 「천국의 열쇠」를 읽은 날은 그 벅찬 감동 때문에 잠이 들지 않을 지경이었다. 크로닌의 「성채」를

비롯한 나머지 작품들, 엔도 슈사쿠의 「침묵」, 나가이 다카시 박사의 「영원한 것을」, 그레이엄 그린의 「사랑의 종말」 등 세실리아가 가져오는 책은 모두가 그렇게 감동스러울 수 없었다.

"휠체어에 탈 수 있죠? 제일 가고 싶어하는 데 모셔다 드릴게요."

"내가 제일 가고 싶은 데를 세실리아 씨가 알아요?"

"그럼요. 어서 타요. 부축해 드릴게요. 야고보 씨는 군인 아저씨 같지 않고 어린아이 같아요."

당시 그의 체중은 34.5kg이었으니 어린아이 같다는 말이 틀리지 않았다. 63kg의 건장했던 몸이 두 달 사이에 절반 가까이로 줄어든 것이었다.

세실리아가 데려간 곳은 그렇게나 간절히 가고 싶던 성당이었고, 그의 마음엔 눈물이 고였다. 본당에서 반주를 한다는 세실리아는 준성에게 피아노로 성가를 연주해 주었다. 그 시간은 천상의 시간 같았고, 준성은 미사참례를 할 수 있는 정도의 건강을 달라고 기도했다.

4개월이 지나자 웬만큼 거동을 할 수 있게 되었지만 체중은 여전했다. 군의관 병원과장이 그를 불렀다.

"다음 달에 의병제대 심사가 있다. 국방부에서 직접 담당자가 내려오는데 내가 신청을 해 놓겠다. 의사의 양심으로 말하는데 너는 자대 돌아가서 남은 기간 동안 복무할 체력이 못 된다. 제대하는 데 이의 없지?"

"아, 아닙니다. 생각할 시간을 주십쇼."

"여기 환자들 모두 의병제대하고 싶어서 돈 싸 들고 과장방 앞에 줄 서는 거 자네는 모르나? 아마 군의관이 먼저 제대하라고 말해 주는 건 흔치 않을 걸세. 다음 달에 심사 끝나면 6개월 후에나 또 있는데 통합병원 입원 최장기간이 6개월인 건 알지? 이번에 제대 못하면 자네는 다음 심사가 있기 전에 퇴원을 해야 하네. 그러니 제대하고 집에 가서 요양을 하게. 그러면 머지 않아 회복할 수 있을걸세."

"군의관님, 저는 집에 가면 우리 군대 내무반 음식보다 더 잘 먹여 줄 사람이 없습니다. 군에서처럼 규칙적으로 운동하면서 생활할 형편도 못 되고요. 퇴원해서 또 쓰러지거나 잘못되어 다시 병원에 온다면, 그때 군의관님 말씀을 따르겠습니다. 이번에는 생각할 기회를 주십시오."

"좋다. 일주일간 여유를 준다."

준성이 나름대로 심사숙고해서 내린 결론은, 잃은 것은 잃은 곳에서 찾아야 한다는 특유의 고집이었다. 물론 그도 의병제대를 함으로써 생기는 이득을 모르지 않는다. 즉, 남은 군대생활 1년 정도가 면제되고, 제대 후에도 예비군 훈련 면제의 특혜를 받으며, 등급에 따라서는 원호 대상자로 평생 혜택을 받을 수도 있다. 민방위 담당이었으니 누구보다도 잘 알고 있었다.

그러나 제대의 길을 택하면 그는 평생을 40kg도 안 되는 병약자로 살아야 한다. 안 될 일이다. 결코 이대로 나갈 수는 없다. 63kg을 다 찾지 못해도 그 근사치에는 가야 하고 체력도 회복해야 한다. 건강을 되찾는다면 다시 공무원 생활을 할 수 있을 것이고, 다시 건강한 인생을 설계할 수 있을 것이다.

"김 상병, 마음 정했나?"

"예, 제대 안 하겠습니다. 저는 남은 기간 동안 마저 복무하면서 건강을 회복하고 싶습니다. 군의관님 뜻 충분히 알고 고마우신 배려 평생 잊지 않겠습니다. 의병제대하면 혜택 많고 사람들이 다 그걸 원한다는 거 알지만 저는 아직 젊고 군생활하면서 건강을 회복해 보고 싶습니다."

"자네 뜻이 가상하군. 그렇다면 자대로 원대복귀하게. 군대가 개인사정 봐주는 데는 아니니까 힘들면 나한테 전화하고."

40kg이 채 안 되는 체중으로 김 상병은 퇴원했다. 퇴원하던 날은 인

사계 상사가 대대장 차로 그를 데리러 왔다. 준성이 잘못되었으면 엄중한 면책을 피할 수 없었을 테고 법정 전염병 관리 소홀의 과오로 대대장도 무사하지 못했을 것이다. 인사계로서는 살아난 것만도 천행인데 제대도 안 하고 복귀를 했으니 이보다 더 좋을 수가 없었다.

환자복을 벗고 군복을 입으니 아이가 어른 옷을 입은 것처럼 헐렁하고 전투화 안에서는 발이 빙빙 돌아갔다.

그러나 준성이 실감한 하느님의 섭리는 다른 데 있었다. 보직이 변경된 것이다. 마음 편하게 노동하고 작업이나 하면 되는 장비소대 소속이 되었다. 그는 일반 내무반에 배치되었다.

제12장
목사님의 뇌물

원래 군대는 개인 사정이 통하지 않는 곳이다. 복귀한 이상 당연히 일반 사병생활을 해야 하는 것이다. 며칠 지나 구보를 하는데 땡볕 아래 완전군장을 해 가지고 출발하려니 세상이 흔들흔들했다. 그는 3백 미터도 못 가서 쓰러지고 말았다.

"야, 상사! 얘, 왜 이래?"

대대장의 고함에 인사계가 대답한다.

"3일 전 통합병원에서 퇴원했습니다."

"야, 이 새끼야. 구보하다 죽는 놈 한둘 아닌 거 알아? 몰라? 그 애길 인제 하면 어떡해?"

나이 오십이 넘은 인사계의 따귀를 올려붙인 대대장은 상사의 멱살을 쥐고 흔들었다. 의무실로 옮겨진 김 상병은 대대장 명령으로 2-3개월 간 의무실 처방이 되었다. 가만히 있어도 하느님께서 다 알아서 해주시는 것이었다.

김 상병의 일상은 의무관의 체크를 받으며 위생병이 타다 주는 밥을

먹고 침대가 네다섯 개 놓인 의무실에서 뒹굴뒹굴 지내는 늘어진 팔자가 되었다. 처음에 그의 생활은 먹고 자는 것이 전부였다. 그렇게 쉬면서 차츰 몸이 회복되자 운동계획을 세웠다. 연병장 둘레에는 각종 운동기구가 설치되어 있다. 저녁 9시 점호, 10시 취침이니 운동할 시간은 취침 후밖에 없었다. 처음엔 옷을 입은 채 아령을 드는 가벼운 운동부터 시작했다.

마침 영외자들이 부식을 잘라 간다는 소문이 연대장 귀에 들어가서 연대장이 무시로 내려와 사병들과 같이 식사를 했다. 세상엔 안 좋은 사람들이 더 많은 것 같을 때가 있지만 실은 그 반대다. 군도 다르지 않다. 자기 욕심만 차리는 장교가 없는 것은 아니지만, 연대장처럼 사병을 자식 사랑하듯 아끼는 장교들이 더 많다.

연대장이 수시로 와서 밥을 먹으니까 송아지 지나간 냄새만 풍기던 멀건 국에 고깃덩어리가 팍팍 섞이고, 닭기름만 둥둥 뜨던 국물에서 예사로 닭다리가 나와 사병들이 환성을 지르는 호시절이었다. 이를테면 준성을 위한 영양식이 특별히 공급되는 것이라 해도 과언이 아니었다. 그렇게 잘 먹으면서 운동을 단계적으로 매일 하다 보니 그의 몸은 나날이 달라졌다. 운동하는 밤 시간은 하느님과 밀회하는 시간이기도 했다.

'나는 너에게 무엇이고 시작하면 끝을 보아야 직성이 풀리는 성격을 주었다.'

'예, 주님. 지금은 비록 41kg이지만 반드시 본래의 체중을 찾겠습니다.'

'중간에 포기하는 건 김준성이 아니지.'

'예, 어렸을 때부터 아무리 깨져도 안 울었고 포기하지 않았습니다.'

'내 앞에서는 울어도 괜찮다.'

차츰 운동의 강도를 늘려 나가면서, 그는 하느님과 더욱 격의 없는 대화를 나누었다.

6개월이 지나고 꽃이 흐드러진 봄날에 김 상병은 무심히 인사계와 샤워장으로 들어갔다. 인사계는 준성의 알몸을 옆으로 보고, 앞으로 보고, 뒤로 보고 하더니 등을 철썩 치며 소리쳤다.

"김준성, 갑종 합격!"

"제가 뭐 신검 받습니까?"

"얌마! 군생활 27년에 너 같은 놈 처음 본다. 어깨가 딱 역삼각형으로 잡혔어. 입원하기 전보다 더 좋다. 그 말라 비틀어진 꼬락서니가 아냐. 너, 참 대단하다."

초창기에 정강이 차이는 맛을 톡톡히 알게 해준 상사는 병장이 된 그를 아우처럼 자식처럼 보살펴 주었고, 준성은 원래의 체중을 찾아 1978년 8월에 제대했다.

그는 바로 복직해서 하일동 사무소로 발령을 받았다. 당시는 현재의 고덕지구가 하일동이었다. 복직원을 낼 때 방세가 제일 싼 곳을 원했건만 그는 지긋지긋한 말뚝숙직을 면하지 못했다. 방세가 제일 싼 그곳에서도 방을 얻을 형편은 못 되었던 것이다.

몇 개월 동안 평범한 보직으로 지낸 이듬해였다.

"이 지역이 경기도에서 편입될 때부터 화전민 비슷하게 시작된 주거환경이 그대로 있네. 20년간 집에 손을 못 대도록 해 놓았으니 건축법 위반이 얼마나 많겠나. 한 집 건너가 아니라 전 가구가 다 그렇다 해도 과언이 아냐. 힘들겠지만 자네 의지대로 하나씩 고리를 끊도록 해 보게. 자네라면 해낼 수 있을 걸세."

1년 정도 그를 지켜본 동장이 건축담당으로 임명하며 하는 말이었다.

불법개축 현장을 목격한 것은 그 후 3개월쯤 지나서였다. 교회 안의 멀쩡한 관사를 헐더니 다시 짓는 것이었다. 김 서기는 공사를 중지하라

 122 마음의 물결

이르고 현장을 촬영했다. 알고 보니 동사무소의 궂은 일을 봐주는 목사가 운영하는 교회란다. 하지만 직무이므로 주민들에게 존경을 받으시는 목사님이 이러시면 어쩌냐고 공손한 태도로 중단을 부탁했다. 그런데 날밤을 새며 공사를 하는지 금세 기초를 놓고 벽을 쌓았다.

"목사님, 아실 만한 분이 이러시면 어쩝니까?"

"이봐, 여긴 교회야. 이 정도는 괜찮다고 구청에서 그러더군."

"교회 건물은 몰라도 부속 건물은 증·개축은 물론 수선도 안 됩니다. 있는 상태대로만 살아야 하는 그린벨트 법령도 문제지만, 제 직무는 그 법을 지키게 하는 일입니다."

그런데 다음 날은 지붕 공사를 했다. 목사와 싸울 수는 없고, 그는 행정조치를 취하기 위해 출장 보고서에 증거사진들을 첨부해서 불법 증·개축 철거 보고서를 작성했다.

숙직실이 침실이므로 좀 쉬려고 하는데 누가 문을 두드렸다. 문을 여니 목사였다. 숙직실이 높아 목사는 바닥에 있고, 그는 목사를 내려다 보는 모양이 되었다.

"김 서기, 집이란 게 한 번 부숴 놓으면 도리가 없지 않나. 이번만 눈 감아 주게나. 동장 말이 자네만 가만 있으면 된다는구먼."

목사에게 큰소리를 칠 수 있는 사람은 그 지역에 없었다. 그런데 실무자인 애송이 서기가 세 번이나 정지를 시키다가 철거 보고서를 올린다 하고, 동장도 어쩔 수 없다니까 목사가 다급해진 것이었다. 목사는 들고 온 신문 뭉치를 내려놓았다.

"약소하나마 받아 주게. 목사가 신도 생각하는 마음일세."

"그거 돈입니까?"

목사가 고개를 끄덕이자 김 서기는 발로 물건을 차버렸다. 만 원 권 세 뭉치의 돈다발이 목사 앞에서 흩어졌다. 서기 월급이 10만 원이 채 안 되던 시절이었다. 준성의 마음속에 참을 수 없는 분노가 이글거렸다. 성직자이기에 그토록 조심스럽게 대했는데, 그 성직자가 동 서기를 돈으로 매수하려 하다니. 성직자조차 이 모양이라면 사회는 누구를 믿을 수 있다는 말인가.

"보고서, 내일 올라갑니다."

애송이 공무원은 밤새 잠을 설쳤다. 청운의 꿈을 안고 갓 스물에 공무원이 되어 국가와 민족을 위해 헌신하겠다던 열정과 꿈이 오물을 뒤집어쓴 듯 불쾌하고 절망스러웠던 것이다.

사무장 결재를 받아 동장에게 올라간 보고서는 저녁 때 반환되었다.

"자네, 세상물정 모르는 부잣집 막내도령인가? 홍길동인가? 아무튼 장하네만 동장님 위치도 이해해 드려야 하지 않겠나. 목사 도움 없이 어떻게 동을 운영해 나가겠어?"

"동장님 결재 없이 사무장님 서명만 가지고 시행하면 어떻게 됩니까?"

"나중에 감사에 걸려서 문책의 대상이 되지."

"그건 제가 감수하겠습니다."

한 번 더 생각하라는 사무장의 말을 한 귀로 흘리며 서기는 철저 시행문을 작성해 구청으로 보냈다.

구청의 녹지 담당 직원에게 그린벨트 지역 동사무소의 건축 담당은 시쳇말로 자기 밥인데, 전화를 걸어온 직원은 공손하게 김 주사냐고 확인했다. 그때는 서기든 서기보든 '주사'를 붙여 주는 것을 예우라고 생각했다.

"김준성 서깁니다. 누구십니까?"

"나, 구청 이 아무개야. 근데 자네가 올린 목사관 건은 별거 아니더구먼. 내부수리만 좀 한 거라던데."

124 마음의 물결

"증빙자료로 첨부한 사진들 못 보셨습니까?"
"아, 그건 자기 건물이 아니라고……."
"그럼 증빙자료가 허위라는 말씀입니까?"
"이봐, 김 주사. 너무 그러는 게 아닐세. 사사건건 이래가지고 되겠어? 내가 내부수리한 걸로 처리할 테니까 넘어가자고."
"이 주사님, 당신이 처리할 권한을 가지고 있으니, 어떻게 처리하든 자유인데 결과에 대해서는 책임지십쇼."
답은 일주일이 지나도록 내려오지 않았다. 진행 중인 불법 건축 적발 보고서가 올라가면, 최소한 사흘 안엔 결과가 내려와야 한다. 그런데도 전화를 하면, 그 일 때문에 높은 양반들이 왔다 갔다 하고 대단치도 않다는 변명뿐이었다.
"토요일까지 안 내려오면 구청 감사과, 본청 감사과에 감사 의뢰하겠습니다."
이틀 후에 내려온 내용에는 그린벨트 안에서도 지붕수리와 벽체수리는 가능하다고 되어 있었다. 허물고 새로 지은 것을 수리한 것으로 넘기자는 것이었다. 기가 막혀서 사무장한테 보이니 사무장이 웃음을 터뜨렸다.
"자네가 이긴 거야. 이겼어. 이제 자네가 이 주사 상전이 된 걸세."
"이의신청 제기하겠습니다."
"뭐? 우린 동장 결재도 안 받고 올렸잖아."
"그게 처벌사항이 되면 서울시 공무원 정신은 사라진 겁니다. 저, 할 거예요."
그의 목소리가 높았는지, 아니면 애초부터 촉각을 세우고 있었는지 동장이 그를 불러서 타일렀다.
"그 물불 안 가리는 정의감, 사명감 믿고 건축을 맡겼는데 그만하면

됐네. 목사님이 통일주체 대의원이라나. 감투도 많고 연세도 있는데 여기서 접자고."

"동장님께 누를 끼치지는 않겠습니다."

그는 온갖 법령을 다 뒤져서 이의 신청서를 작성해 결재를 올렸다. 동장은 꼼꼼히 살펴보더니 "공부 많이 했는걸. 됐네. 이건 내가 간직하지." 하며 준성이 보는 앞에서 그것을 서랍 깊숙이 넣어버렸다.

지역이 떠들썩했던 일은 그렇게 끝나고, 그해 가을에 항측航側 도면을 받아 든 그는 정신이 아찔해졌다. 79년은 고덕지구 개발 계획이 발표되어 그러지 않아도 눈코 뜰 새가 없던 때였다.

봄가을에 서울 전체를 항공기로 촬영해 만든 지도를 구區별로 분리해서 각 구청으로 보내는 항측航側 도면은 6개월 사이의 변화를 적나라하게 보여준다. 불법 건축물은 붉은색으로 나오는데, 그의 담당지역이 온통 붉은색 일색이었다. 서둘러 나가 보니 양돈과 양계를 하는 축사들과 주거시설들이 수백 평쯤 늘어서 있는 것이었다.

"사무장님, 이게 어떻게 된 겁니까?"

"거기가 양돈 양계 집산지인 거 몰랐어? 그린벨트 안에선 축산도 불가야."

"나가 보니까 십 년도 넘은 모양인데 어떻게 여태 시정이 안 된 거냐고요?"

"그러니 동장님이 자네한테 맡겼지. 그동안은 눈 가리고 아웅하는 식으로 서류장난만 한 모양야. 건축주들에게 용돈이나 챙기면서. 언제 시작된 건지도 모르는데 철거는 우리 책임이니 문제지."

이것은 보통 엄청나고 심각한 상황이 아니다. 일단 현장에 나가 상황을 파악하기로 했다. 머리가 허연 양돈업자에게 불법 건축물을 철거해야 한다고 운을 떼자 그는 준성을 아래위로 훑어보더니 퉁명스레 대꾸

했다.

"자네가 새로 왔다는 김 서긴가?"

"예."

"자네, 여기 역사 알아?"

"아뇨."

"여기 이 축사들 원조는 저 산등성 넘어 농방야. 농방 먼저 철거하면 나머지 축사들은 다하게 돼 있어. 원조는 실세라고 봐주면서 우리더러만 하라니까 안 되는 거야."

"농방 주인이 누굽니까?"

"끗발깨나 날리는 양반이지. 동장하고는 소꿉친구고……."

산등성이를 넘어가 보니 가구들이 널려 있고 기계들이 어지럽게 돌아가고 있었다. 공장주의 집을 찾아가서 부인에게 도면을 보여주며 김 서기는 공손하게, 그러나 단호하게 설명했다.

"농방이 최초 원인이라 먼저 철거하시라고 왔습니다."

"나는 모르니까 우리 애 아빠한테 말씀하세요."

사무실로 다음 날 전화가 왔다.

"자네가 어제 우리 집에 왔었나? 나, 권수근이라고 하네."

"아, 예. 농방 철거 건 때문에 갔습니다."

"오늘 다시 들러 주게나."

약속 시간에 맞추어 김 서기는 자전거를 타고 갔다. 지역이 넓어 자전거가 발이었다. 집은 밖이나 안이나 다 호화로운데 벽을 도배하다시피 한 표창장들이 시선을 끌었다.

"자네 얘기 들었지. 내, 선배로서 한 마디 하는데 모난 돌이 정을 맞는다고 사람은 원만하게 살아야 하네. 저 표창장들 다 봉사하고 노력해서 받은 거야. 에, 여기 양돈 양계하는 사람들 10년 이상 터 잡고 살아

왔는데 하루아침에 철거가 되겠어? 좋은 게 좋다고 역대 담당들도 어쩔 수 없었던 거야. 자네도 공직자고 나도 공직자 아닌가. 서로 도와야지. 자, 이거 집어넣으라고. 같은 공무원이 주는 건 받는 거야."

"이게 그 공장에서 나온 월셉니까? 아니면 관내 유흥업소에서 뜯어낸 삥땅입니까?"

"뭐야? 호적에 잉크도 안 마른 자식이 누구 앞에서 이 따위로 방자해?"

"저, 이거 안 받아도 부장님보다 더 잘 살 겁니다. 그러니 이 돈은 이웃돕기 성금이나 내서 표창장 더 타시고 이번 주말까지 철거 안 하시면 즉시 철거반 보내겠습니다. 선배들이 줄줄이 다칠까 봐 과감히 덮을 생각도 해 봤는데, 나는 새도 떨어뜨린다는 부장님께서 이렇게 나오시면 선배들 다치는 거 감수할 수밖에 없습니다."

목에 힘을 주다가 벼락같이 역정을 내던 끗발깨나 날리는 부장은 당황스러운지 어안이 벙벙해했다. 자기 위세에 눌리지 않은 사람이 없었는데 이게 뭔 일인가 싶은 모양이었다. 김 서기는 문을 쾅 닫고 나와버렸다.

이틀 후, 다시 나가서 부인에게 늦어도 주말까지는 철거해야 다음 것을 정리한다고 재차 통고하고 사무실로 돌아오자 부인에게 전해 들었는지 전화가 걸려왔다.

"얌마, 너 이 새끼. 대가리에 피도 안 마른 놈이 정말 이럴 거야? 넌 자식아, 털면 먼지 안 나?"

막말이 쏟아졌다. 그야말로 김 서기의 뚜껑이 열려버리고 말았다. 김 서기도 아는 욕을 다 퍼부었다. 군대에서 배운 욕이 이렇게 요긴하게 써먹을 데가 있구나 싶었다. 온갖 욕을, 그것도 사무실이 떠나가라 목청 높여 퍼부어 대니까 동장이 나와서 사무장에게 물었다.

128 마음의 물결

"누구한테 저러는 거야?"

"권 부장한테 저러고 있습니다."

"뭐? 김 서기 전화 끊어!"

동장의 고함에 김 서기도 놀라 전화를 딱 끊었다.

"이리 와 봐."

동장이 그를 데리고 들어가려는데 권 부장은 욕만 잔뜩 먹은 채 전화가 끊겼으니 머리 끝까지 열이 올라 금세 다시 전화를 걸어왔다.

"저, 지금 바쁩니다. 누가 거부하던 간에 관계없이 주말까지 자진철거 안 하면 화요일엔 강제철거반 올라갑니다."

귀청이 떨어질 만큼 욕설의 대꾸가 나오는 것을 묵살하고 김 서기는 전화를 끊었다. 급히 동장실로 들어가자 동장이 물끄러미 준성의 얼굴을 바라봤다.

"어떤 경우에도 말은 가려서 해야지. 공직자의 기본은 어떤 상황에서도 흥분을 해서는 안 되는 일이기도 하고……."

준성을 한참 쳐다보며 입속으로 몇 마디 하던 동장은 야단칠 일이 아니라는 판단이 섰는지 입맛을 다시며 나가 보란다. 사실 그렇게 하지 않고서는 일을 진행할 수 없다는 것을 모르는 사람은 사무실 안에 없었다.

문제는 농방이 철거를 한다 해도 다음에 따라올 축사들이었다. 돼지가 5백에서 8백 마리, 닭이 1천에서 2천 마리 정도인데 어떻게 철거를 해야 할지 난감하기 짝이 없었다. 어떻게 해서든지 농방부터 철거하고, 축사들은 한 달 정도 넉넉한 기간을 주어 가축들을 옮기게 하고, 나머지 주거형들은 단기간에 진행하는 수밖에 없었다.

약속한 날, 준성은 과연 그 끗발 좋다는 부장이 철거를 할 것인지 초조해하며 자전거를 타고 나갔다. 그런데 멀리 농방 지붕에서 무엇인가 고물고물 움직였다. 마구 페달을 밟으며 가까이 가 보니 서너 명의 인부들이 올라가서 지붕을 뜯고 있었다. '아, 됐다. 해냈어!' 지붕 뜯어내는 먼지를 마시며 김 서기는 쾌재를 불렀다. '공권력이란 게 이런 거구나. 바르게 사용되면 서울을, 조국을 얼마든지 발전시킬 수 있는 것이구나.' 그는 눈물이 날 것 같아 하늘을 봤다. 드높은 하늘에 구름이 흩어져 있었다.

* * *

"소설보다도 더 소설 같은 삶을 살아오셨는데 애석하지만 1부는 여기서 접어야 겠군요."
 오 수녀가 준성의 얘기를 일단락짓겠다며 손을 내민다.
 아내는 아들에게 아버지 같은 공무원은 시키고 싶지 않다고 한다. 그러나 그는 생각이 다르다. 역동적인 삶이란 일부러 경험해 볼 수 없는 삶의 진국이 아닌가.
 다만 유연성이 부족한 성격이었고 유연성을 키울 수 없을 만큼 절박하게 살아온 것만은 아쉽다. 그래서 남은 생은 좀더 여유를 가지고 마음의 물결에 자신을 맡기고 싶다.
 "2부는 다음 달쯤 만나서 준비할까요?"
 부드러운 바람이 감겨든다. 언제나 그를 살게 하시고 무한정 기다려 주시는 하느님의 숨결 같다. 그는 깊이 숨을 들이마신다.

제13장
사랑의 묘약

　1979년은 남자를 여자로 바꾸는 일 말고는 불가능한 것이 없다던 유신정권의 독재가 극으로 치닫던 시절이었다. 유신 독재에 항거하는 민주화 운동의 열기는 보도도 되지 못했고, 생업에 전력투구해야 하는 소시민들은 독재정권이 산으로 가건 바다로 가건 아랑곳할 겨를도 없이 살아가고 있었다. 먹고사는 문제에만 매달려 살아도 배가 고픈 소시민들에게는, 인간이란 빵만으로는 살 수 없지만 빵이 부족한 상황에서는 인간 이전의 동식물 차원으로 떨어지는 것이 아닌지 시험받는 듯하던 절대빈곤의 시대였다.
　갓 제대하고 복직해서 여전히 당직실에서 기거하며 방송통신대학에 적을 두게 된 김 서기 역시 시대상황에 관심을 둘 겨를이 없었다. 청소년 시기를 공장에서 보내고 군에서조차 죽을 고비를 넘긴 그야말로 대표적인 소시민이었다.
　어쨌든 김 서기는 농방 지붕에서 고물고물 움직이는 것이 철거를 하는 인부들이라는 사실을 확인하면서 현장으로 뛰어들었다. 마침내 해냈다는 뿌듯한 희열이 가슴을 휘젓고 있었다. 인부들을 데리고 철거를 하던 그 콧대 높은 부인이 준성을 돌아보다가 원망스러운 눈망울 가득 눈물을 글썽였다.

"저 농방 월세가 한 달에 80만 원이었다지?"

"세금 한 푼 안 내는 알짜 수입원을 헐어 없애려니 얼마나 아까울까?"

무서울 것이 없다던 권 부장의 농방이 과연 철거를 당할 것이냐 말 것이냐, 설왕설래하던 주민들은 철거작업이 시작되자 우르르 몰려나와 구경하면서 수군거렸다.

"웬만한 봉급쟁이가 80만 원을 벌려면 몇 달을 죽을 고생을 해야 하는데 한 달에 80씩 받아다가 그 돈을 다 어떡했을까?"

"아이고, 남의 집 돈 둘 데 없을까 봐 걱정이야? 표창장 사들였다잖아."

"표창장을 사다니? 표창장도 돈 주고 사는 거란 말유?"

"이렇게 뭘 모르기는. 아, 표창장 중에도 돈으로 길을 닦아서 받는 게 많대요."

지붕을 마구잡이로 뜯어내는 소음 속에 구경꾼들의 거침없는 목소리가 오갔다.

김 서기는 구경하는 주민들을 현장에서 물러서도록 하고, 눈물을 뚝뚝 떨어뜨리는 부인에게 협조해 줘서 고맙다고 퉁명스러운 인사를 건넸다. 일부러 퉁명스러운 태도를 취한 까닭은 아직도 사태 파악을 못하는 부인이 행여 체면 불구하고 매달리거나 패악을 부릴 틈새를 보이지 않으려는 의도였다. 김 서기로서는 이것이 시작일 뿐, 축사들을 철거해야 하는 본격적인 난제가 앞에 놓여 있었다.

부인은 눈물이 얼룩진 얼굴을 들더니 하얗게 눈을 흘겼다. 순간적으

로 가슴이 섬뜩해지는 살기에 가까운 눈빛이었다. 불로소득의 수입원이 없어지는 것도 아깝지만 지역에서는 아무도 못 건드리던 남편의 위세가 고지식하기로 소문난 이 애송이한테 떡이 되게 당했다는 사실이 더 분한 모양이었다. 그 소문은 인근에 모르는 사람이 없을 만큼 파다하게 퍼졌고, 사람들은 두셋만 모이면 신이 나서 그 얘기를 또 하고 또 했다.

어떻든 목에 힘주는 공직자들에게 아킬레스건이 딱 한 가지 있다. '당신의 비위사실을 감찰에 보고하고 당신 직장에 통보하겠다.' 이러면 끝나는 것이다.

권 부장의 무허가 건축 사건은 현직 공직자로서는 중대한 범죄였다. 그 비위사실이 통보되면 중징계를 피할 수 없기에 결국 권 부장도 눈물을 머금고 자진철거를 한 것이었다.

농방을 철거하고 나니 이제는 아무도 변명하거나 항의하지 않았다. 머리가 허옇게 벗겨진 연만한 양돈업자가 얼굴이 핼쑥해져서 준성에게 사정했다.

"무허가 공장은 허물면 그만이지만 우리 이 돼지들은 어떡하면 좋겠수? 자식새끼 같은 놈들, 천 마리가 넘는 이놈들을 데리고 어디로 간단 말이요?"

"어차피 불법으로 그린벨트에서 양돈을 하신 거 아닙니까? 축사는 하루 이틀에 옮기기 어려울 테니 며칠 더 여유를 드리겠습니다."

그는 몇십 가구나 되는 양돈 양계 축사들과 무허가 주택을 방문했다. 십 년 넘게 터잡고 살았다며 김 서기의 말을 귓등으로도 안 듣던 주민들이 모두 풀이 죽어 고개를 떨구었다. 그 위세 좋던 권 부장의 농방이 헐렸는데 더 버틸 사람이 어디 있겠느냐는 자조였다.

문제는 김 서기 앞에서는 어떡하든 이사할 날짜의 기일이나 넉넉히 받아 두려고 애쓰던 사람들이 그날 저녁부터 동장 집으로 몰려가 소란을 부리는 것이었다.

"야, 이 새끼야. 너 이렇게 오리발 내밀 수 있는 거야? 대체 우리가 여기서 닭 치고 돼지 쳐서 나라에 해 되는 게 뭔지 말해, 짜샤. 너 동장 뽑아 줄 땐 함께 살자고 뽑은 거지 우리 내쫓으라고 뽑아 준 게 아니란 말야, 이 죽일 놈아."

"야, 동장. 두 눈으로 똑똑히 봐라. 닭새끼 수백 마리, 돼지새끼 수백 마리를 데리고 어디로 어떻게 가란 말야?"

"이 달 안으로 다 철거하라고? 야, 이 새끼야. 우리한테 철거하라는 건 죽으라는 소린 거 몰라서 그래? 우린 이런 드러운 대접 받으면서 이런 데서 살고 싶어 사는 줄 알아? 죽지 못해 사는 목숨이라 이러구 산다는 거 넌 모르겠냐?"

벌집을 쑤신다는 것이 다른 것이 아니었다. 막다른 골목으로 몰린 축산업자들과 영세민들이 집으로 동회로 동장을 따라다니며, 죽기 아니면 까무러치기라는 식으로 악다구니를 부렸다.

이번에는 어떻게든 철거를 단행하리라고 결심했던 동장은 결국 준성의 보직을 바꿈으로써 사건을 유야무야하고 말았다. 군에 가기 전에 근무했던 동사무소보다는 일이 좀더 진척된 편이지만, 어떻든 김 서기는 같은 일을 되풀이해서 겪은 셈이었다.

준성은 가슴을 쓸어 내렸다. 아무리 직책이지만 그로서도 영세민을 내쫓고 무허가 건축을 철거하는 일이 달가울 수는 없었다. 웬만큼 살면서 부당 이익을 챙기는 사람들에게는 얼마든지 큰소리치며 강경하게 철거를 할 수 있는데, 방 한두 칸의 무허가 건물에서 여러 식구가 하루 벌어 하루 먹고사는 영세민들에게는 차마 법만을 강요할 수가 없었던 것이다. 더욱이 그에게는 그 즈음 아주 골머리 쑤시는 사건이 있었다.

그가 움직이는 대로 딱정벌레처럼 따라붙으며 별것 아닌 청탁이니 한

134 마음의 물결

번만 들어 달라고 목을 매는 사람들이 있었던 것이다. 김 서기가 보관하고 있는 무허가 건축물 관리대장을 한 번만 베껴 쓰면 되는 간단한 일인데, 누이 좋고 매부 좋은 일이라는 것이 그들의 주장이었다.

물론 김 서기가 그 말을 들을 턱이 없는데도 그들은 김 서기가 화를 내건 냉대를 하건 상관하지 않고 어찌 저리 비위가 좋을까 싶을 만큼 설명을 하고 또 하는 것이었다.

당시 무허가 집들은 한 가구 명의로 되어 있는 것이 서너 채씩 되었다. 시멘트 블록으로 바람을 막은 엉성한 집을 처음에 방 한 칸 지어 살다가, 또 방 한 칸 지어서 아이들을 지내게 하고, 또 한 칸 지어서 사는 식으로 몇 채가 되기도 했고, 오래된 한옥형태의 구옥들은 명색이 안채, 사랑채, 행랑채, 헛간채 등의 구조로 되어 있기도 했다.

"아주 간단하다니까. 한 가구 서너 채씩 되는 집들을 한 가구 한 채씩 독립가구로 분할시켜서 대장만 다시 쓰는 거라구. 아무한테도 손해를 끼치지 않는 일이야. 아파트 딱지 두 개 주고, 현찰 큰 걸로 한 장 만들어 줄 테니 대장만 다시 써 달라구."

그게 뭔 소린지 내용을 파악할 수도 없고 관심도 없는데, 김 서기가 매정하게 뿌리치지 못하는 이유는 이 통장 때문이었다. 사기꾼인지 중개인인지 수상한 사내들을 데리고 오는 이 통장은 목재소를 하는 꿀통장과 둘도 없이 막역한 사이었다. 그런데 김 서기로서는 죽으면 죽었지 더 이상 꿀통장에게 밉보일 일은 하지 말아야 했다. 그것은 그의 일생이 걸려 있는 중대사였던 것이다.

꿀통장은 준성이 상사병을 앓다시피 하고 있는, 도무지 이 세상 사람 같지 않게 아리따운 여성의 부친이었다. 천상의 사람 같은 여자를 처음 본 것은 작년이었다. 자전거를 타고 관내를 돌다가 마주쳤는데 딱 숨이 멎을 만큼 기막힌 자태였다. 준성은 자전거로 따라가서 지나치는 척 여자의 앞과 뒤를 다시 보았고 옆의 세탁소로 뛰어들어가 누구인가 물었다.

"몰랐어? 목재소 박 통장 딸이잖여."

그 꼴통장한테 저런 딸이 있었더란 말인가. 어린 시절, 감자나 옥수수에 침 발라 놓듯 준성은 그 기막히게 아리따운 여자에게 마음으로 침을 발랐다. 따라서 꼴통장은 물론 꼴통장과 가까운 어른들에게도 밉보여서는 안 되는 것이었다.

이런 사정을 모르는 그들은 김 서기가 솔깃해하는 줄 알고 줄기차게 따라붙었다. 당시 그 동네의 집 한 채 값이 오륙백만 원 정도였으니 그들이 말하는 큰 것 한 장의 의미인 1억은 집 스무 채쯤의 가격에 해당하는 거금이었다. 그리고 딱지는 아파트 입주권을 뜻하는 것이니, 그들 말대로 된다면 하루아침에 팔자를 고칠 수 있는 일이었다.

준성은 이 사기꾼 같은 친구들을 통장 어른한테 밉보이지 않고 무 자르듯 잘라 낼 방법이 무엇일까 하고 골머리를 앓던 중에 건축 담당에서 병사 담당으로 보직이 바뀌었다. 그야말로 쾌재를 부를 일이었.

김 서기의 후임은 후배나 동료가 아니고 선배였다. 사기꾼 같은 중개인들을 조심하라고 일러주면서 무허가 건축물 관리대장을 넘겨줄까 하다가 그는 말을 삼키고 말았다. 동년배도 아닌 선배에게 인수인계를 하면서 그런 말을 할 수가 없었던 것이다.

그러나 몇 해 후, 준성은 신문을 읽다가 '그때 건방지다고 따귀를 맞더라도 그 말을 일러주는 건데…….' 하고 후회하게 된다. 그 말을 해줬더라도 그 선배가 같은 선택을 했을지는 알 수 없지만, 어쨌든 그들이 모조리 쇠고랑을 차게 된 기사를 읽으면서 마음이 편치 않고 등골이 서늘했던 것이다.

준성의 후임인 고 주사는 현찰 3천만 원을 받고 가구를 분리해 준 것

으로 신문은 전하고 있었다. 고덕지구 개발사업이 진행됨에 따라 담당 공무원과 중개인과 통장이 동사무소 직원인 고 주사에게 무허가 건축물 관리대장에 있는 한 가구 서너 채씩의 집들을, 독립된 서너 가구로 분리하도록 했던 것이다. 따라서 한 가구에 한 장씩 발급되는 아파트 입주권이 분리한 숫자만큼 나오게 되었는데 이것이 집주인들의 반발로 덜미를 잡히게 되었다.

"중개인이 사기 전과 8범인 걸 누가 알았겠나. 또 이 통장은 점잖은 분이잖아. 막말로 봉급쟁이 노릇 평생 해 봐야 그런 거금을 언제 만져 보겠어. 욕심에 눈이 멀었던 거지. 면목 없으이."

후일 고 주사는 형을 치르고 나와서 김 서기에게 그렇게 실토했다.

준성은 그 위험했던 자리에서 자신이 사건 직전에 떠난 것은 하느님께서 보호해 주신 섭리라고 믿었다. 그 보직에 그대로 있었더라면 과연 그 일에 코를 꿰지 않을 수 있었을지 자신이 서지 않았다.

거짓은 언젠가는 드러나게 마련인데 사람들은 그것을 외면한다. 가구 분할 사건만 해도 집주인들이 바보가 아닌 한 무사할 수가 없는 일이었다. 가령 '가' 라는 사람이 안채와 사랑채, 행랑채, 헛간채를 철거당했다고 하면, 그는 안채 가구주로만 남고 나머지는 독립가구들로 분리되어 각각 다른 명의로 이전하게 되는 것이다.

그런데 명의 이전을 하려면 가구주의 인감이 반드시 필요하다. 만약 가구주가 이의 없이 인감을 떼어 주면 일은 무사히 끝난다. 그러나 제 집을 나눠서 알지도 못하는 사람의 명의로 바꾸는 일에 선뜻 인감을 떼어 줄 이가 어디 있겠는가. 80가구 정도가 300여 가구로 불어났으니 사람들이 조용할 턱이 없었다. 인감을 뗄 때마다 돈을 요구하는 가구주들이 늘어났고 마침내는 진정을 하기에 이른 것이다.

'내 집을 불법으로 분할해서 명의 이전을 하겠다고 인감을 떼어 오라는데, 저는 명의 이전을 해줄 의무가 없습니다. 저뿐 아니라 우리 동네 사람들 모두가 그러한데 이게 어찌된 까닭인지 조사해 주시기 바랍니다. 집을 팔지는 않았습니다.'

이러한 진정에 사건은 벌집을 건드린 듯 소란해졌다. 한 가구당 아파트 입주권과 토지 분양권이 나오는데, 80여 가구가 3백여 가구로 분리된 것이 발각된 것이다. 고 주사와 밥 먹고 술 마시며 가까이 지낸 동료들까지 곤욕을 치른 이 사건은 준성의 가슴을 서늘하게 했다.

어떻든 병사담당이 된 김 서기는 그렇게 관할 내의 예비군과 현역을 관장하는, 조금은 한가한 업무를 맡으면서 말뚝 숙직을 면하기 위해 방을 구했다. 제대 후의 봉급을 꼬박꼬박 모은 데다 입대하기 전에 누님에게 맡긴 저축을 누님이 불려서 돌려준 것이다. 그러나 방을 얻을 만한 목돈이 생겼다 해도 그 즈음 가슴앓이를 하게 만든 묘령의 아가씨가 아니었던들, 준성은 그리 서둘러 전세방을 마련하지 않았을지도 모른다.

그는 방을 꼴통장의 집에서 멀지 않은 곳에 정했다. 이제는 마음속 깊이 묻어 두고 가슴앓이만 했던 아가씨를 향해 행동을 개시해야 한다는 결심이 선 것이다.

대통령이 시해를 당하고, 공무원을 정화하겠다며 한 명도 빠짐없이 사표를 제출하라고 한 것이 그 얼마 후였다. 이른바 공무원 숙정인데, 사표를 돌려받지 못하면 그대로 사직되는 것이 당시의 숙정 방법이었다. 그때 첫 근무지에서 술만 먹으면 숙직실을 한강으로 만들던 월남에서 온 김 상사와 또 한 사람의 동료가 직장을 그만두게 되었다.

직장이 어수선하거나 업무가 폭주할 때는 이성을 생각할 겨를이 없지만, 쪽마루 달린 자취방으로 돌아가면 김 서기는 내내 가슴앓이를 했다. 그는 틈만 있으면 공연히 꼴통장의 목재소 부근을 어슬렁거렸다.

"안녕하십니까. 통장님, 목재소가 많이 커졌습니다."

"자네도 그런 입에 발린 소리 할 줄 알아? 커지긴 뭐가 커져, 그대론데……."

별명이 말해 주듯 꼴 통장은 술을 좋아하는 고집불통이며, 부인은 부인회 회장으로 지역 활동을 활발히 하는 사람이었다. 김 서기는 당사자에겐 말 한 마디도 걸지 못하고, 목재소머 통장 집을 부인회장 댁이라는 구실로 요령껏 드나들었다. 그때마다 슬쩍슬쩍 엿보게 된 여자는 보면 볼수록 천상의 존재 같은 느낌이었다.

어느 날 찾아가니 직장생활을 하는 여자가 퇴근해 와 있었다.

"회장님, 저 아줌마는 누굽니까?"

"아니, 이 사람이 눈이 삐었나? 누굴 아줌마래. 남의 딸 혼삿길 막히라고……."

부인이 대경실색을 하고, 여자는 곱지 않은 시선으로 별 미친 사람 다 본다는 듯 방으로 들어가버렸다.

여자에 대해 은근히 사람들에게 물어보면 대부분 입이 마르게 칭찬했다. 5남매의 맏이고, 효녀고, 맘씨 곱고, 얌전하고, 요즘 그런 여자 없단다. 아버지가 허술한 구석이 있어 집안이 휘청거린 적이 있는데, 그때도 그 딸이 다 잡아 놓았단다.

몇 달이 흘렀건만 말 한 마디 건네 보지 못하고 김 서기는 속만 태웠다. 밤이면 여자를 누군가가 채어 갈까 봐 잠이 오지 않았다. 속히 그 아리따운 아가씨를 내 사람으로 만들어야겠는데 어찌해야 할까.

그런데 더는 미적거릴 수 없는 일이 생겼다. 버스 정류장 옆에 전자대리점을 하는 총각과 그 아가씨의 혼담이 무르익어 간다는 소문이 귀에 들려온 것이다. 그는 목재상을 찾아가 맨바닥에 무릎을 꿇고 넙죽 엎드렸다.

"절 받으십쇼, 장인어른. 오늘은 서기로 온 게 아니고 장인어른 찾아

뵈러 왔습니다."
 어리둥절하던 꼴통장은 빗자루를 찾아 들고 내려칠 기세다.
 "뭐, 장인? 찢어진 입이라고 말이면 다 하는 줄 알아?"
 통장을 불편하게 했던 적이 한두 번이 아니어서 김 서기는 참았다. 그런데 이 양반이 정말로 있는 힘을 다해 빗자루로 내려치려는 것이 아닌가. 반사적으로 내려치는 빗자루를 잡은 그는 통사정을 했다.
 "통장님, 제가 일생일대의 중차대한 일로 왔는데, 흥분하지 마시고 들어주십쇼."
 분이 안 풀린 채로 통장은 마지못한 듯 일어나란다.
 "따님 때문에 제가 밤잠을 못 이루는 게 한두 달이 아니라, 일 년 전부텁니다. 통장님이 아시다시피 가진 건 없지만 저 뼈대 있는 집 후손이고 창창한 장래가 있는 놈 아닙니까? 따님을 저에게 주십쇼."
 김 서기의 이마에 송글송글 맺히는 땀을 보자 통장은 헛기침을 했다. 그의 진지함에 '이놈이 헛소리를 하는 게 아니구나.' 싶은 눈치였다.

제14장
연분

"이 사람아, 인륜지대사는 이렇게 하는 게 아니야."

꿀통장이 버럭 소리를 지르고는 한심하다는 듯 김 서기를 바라보다가 입맛을 다셨다.

"죄송합니다. 어떻게 해야 할지 몰라서 부모님 같은 어른이기에 무작정 왔습니다. 이대로는 따님 때문에 제가 병이 들어 죽을 거 같아서요."

"병이 들 정도로 내 딸이 마음에 든단 말이지?"

"예, 장인어른. 따님을 저에게 주시면 절대 고생시키지 않겠습니다. 저, 한다면 하는 놈인 거 아시지 않습니까?"

통장이 입을 꽉 다문 채 잠시 생각을 하는 눈치다. 명청한 것 같기도 하고 꽉 막힌 고집불통인 것 같기도 한데, 오랫동안 겪어 보니 어른 아이 알아보는 예의범절도 모르지 않고, 쓸 만한 구석이 있는 놈인데 싶은 눈치다.

"혼인이란 말야. 우선 연분이 있어야 하는 거고 또 나보다는 내 내자하고 먼저 뜻이 맞아야 되는 일일세. 내 내자를 설득하고 오면 그때는 나도 고려해 봄세."

"그럼 장인어른은 허락하신 겁니다?"

"허, 이 사람 보게. 내가 언제 허락한댔어? 고려해 본댔지."

"그게 그 말씀 아닙니까. 저를 하루 이틀 겪어 보신 것도 아니고 어떤 놈인지 잘 아시잖습니까."

"아무튼 우리 내자가 괜찮다고 해야 하니까 그리 가 봐."

"고맙습니다, 장인어른."

다시 코가 땅에 닿게 절을 하고 김 서기는 그 길로 통장 집으로 향했다. 쇠뿔도 단김에 빼랬다고 어영부영 할 일이 아니었다. 자칫 방심하다가는 꿈에도 못 잊을 그 고운 아가씨를 전자 대리점 젊은 사장에게 빼앗길 판이었다.

김 서기가 생각해도 동네 유지인 전자 대리점하고 자신은 비교가 되지 않았다. 본인이야 어떻든 동네서 제일 크고 번듯한 전자 대리점을 운영하는 그 집은, 우선 재력으로 준성과는 게임이 되지 않는다. 그는 마구 통장 집 대문을 흔들며 냅다 소리를 질렀다.

"장모님! 문 열어 주십쇼, 장모님!"

동네가 떠나가도록 우렁우렁 골목을 흔드는 고함소리에 부인회 회장이 놀라 뛰어나오며 두 손을 내저었다.

"자…… 장모라니. 대체 김 서기, 이게 무슨 망발이에요?"

"김 서기가 아니라 사위로 장모님 뵈러 왔습니다."

"아이고, 기차 화통을 삶아 먹었나. 목소리가 왜 그리 커? 온 동네 다 듣겠어."

"다 들으라고 하는 소립니다, 장모님."

"글쎄, 그 장모 소리 좀 그만하고 들어오기나 해요. 들어와서 작게 얘기하라고."

그는 들어가서 권하는 대로 방석 위에 무릎을 꿇고 앉아 넙죽 절부터 했다.

"아니, 술을 마신 것도 아니고 대낮에 이게 무슨 건주정이에요. 개혼도 안 한 집에 와서 망측하게 장모니 사위니, 대체 나한테 무슨 유감 있어요? 아니면 내가 김 서기한테 뭐 잘못한 게 있어요? 이렇게 난데없이 나타나서 소란을 피우면 어떡해."

부인은 남편과 달리 깐깐하기 이를 데 없었다. 김 서기는 통장에게 한 것처럼 무작정 매달려야 하나, 아니면 좀 대차게 나가는 것이 나은가 잠시 망설이다가 "제가 누님하고 토요일 날 만나기로 약속을 했습니다." 라고 하며 눈 딱 감고 밀어붙이기로 했다. 고분고분 대답하다가는 필경 여회장에게 말려들어 오히려 설득을 당할지도 모른다고 생각한 것이다.

"김 서기가 누님하고 만나는 게 우리하고 무슨 상관인데?"

"제 안사람 될 장모님 따님을 선 뵈기로 했으니 상관이 있으십니다."

"뭐? 아니 이봐요, 김 서기! 듣자 듣자 하니까 못하는 소리가 없네. 대체 무슨 홍두깨 같은 소리를 하는 거야?"

"장인어른께서는 이미 허락하셨습니다. 그러니 이제 장모님 허락만 받으면 되는 일입니다."

"뭐라고? 세상에, 맙소사! 마른하늘에 날벼락도 유분수지, 그 양반이 허락을 하다니? 아이고, 나 혈압 올라 까무러치겠네."

"장모님, 제가 그 새침데기를 꼬셔 낼 재간은 없고 장모님께서 도와주십쇼. 평생 그 은혜 잊지 않겠습니다."

"그놈의 장모 소리 작작하고 우선 자세한 얘기부터 들어봅시다. 우리 집 양반이 허락을 했는지는 몰라두 난 금시초문이우. 그동안 김 서기가 우리 애한테 마음이 있나 부다 눈치는 챘지만 이렇게 번갯불에 콩 구워 먹자고 설칠 줄은 몰랐지. 아무튼 내일인가 모렌가 선 뵈기로 했다는 게 무슨 말이냐구?"
 부인은 속에서 불이 나는지 덥지도 않은데 부채를 집어다가 활활 부쳤다.
 "장모님, 저 손에 쥔 건 없지만 대한민국 어디에 내놓아도 부족함 없는 최우수 사윗감 아닙니까? 새침데기 따님, 저 아니면 어디로 보내시려고요?"
 "살다 살다 별소리 다 듣네. 우리 딸 신랑감은 지금도 줄 섰으니까 객쩍은 소리 말아요. 그리고 집도 절도 모르고 족보도 모르고 몇 년씩 방 한 칸 없이 말뚝숙직이나 하는 동회 서기가 무슨 얼어 죽을 최우수 신랑감야?"
 "장모님, 저 안동 김갑니다. 조선시대에 60년 동안 정권을 쥐락펴락한 안동 김씨 후손이고, 아버지는 교장 선생님 하다 돌아가셨습니다. 어머니는 서산에서 경찰 공무원인 형님하고 살고 계시고요. 누님은 출가해 서울 사시고, 제 신분은 대한민국이 보장하는 공무원입니다. 일단 저희 누님을 만나서 알아보시죠."
 부인의 붉으락푸르락하던 얼굴이 차츰 안정감을 찾아갔고 사납던 눈빛도 어느 결엔가 풀려 있었다. 말뚝숙직이나 하는 동회 서기라고 우습게 보았더니 뼈대 있는 집안에서 자란 청년인가 보다 싶은 모양이었다.
 "아무튼 일단은 돌아가게. 내가 생각을 좀 해야겠네."
 "저의 누님이 바쁜 분이니까 토요일 약속 잊으시면 안 됩니다. 그럼, 저 장인어른 믿듯이 장모님 믿고 가 보겠습니다. 장모님, 눈앞만 보지 마시고 멀리 내다보십시오. 멀리 장래를 내다보시면 저 그렇게 형편없는 놈 아니거든요. 저, 크게 될 겁니다. 장모님, 부탁드립니다."
 공손하게 절을 하고 김 서기는 물러나왔다. 그렇게 오래도록 마음속에 품고 있다가 터뜨리고 돌아오니 맥이 빠졌다. 그날은 밥맛이 어땠는

144 마음의 물결

지 잠을 어떻게 잤는지도 알 수가 없었다.

출근을 했다가 슬그머니 사무실을 빠져나온 그는 다시 장래의 처가로 보무도 당당히 어깨를 펴고 찾아갔다. 마음속이야 초조하든 어떻든 일단은 자신만만하게 보여야 일이 성사될 듯싶었다. 물론 당사자는 출근해서 없고 예비 장모님이 착잡한 표정으로 그를 맞는데 태도가 어제와는 상당히 달라져 있었다. 어제처럼 어디서 굴러먹던 말뼉다귀 같은 녀석이 감히 내 딸을 넘보냐는 식의 노여움이 사라진 것이다.

그런데 표정이 밝지는 않았다. 가족회의를 했는데 본인보다 동생들이 난리라는 것이다. 그 광경이 눈에 선했다. 아마 '우리 이쁜 누나를 그 짜리몽땅하고 성질도 개 같은 똥자루 서기에게 보낼 수가 있느냐, 절대 안 된다.'라고 했을 것이다. 안 봐도 알 것 같았다. 하지만 철없는 동생들이야 결정권을 가진 이들이 아니었다.

"장모님하고 장인어른께서는 어떠신데요?"

"우리는 일단 한번 선은 보고 싶지."

"본인은요?"

"본인이야 당장 택방을 짓자는 것도 아니고 선 보는 거니까 부모 말 따르겠대."

"그럼 그날 만나는 걸로 하겠습니다."

김 서기는 얼른 일어섰다. 마음이 여간 바쁜 것이 아니었다. 허겁지겁 사무실로 돌아와 누나네 전화번호를 돌리자 다행히 누나가 직접 받았다. 천지개벽을 해도 토요일인 내일 선을 봐야 한다고 하니 누나가 질겁을 했다.

"아니 얘, 무슨 선을 그렇게 갑자기 봐? 너 시고 쳤니? 나 약속 있단 말야."

"누나, 하나밖에 없는 동생 평생이 걸린 문제유. 무슨 약속인지 모르지만 누나가 시간 안 되면 그냥 어머니한테 데리고 내려갈 거니까 알아서 하라구."

"알았다 알았어. 약속을 물리던지 해야지 뭐. 근데 너 그 성질 고쳐. 개도 안 물어 갈 그 급한 성질을 좋다고 할 여자가 세상천지에는 없어."

누나의 군소리가 길어지기 전에 김 서기는 어린이대공원 앞에 있는 금잔디 다방으로 한 시까지 나오라고 하고는 수화기를 내려놓았다.

저승에 가도 못 잊을 금잔디 다방은 들어가 보니, 하필이면 사방이 쾅쾅 울리는 특수 음향 시설이 되어 있는 음악다방이었다. 아는 다방이라곤 거기밖에 없어서 무심히 정했던 것이 그 모양이었다. 음악 중에도 '오! 캐럴'을 비롯해 소란스러운 팝송만 귀청을 때렸다. 그것도 볼륨이 높아서 도무지 얘기를 나눌 수가 없었다. 악을 써야 한 마디 들릴까 말까였다.

겨우 장모님과 누님이 수인사를 나누고, 아가씨는 김 서기가 뭘 물으면 들리지 않는다는 표정으로 아무 말도 안 했다. 준성은 아가씨가 아무 말을 안 해도 그렇게 예쁠 수가 없었다. 꽃무늬 원피스를 입은 다소곳한 모습이 동네에서 보던 것보다 몇 배 더 예뻤다. 김 서기는 없는 신사복을 빌려 입는 것도 창피하다 싶어서 평소 입던 잠바를 그대로 입었으니, 남 보기에도 어울리는 한 쌍은 아니었다. 장모님하고 누나가 정장을 하고 머리도 만져서 그런 대로 격이 같아 보이는 것이 그나마 다행이었다.

"시끄러우니까 나가서 우선 점심이나 먹읍시다."

누나가 그를 쿡쿡 찔러서 그들은 일단 다방을 나왔다. 그런데 약속을 얻어 내기에만 급급했지 점심을 어디서 무엇을 먹을 것인지 생각해 두지 않아서 그들은 무작정 걸어야 했다. 하필이면 주변에 보이는 식당은 보신탕집 아니면 기사식당이었다.

"야, 넌 어떻게 식당도 안 봐 놓고 이렇게 끌고 다니니? 깨진다 깨

져."

누나가 입속말로 핀잔을 주었다. 다급한 김에 깨끗해 보이는 데로 들어갔는데 순댓국집이다. 다시 나와서 또 한참을 걷다가 허름한 설렁탕집으로 들어갔다. 선택의 여지가 없었다.

밥이 나오자 장모님과 누나는 시장이 반찬이라 부지런히 수저질을 했는데 이 처녀는 고기는 다 건져 놓고 국물만 조금 먹는 시늉을 했다. 김서기는 자기 밥을 다 먹었건만 양이 안 찼다. 아가씨의 밥은 반이 더 남았다.

"밥, 이거 남는 겁니까?"

"예."

"그럼 제가 먹겠습니다."

남은 밥을 가져다 깨끗이 비우는데 누나는 옆구리를 꼬집어 대고 장모는 먹성 좋다는 눈길이고 처녀는 인간이 주책없다 싶은지 눈길도 주지 않았다. 그러나 당장은 아가씨의 마음에 드는 것보다 장모님의 눈에 드는 것이 더 중요했다. 장모님의 마음에 들면 아가씨가 넘어오는 것은 시간문제인 것이다.

장모님과 누나가 먼저 들어가고 두 젊은 남녀는 어린이대공원으로 들어갔다. 풋풋한 나무냄새가 싱그러웠다. 준성은 산책을 하면서 얘기를 나누자고 했는데 아가씨는 거의 말이 없었다.

결혼한다면 어떤 사람하고 하고 싶냐고 물어도 대답이 없었다.

공무원하고 할 생각은 있느냐? 끄덕.

나 같은 사람한테 올 생각은 있느냐? 아니라는 고갯짓.

내 이야기는 들어줄 수 있겠냐? 끄덕.

'대체 이 여자의 마음을 어떻게 열어야 하나?' 준성은 진땀을 흘리면서 혼자 떠드는데 아가씨가 한 첫 말은 다리가 아프다는 것이었다.

그들은 파라솔을 쓰고 벚나무 아래 벤치에 앉았다. 아가씨가 비로소 입을 열었다. 직업만 괜찮고 다 마음에 안 든단다. 우선 키가 164cm는 곤란하고 적어도 170cm는 되어야 한다는 것이다.

"얼굴은 괜찮지 않습니까? 이 얼굴에 키만 늘리면 되니까 170cm라고 생각하면 안 될 것도 없을 것 같은데. 평생 서서 키만 바라보면서 사는 것도 아니겠고……. 사실 누워서 잠자고, 앉아서 사무 보고, 밥 먹고, 얘기하고, 텔레비전 보고, 윷놀이도 하고, 장기도 두고…… 서 있는 시간이야 얼마 안 되는 거 아닙니까?"

"그 이죽거리는 성격도 마음에 안 들어요."

"천방지축이죠? 저도 제 성격 되게 마음에 안 듭니다. 그래서 마음에 안 드는 성격을 고치기 위해서도 희진 씨가 절대적으로 필요합니다. 희진 씨하고 결혼해서 살아가자면, 이 성격 안 고치고는 뼈도 못 추릴테니까. 맞죠?"

"너무 그렇게 자신만만한 것도 마음에 안 들어요."

"참 불공평하다. 저는 희진 씨의 모든 게 마음에 드는데 희진 씨는 저의 모든 게 마음에 안 든다? 이건 보통 억울한 일이 아닌데…… 이렇게 해보는 건 어떻겠습니까? 제가 그렇게 끝까지 희진 씨 마음에 안 드는 것만 가진 사람인지, 희진 씨 마음에 드는 게 하나라도 있는지 확인할 기회를 가져 보는 게 공평하지 않겠습니까?"

어이가 없는지 아가씨가 실소를 했다. 그는 대충 지나온 얘기를 하고 앞으로의 계획도 털어놓았다. 고교 재학 중 공무원 시험에 합격해 졸업과 동시에 발령을 받았으므로 대학은 이제 방송통신대학 행정학과 2학년인데 학사과정 마치면 대학원 가서 석사, 박사 다 할 것이며 원한다면 20년 안에 '교수 사모님' 소리를 듣게 해주겠다고.

그러자 아가씨가 또랑또랑하게 말하며 웃음을 터뜨렸다.

"상상력이 풍부해서 평생 심심하지는 않겠네요."

그 웃음이 그의 마음에 물결을 만들며 그를 파도치게 했다.

"상상만이 아니고, 10년 안에 푸른 잔디가 깔린 그림 같은 집은 아닐지 몰라도 번듯한 집 안주인이 되게 해줄 겁니다. 상상이 아니고 사실입니다."

"그건 그럴 수 있을 거 같은데요."

이게 결혼이 성사되고 있다는 말인지 아닌지 준성은 알 수가 없었다. 어찌 보면 가능성이 있는 것 같기도 하고 아닌 것 같기도 했다. 표정이나 태도를 보아서는 아가씨가 그에게 호감을 가지고 있음이 분명한데 입을 열어 하는 말은 부정이 더 많은 것이었다.

그는 속이 타는데, 아가씨는 그만 돌아가잔다. 어쩔 수 없이 둘은 택시를 탔는데 택시가 김 서기의 자취방을 지나서 아가씨의 집으로 가게 되었다.

"이왕 여기까지 왔으니 내려서 나 사는 거 보고 가시지 않겠습니까?"

준성은 그냥 가면 날 새는 것이고 보고 가면 희망이 있다고 생각했는데, 아가씨가 머뭇머뭇하더니 택시에서 내렸다.

집안 꼴이 오죽하랴. 아침에 출근할 때만 해도 준성은 아가씨를 자취방까지 데리고 오리라는 것은 상상도 할 수 없었기 때문에 집안은 전혀 신경을 쓰지 못했다. 창피함을 무릅쓰고 김 서기는 사람 사는 집이라고 들어오라며 손을 잡고 아가씨를 끌어들였다. 철제 침대와 책상, 책 외에 아무 것도 없는 방은 퀴퀴한 총각냄새로 가득 차 있었다.

"내, 현재는 이 모양이지만 영원히 이렇게 살지 않으려고 당신을 만난 겁니다. 아까 얘기가 결코 상상만은 아니에요. 반드시 이루어 낼 내 계획입니다. 나는 합니다."

"알아요. 뭐든지 마음먹으면 하는 사람이라고, 심지가 굳은 사람이라고 아버지가 그러셨으니까 맞을 거예요. 아버지가 사람 보시는 거 정확하거든요."

그 순간이었다. 피식 웃으면서 침대에 걸터앉는 모습이 너무 예뻐서 김 서기는 자기도 모르게 아가씨의 귀를 잡고 뽀뽀를 했다. 바로 처음 만난 그날.

물론 희진은 엉겁결에 뽀뽀를 당했지만 있는 힘을 다해 걷어차는 바람에 김 서기는 벌렁 자빠져버렸다.

"어떻게 이럴 수가 있어요? 성의가 고마워서 잠깐 들려준 건데 내가 잘못 생각한 거 같아. 불한당 같으니라구."

화를 불 같이 내면서 희진은 간다고 아우성이었다. 그는 느긋이 한 마디 했다.

"가는 건 좋은데 입술이나 고치고 가."

얼굴이 새빨개져서 어쩔 줄 모르는 희진을 달래 화장을 고치게 하고 바래다주며 그는 여자의 귀에 속삭였다.

"오늘 우린 서로의 마음에 도장을 찍은 거야."

바람이 둘 사이로 감겨들었다.

제15장
새 가정

　그 해 여름, 준성은 어지간히 땀을 흘렸다. 스물여섯 해를 살아오는 동안 그렇게 애간장을 녹이며 진땀을 뽑은 적이 없었다. 악바리 꼬마 시절에도, 앵벌이로 공돌이로 떠돌던 시절에도, 또한 생인발을 앓으며 먼지를 먹고 살던 시절에도 그렇게까지 곤혹스럽지는 않았다. 희진 때문이었다.
　그는 처음 만난 날 도장까지 찍었으므로 일은 다 된 것이나 다름없으려니 하고 낙관했다. 그런데 본격적인 데이트를 하기 위해 전화를 했을 때 수화기에서는 "누구시라구요? 저는 그런 분 모릅니다." 하고 냉랭하기가 서릿발 같은 목소리만 계속되었던 것이다.
　대체 이게 무슨 날벼락이란 말인가. 그는 다시 전화를 걸었다.
　"아니, 이거 봐요. 희진 씨, 나…… 나라구요, 김준성."
　"아, 예. 저는 그런 분께 용무가 없습니다."
　"뭐라구? 하여튼 일단 만납시다."
　"만날 필요조차 없습니다."

전화로는 도저히 안 되겠다 싶어 그는 직접 희진을 찾아갔다. 희진은 그를 처음 보는 사람 대하듯 했다.

"도대체 이러는 이유가 뭔데? 도장까지 찍어 놓고 왜 이러는 거야?"

"상대를 존중할 줄 모르고 완력이나 쓰는 치한에겐 흥미 없어요. 옛날이라면 그런 일방적 도장 따위가 효력이 있을지 몰라도 저는 아니에요. 나한테는 도장이 아니라 봉변이니까 도저히 용서할 수 없어. 그건 내 신뢰를 배반한 거야."

희진의 태도는 완강했다. 좀 뾰로통한 정도가 아니었다. 그러나 준성이 누구인가. 그 난관을 헤치며 살아온 그가 이쯤에서 주저앉을 리 만무하다. 그는 희진에게 열 번, 아니 다섯 번만 만나보고 그래도 아니라면 깨끗이 끝내자고 제안했다. 희진은 대답을 하지 않았다.

"너무한 거 아냐? 오다 가다 만난 것도 아니고 양가 어른들 모시고 만난 사인데 적어도 서로 어떤 사람인지 알아볼 기회는 가져야 하잖아? 순서 약간 앞당긴 거 가지고 이러는 건 경우가 아니지."

"뭐가 어째요? 순서 약간 앞당긴 거? 순서가 얼마나 중요한지를 몰라요? 어른이 하는 짓을 아이 때 하면 문제아고, 운전 먼저 하고 면허 나중에 따면 범법자예요. 사람 살아가는 데 순서가 얼마나 중요한지 몰라요?"

말로는 희진을 당할 재주가 없었다. 일 년 가까이 혼자 속앓이를 하다가 처음 만난 날 순서를 좀 앞당긴 입술 도장 사건은, 실은 준성 혼자만의 생각이 아니었다.

또래의 젊은이들에게 가장 큰 관심사는 이성교제이고 마음에 드는 여자와 빨리 가까워지는 방법에 대해서는 저마다 의견들이 분분했다. 만나자마자 도장 찍는 것으로, 콧대가 하늘을 찌르던 여대생을 마누라로 삼았다고 항상 자랑을 늘어놓은 것은 군 시절의 상사였다.

152 마음의 물결

준성에게는 그 방법이 꽤 그럴 듯하게 들렸고, 꼭 모방을 한 것은 아니지만 한시라도 빨리 희진의 마음을 사로잡고 싶었던 것이다. 그런데 희진은 준성을 치한으로 몰아붙이며 상대조차 하지 않으려고 했다. 다른 여자들에게는 통하는 방법이 희진에게는 통하지 않았던 것이다.

이렇게 희진을 놓쳐버리고 말면 어쩌나. 희진을 놓치고도 살 수 있을까. 할 수만 있다면 그는 시계바늘을 그날로 돌리고 싶었다. 그렇게 된다면 그는 그처럼 우격다짐으로 도장을 찍지 않고 예의 바르게 차를 끊여 주며 희진과 진지한 대화를 할 것이다. 함께 음악을 들어도 좋을 것이다. 그렇다고 그것이 그토록 무시무시하게 화를 낼 일일까. 준성은 인내력을 발휘해 화가 가라앉을 만큼 기다려도 보고 어르고 달래기도 하고 통사정하듯 빌기도 했지만, 한 번 얼어붙은 희진의 마음은 녹을 낌새조차 보이지 않았다.

그러는 사이 더위가 가시면서 무덥던 계절이 바뀌었고 신문은 축소된 부마항쟁 소식으로 한창 얼룩져 있었다. 포기나 좌절을 모르던 준성도 이제는 '안 되면 어쩔 수 없는 거지. 아마도 연분이 아닌가 보다.' 하며 반쯤 체념하는 심정으로 성당 기도회에 참석하곤 했다.

유신 막바지였던 그 무렵, 성당에선 시국을 위한 기도회며 함평 고구마 사건에 이은 오원춘 사건으로 추방 위기에 놓인 두봉 주교를 위한 기도회 등이 자주 열리고 있었다.

가을은 눈이 부시게 찬란하고 슬펐다. 영랑 시인은 봄을 찬란한 슬픔의 계절이라고 했는데 그에게는 가을이 찬란하도록 슬퍼 보였다. 나무 잎새들이 하루가 다르게 가을 물을 머금어 홍엽이 되어가고 하늘은 마냥 푸르렀다. 공중을 나는 잠자리 떼의 날갯짓, 길섶에서 바람 따라 나부끼는 코스모스의 하염없는 몸짓이 그리도 가련해 보일 수가 없었.

준성은 결심을 굳혔다. '아마도 평생 희진을 잊을 수는 없겠지만 그

제15장 새 가정

를 세상에 존재하게 해주신 분이 허락하지 않으신다면 사내 대장부가 더 이상 구차하게 매달리지 말고 의연하게 보내 주리라. 도저히 그럴 수 없는 마음이지만 희진이 끝까지 준성을 막돼먹은 불한당이나 치한으로 여긴다면 더 이상 애걸복걸하지 않으리라.' 그렇게 마음을 정하고 준성은 수화기를 들었다. 열 번 찍어 안 넘어가는 나무가 없다지만 희진은 백 번을 찍어도 끄떡도 하지 않으리라 싶었던 것이다.

"김준성입니다. 오늘 마지막으로 전화를 걸었습니다. 이제 더는…….'

그가 더는 귀찮게 하지 않겠다는 마지막 통고를 하려는데 희진이 말을 잘랐다.

"우리, 오늘 만나요."

준성은 귀를 의심했다. 나긋나긋하기가 봄 햇살 같은, 언제 들어본 목소리인가 싶은 그 음성이었다. 서릿발 같던 냉랭함이 가시니 희진은 그리 부드러울 수가 없었다.

그는 어리둥절한 채 약속장소로 나갔다. 꿈인지 생시인지 분간이 안 될 만큼 속이 진정되지 않는데 희진은 생글생글 웃으며 그를 반겼다. 준성은 이 여자가 정말 그렇게 얼음장 같은 목소리로 사람 애간장을 녹이던 장본인인가 싶었다.

"총칼로 흥한 사람은 반드시 총칼로 망한다더니 어떻게 심복 중의 심복에게 살해를 당할 수가 있죠? 인생무상이라는 말 무심히 들었는데 너무 실감나지 않아요? 대통령이 시해당한 거하고 우리가 만나는 거하고 상관은 없지만, 인생을 허송하지 말자, 그런 생각이 들었어요. 단, 앞으로 일방통행만 안 한다면."

그는 지금도 이해할 수 없지만, 아무튼 옥신각신하던 희진과의 갈등은 엉뚱하게도 너무나 충격적이었던 대통령 시해사건이 풀어 준 셈이었다. 누구나 그랬듯이 준성 역시 독재정권의 말로가 이런 것이구나 하며

경악하고 있었는데, 그 일이 희진의 꽁꽁 얼었던 마음에 인생을 허송하지 말자는 각성을 주었다면, 그에게는 난데없는 행운인 셈이었다.

어떻든 어깨가 늘어졌던 준성은 천하를 얻은 듯 희색이 만면해졌고 둘은 틈만 있으면 만났다. 그 즈음 모든 젊은이들이 그랬듯이 준성과 희진도 권력에 대한 화제로 대화가 분분하곤 했다. 인간이 가진 욕망 중에 가장 강해서 나중에는 분별조차 흐려지는 권력욕, 죽어야만 끝이 나는 무한의 권세욕을 남자들은 기본적으로 타고난다니, 남자 아닌 여자로 태어난 것이 얼마나 다행이냐고 희진은 조잘거렸다.

그 해 가을에는 시국이 혼란스러운 만큼 경찰공무원인 형이나 서울시 공무원인 그나 언제 비상이 걸릴지 모르는 상황이었다. 그런데 그 와중에도 시골에서는 자꾸 한번 다녀가라는 기별이 오곤 했다. 필경 장가가라는 말이겠거니 싶어 그는 회심의 미소를 지었다. 당장 못 내려가도 나중에 희진을 데리고 내려가면 어머니와 형은 두말이 없을 것이었다.

희진과의 열애는 순조롭게 무르익어 갔고 장모님은 날짜를 잡아 왔다. 2월 24일이 길일이라는 것이다. 혼인의 가장 중요한 준비는 희진의 영세여서 준성은 서둘러 예비자 교리반에 그를 등록시켰다.

"나한테는 종교의 자유도 없다는 거예요? 물어 보지도 않고 무조건 다녀라 하면 내가 순순히 다닐 줄 알았어요?"

희진의 성깔에 혼이 난 준성은 속이 뜨끔했지만, 이 일이야말로 한 치도 양보할 수 없는 문제라는 생각에서 버럭 소리를 질렀다.

"순순히 안 다니면 어쩔 건데? 아마 나중엔 나하고 혼인하는 것보다 가톨릭 신자 된 걸 더 고마워할걸? 강요는 안 할 테니까 혼인하겠으면 다니고 알아서 하라구. 난 무슨 일이 있어도 신자 아닌 사람하고는 예식장 안 갈 거니까."

등록을 시켜 주고 준성을 일부러 모른 척했다. 희진은 이 독선적인 남자에게 언제 무슨 일을 당할지 모른다는 생각에선지 수긋하게 나오는 적이 별로 없었다. 그러나 그의 짐작은 맞아떨어져서 희진은 교리공부에 맛을 들이기 시작했고 여간 열심히 하는 것이 아니었다. 그러는 사이 날짜가 정해졌고 준성은 희진과 함께 서산에 내려갔다.

"어머니, 되렌님 오셔유. 그렇게 한번 다녀가시래두 감감소식이더니 어떻게 소식도 없이 오신대유?"

형수가 반색을 하다가 희진을 보고는 뜨악해한다.

"형수님이야, 인사 드려. 형수님, 형수님 동서 될 사람입니다."

"예? 아, 예. 어서 올라가세유."

어머니는 아들의 얼굴과 손, 어깨, 목, 등과 몸을 샅샅이 만져 보고는 희진의 얼굴도 만져 보자고 했다. 어머니에겐 손끝 감촉이 시각을 대신하고 있었다.

"곱구나. 곱기도 해라. 입술도 도톰하니 복스럽게 생겼구나. 잘 왔다, 아가."

어머니는 희진의 손을 놓을 줄 몰랐.

늦은 점심 겸 이른 저녁 겸 형수가 차려 내는 밥상을 물릴 즈음, 형수가 눈을 깜박깜박하면서 준성을 불러냈다.

"되렌님, 상의도 없이 일을 벌이시면 어떡해유? 저 색시하고 결혼할 약조를 확실하게 한 거여유?"

"날짜까지 잡았습니다. 2월 24일이니까 어머니 모시고 올라오세요."

"어쩌면 좋아, 이 일을?"

"아니, 뭔 일이 있습니까?"

"있다마다유. 고모 편에 수 차례 연락을 보냈잖어유? 여기 군수 딸이 출중하다고 소문난 처잔데, 형님이 혼담을 성사시켰구만유. 둘이 선만 보면 금방이라도 날 잡자고 집안끼리는 얘기가 다 됐어유."

그러고 보니 언젠가 생전 전화라고는 한 번도 안 하는 형님이 전화를 해서 인륜지대사니까 만사 제쳐 두고 내려오라던 일이 생각났다. 또 누님 편에 몇 차례 기별이 오기도 했다. 그러나 희진의 마음을 돌리기 위해 혼이 빠질 만큼 애를 먹은 준성에게 그 얘기들이 제대로 들리지 않았던 것이다. 형님이 이곳 지서장이었으므로 서울에서 학교를 다녔다는 군수 딸과 얘기가 오고 간 모양이었다.

형수님이 땅이 꺼지게 한숨을 쉬며 어쩌면 좋으냐고 성화를 하는 바람에 준성도 좀 난처하기는 했다. 그러나 형님이 돌아오신 후, 그는 태도를 분명히 했다.

"형님 생각을 전혀 몰랐고, 또 알았다고 하더라도 저 사람 말고 제 배필은 있을 수 없다는 생각입니다. 당사자 말을 안 들어보고 어른들끼리 하신 말씀이니 없던 일로 해주시지요."

"네 형이 허수아비냐? 어떻게 형한테 한 마디 상의도 없이 혼사를 정하고 날을 잡냐?"

형님이 벼락같이 고함을 쳤다. 안방까지 그 소리가 들릴까 봐 준성은 애가 탔다.

"저 사람 놓칠까 봐 급해 상의드릴 겨를이 없었습니다. 여러 가지로 저한테는 과분한 사람이라 어려웠습니다."

"그래도 임마, 인륜지대사야. 일가창립이 결혼이란 말이다. 네가 천애고아냐? 내려올 시간이 없으면 전화로라도 얘기는 할 수 있는 거 아냐?"

그는 형에게 백배사죄했다. 그동안 고아처럼 살다 보니 당연히 상의드려야 할 절차조차 소홀하게 되었음을 그 자신도 인정하지 않을 수 없었다.

"결혼을 하든 말든 맘대로 해라. 난 안 갈 테니까."

형님의 고집 또한 만만치 않았다. 더욱이 서너 살 차이도 아니고 자그마치 16년이 위인 거의 부모 같은 형님이었다. 그러나 형님도 살기가 팍팍해서 어린 동생 하나 제대로 돌보지 못한 면목 없음 때문에 말은 그렇게 해도 안 올라오시지는 않을 거라고 준성은 헤아렸다.
"비용이 만만치 않을 텐데 대책은 있냐?"
"예, 걱정하지 않으셔도 됩니다."
그는 자신만만하게 대답했다. 이미 예산이 끝나 있었던 것이다.
그러나 그의 결혼 예산은 장모님의 입을 딱 벌어지게 했다.
"혼수는 필요없고, 70만 원 융자신청을 했습니다. 전세금 50만 원 뽑으면 전 재산이 120만 원이니까 그걸로 방 얻고, 제반 비용하면 됩니다."
"아니, 120 가지고도 빠듯할 텐데 그걸로 방을 얻고 패물 비용, 예식장 비용 다 한다고? 자네 농담하나? 우리 바깥양반이 장손이고 그 애가 맏이니 우리는 개혼일세. 검소하고 간략하게 하는 데도 정도가 있지."
"장모님, 장인어른께서 그런 것에 가치를 두었으면 저를 택하셨겠습니까? 전기제품 다 필요없고 이불, 요, 옷 한두 가지면 됩니다."
"결혼식 생략하자는 말 안 나오는 걸 다행으로 알라는 투로구면."
"인륜지대사인데 혼인예식을 생략할 수는 없죠. 제가 계산을 해 봤는데 방을 좀 줄이면 꽤 괜찮게 예식을 올릴 수 있습니다."
"꽤 괜찮은 예식이 어떤 건데? 아무튼 알았으니 나한테 맡기게. 방은 줄일 게 아니라 늘려야겠고 수수하게 올리면 그리 돈이 많이 들지도 않을 테니까 나한테 맡겨 둬."
"그건 안 됩니다, 장모님. 저, 형님 도움도 일체 안 받기로 했습니다. 저희 둘이 새 가정을 세우는 건데 저희들의 힘으로 출발하게 해주십쇼. 나중에 필요하면 그때 말씀드리겠습니다. 가능하면 그런 일 없게 사는

게 옳은 일이고요. 저희 힘으로 할 수 있는데 도움을 받으면 의존심 생기고 안 될 일입니다. 그러니 장모님께선 그저 지켜보아 주십시오."

장모님은 한 귀로 듣고 한 귀로 흘리는 눈치였다. 그러나 그의 결심은 단호했다. '혼자 힘으로 지금까지 살아왔는데 아내를 맞이하면서, 형의 말마따나 일가창립을 하면서 도움을 받는 건 김준성이 아니다. 아무 것도 없다면 모르지만 충분히 예식비 지출하고 방을 얻을 수 있는 형편 아닌가.' 희진 역시 그의 의견에 대찬성이었고 장인어른은 안타까우면서도 대견한 모양이었다. 말끝마다 우리 사위하고 딸은 부모가 한 푼도 안 보태고 저희들이 번 것으로 그 범위 안에서 모든 것을 했다고 만나는 사람마다 붙잡고 자랑이었다.

혼배미사는 그럴 수 없이 경건했다. 웨딩드레스를 입은 희진은 하늘에서 내려온 듯 순결하게 아름다웠고, 예복을 갖춰 입은 신랑은 키가 자그마할 뿐 우뚝한 콧날과 준수한 용모가 한층 돋보였다. 김 서기가 저렇게 미끈한 미남인 줄 몰랐다는 말을 동료직원들은 예사로 했다.

어쩔 수 없이 그의 신혼은 소꿉장난처럼 시작되었다. 혼자 자취를 하던 방보다 더 작은 방으로 이사를 해서 신혼부부는 돌아눕기도 어려운 공간에서 칼잠을 자야 했다.

"장롱이 커서 방 차지를 더 하잖아. 작은 걸 사라니까."

"이 장롱 큰 거 아녜요. 그리고 공간이 이 정도면 우리 둘 몸에 딱 맞춘 거 같잖아. 난 좋은데, 좁아요?"

"아니, 나도 좋아."

칼잠이 아니라 서서 자라고 해도 둘이 같이 있을 수만 있다면 무엇이 문제랴. 어쩌면 방이 좁아서 그들의 신혼은 더 달콤했는지도 모른다.

혼인하고 첫 월급날, 14만 원을 받아 융자금 7만 원 불입하고 그는 3만 원을 내놓았다.

"지금부터 생활비는 이 한도 안에서 해결해. 나머지는 융자 갚고 저축해야 하니까. 단 밥 투정, 반찬 투정 안 할 테니 굶기지만 말라고. 또 하나, 처갓집 가깝다고 들락거리면서 뭐 한 가지라도 들고 오는 날은 끝장이니까 각오하고. 이제부터 우리 삶은 우리 책임이야. 절대로 대신 살아 줄 수 없는 엄혹한 게 삶이니까."

아내는 생글생글 웃었다. 그 웃음의 뜻이 3만 원으로 충분히 살겠다는 것인지 반대의 뜻인지 준성은 알쏭달쏭했다.

제16장

물방울과 물줄기

"한 달 생활비 3만 원이면 적은 거 아니네. 생활보호 대상자가 국가에서 지급받는 생활비가 하루 160원이라든가, 월 4800이니까 그에 비하면 우리는 부유층이네. 건강을 생각해서 하루 한 끼로 사는 사람도 있고, 사흘에 하루씩은 물만 마시는 사람도 있다는데 여러 가지 방법 참고하면서 우리 방법을 찾아야지. 저축도 해야 할 거고 충분할지 부족할지는 모르겠지만 살 수는 있을 것 같애."

생글생글 웃으면서 돈과 남편의 얼굴을 번갈아 바라보던 아내가 농담인지 진담인지 장난스럽게 대꾸했다.

"내 말 건성으로 들으면 안 돼. 그동안 내가 살아봐서 아는데 생활비는 두당 만 원이면 충분해요. 둘이니까 이만 원이면 되는데 신혼이기 때문에 사고 싶은 것도 있을 것 같아 넉넉히 책정한 거라고. 난 합리적인 사람이야. 살 수 없는 걸 살리고는 안 한다는 애기지. 그리고 다시 한번 말해 두는데 내 말 한 마디라도 어기면 그날로 끝장이라는 것만 잊지 말아요."

그가 반말을 하면 아내도 똑 떨어진 반말을 하고 그가 존대를 하면 아내도 그러는 것을 알아챈 후부터 그의 말투는 어정쩡해졌다. '내가 반말한다고 너도 하냐?' 하고 말하고 싶었지만, 희진의 성깔이 얼마나 무시무시한지 충분히 확인한 터라 남자 체면에 눈치를 볼 수는 없고 은근히 신경을 쓰게 되는 것이었다.

어쨌든 마음에 없는 큰소리를 치면서도 그는 속으로 어림 계산을 했다. 한 보름쯤 지나면 아무리 아껴도 돈이 떨어질 것이고 분명 생활비를 더 달라고 하겠지. 그러면 최소한 일이만 원은 더 줘야 살림을 꾸려가리라고 짐작했다. 다만 한꺼번에 주면 아내가 헤프게 쓸까 봐 준성은 거의 불가능한 수준의 초긴축 생활을 강요해 보는 것이었다.

밥상은 생각보다 호사스러웠다. 밥, 김치, 국은 기본이고 나물이나 조림 같은 것이 상에 올랐다. 가만 보니 무국을 끓인 날은 무나물이 소담스럽고, 된장찌개가 올라오는 날은 두부조림이 곁들여졌다. 콩나물국엔 콩나물 무침, 파국엔 파장아찌다. 냉장고를 장만한 후로는 콩나물국에 두부부침, 된장국에 무나물 식으로 한꺼번에 구입한 재료들을 보관하면서 메뉴가 다양해졌지만, 신혼 초엔 한 가지 재료가 아내의 손끝에서 어떻게 변하는지 환히 보였다. 그동안 쌀알 익혀서 소금하고 먹는 식으로 자취생활을 한 준성에게 아내가 차려 주는 밥상은 황홀하기 짝이 없었다.

"이렇게 잘 먹이다가 남은 반달은 쫄쫄 굶기는 거 아냐? 내 사전에 반찬 투정이란 건 없으니까 너무 애쓰지 않아도 되요. 사모님."

"그거 칭찬이에요? 칭찬 말고 나 도깨비 방망이 하나 사줘요. 잡채 재료 나와라 뚝딱, 전유어 재료 나와라 뚝딱. 그래서 별거 별거 다 만들면 환상일 텐데. 난 엄마들이 어떻게 싫증도 안 내고 매일 아침저녁 밥하고 반찬할까, 나도 그럴 수 있을까 자신 없었는데 있지, 나 요리학원 다니고 싶다는 거 아니겠어. 음식 만드는 게 그렇게 재밌는 건 줄 몰랐

거든. 진짜 재료 나오는 방망이만 있으면 만사 오케이인데……"

"설마 반찬값 하겠다고 딴 궁리하는 거 아니지? 아무리 사소한 거라도 나한테 감추거나 속였다가는 국물도 없다는 거 잊지 마. 그리고 나 입 호사 같은 거 취미 없는 놈이니까 반찬은 한 끼에 한 가지면 돼."

"남자가 쪼잔하게 반찬 간섭까지 할 거야? 우리 아버지 말씀이 남자는 집안 살림에 배 놔라 감 놔라 하는 거 아니래. 안사람의 첫째가는 의무는 남자가 집안 일 신경 안 쓰고 직장 일에 충실하도록 뒷바라지 하는 거고. 설마 우리 아버지 딸이 남편 영양실조 걸려서 바깥일 제대로 못하게 하는 건 아니겠지?"

그 시절, 준성은 아내가 진짜 그 새침데기 맞나 싶어서 얼떨떨해지곤 했다. 아내는 바보인지 대책 없는 낙천주의자인지 생전 근심이라곤 모르는 사람 같이 늘 생글거렸다. 보름쯤 지나자 기본이던 김치와 국 중 하나가 빠지고 덤으로 오르던 나물도 없어졌는데 여전히 아내는 생글거렸다.

단무지 하나 달랑 올린 날도 아내는 "여보, 밖에서는 밥보다 반찬들을 골고루 많이 먹어 둬요. 특히 회식 땐 주로 단백질을 골라서 섭취하고. 여성지 보니까 이렇게 사는 것도 나중엔 추억이래." 하고 말했다. 마치 추억을 만들기 위해 일부러 단무지만으로 밥상을 차렸다는 투였다. 아무튼 이 묘한 여자는 기필코 생활비가 모자란다는 말을 하지 않고 한 달을 보냈다.

'옳다. 가능하다. 내가 사람을 잘못 보지 않았구나.'

아내에게 엎드려 절이라도 하고 싶은 신뢰감에 마음을 놓으면서도 준성은 미안하고 안쓰러운 생각이 들었다. 그런데 생활비 모자란다는 말을 결코 하지 않던 아내가 두 달도 되기 전에 여전히 생글생글 웃으며 말을 꺼냈다.

"나, 직장에 나가는 거 신중하게 생각해 봐 줄래요? 지금 세상이 남자 혼자 벌어서 살 수 있을 만큼 녹록하지가 않잖수. 집에서 하는 부업을 알아봤더니 인형 눈 다는 것도 심심풀이 수준이더라고. 회사에 전화해보니까 경력사원 뽑는다는데 이력서를 내볼까 봐. 집이 넓어 청소할 게 많은가, 시부모님 모시느라 세 끼 밥상 차릴 일이 있나, 결혼했다는 이유만으로 집에서 시간 죽이는 건 개인적으로, 사회적으로, 국가적으로 엄청난 낭비고 손실 아니에요?"

생활비 몇 푼 올려 달라는 것이 낫지, 이건 아예 생활전선으로 나가겠다는 얘기였다.

"생활비 모자라서 그러는 거야?"

"꼭 생활비만의 문제가 아니지. 결혼이라는 게 서로를 발전시키면서 함께 살아가는 거지, 꼭 남자가 돈 벌고 여자는 집에 있으라는 법 없잖아. 일이라는 게 경제적인 가치만 가진 거 아니란 건 당신이 더 잘 알거고……. 당신이 그랬잖아. 경제적인 측면만 따진다면 그렇게 어렵게 뒤늦은 공부해서 공무원 할 필요 없었다고. 여자도 온전한 인격체니까 가정은 가정이고, 멀리 보면 일이 꼭 필요하거든."

아내의 말은 틀리지 않았다. 여자도 남자와 똑같은 사람이고 똑같이 교육 받았는데 젊은 나이에 남편 출근시키고 우두커니 시간을 허송하는 것은 바람직한 일이 아니다. 무작정 아내가 집에 있어 주는 것이 좋다는 말을 차마 할 수 없어, 마지못해 알아서 하라고 하면서도 준성은 속이 떨떠름하기 짝이 없었다.

그러나 아내는 꿈을 스스로 접을 수밖에 없게 되었다. 태기가 있었던 것이다. 사람이 살아가면서 얻는 가장 큰 축복은 사랑의 결과로 생명이 탄생하는 일일 것이다. 세상에는 사람들이 어지간히 많고 결혼해서 아기를 가지는 일은 조금도 신기할 것 없이 거의 누구나 거치는 과정이건만, 그 당연한 일이 자신에게 닥치자 준성은 그렇게 신기하고 설레며 행

164 마음의 물결

복할 수가 없었다.

　사실, 그는 가정을 가지면서 사람 사는 행복이 이런 거구나 하고 경탄했다. 물방울 같은 목숨의 남녀가 모여 이룬 가정은 소꿉놀이 같으면서도 사람을 그리 평온하고 안정감 있게 만들 수가 없었다. 집에서 아내가 기다린다는 조그만 일이 그리도 은밀한 충족감을 주는 것이었다. 아내는 그를 정성을 다해 보살펴 주고 그의 관심사에 가장 큰 관심을 보여주었다. 그가 기뻐할 일, 좋아할 일, 맛나게 먹을 음식 같은 것에 갖은 수고를 마다하지 않고 전력투구하면서 세심하게 마음을 써 주는 아내가 준성은 그렇게 미덥고 든든할 수가 없었다. 아내와 함께 주일미사에 가면 그는 거의 저절로 과분한 은총을 주셔서 감사하다는 기도를 드리곤 했다. 그의 거칠던 성격은 많이 부드러워졌고 동료들은 장가가더니 얼굴까지 달라졌다고 그를 놀렸다. 총각 땐 뭐가 못마땅한지 맨날 인상을 잔뜩 쓰고 있어서 말 한 마디 붙이기가 껄끄러웠는데, 장가가고 나서는 노상 싱글벙글이라는 것이었다.

　그러나 자신의 변화를 스스로 자각한 때는 아내의 잉태 소식 후부터였다. 일을 하다가도 길을 걷다가도 한 아이의 아버지가 된다는 생각을 하면 가슴이 두근두근 방망이질을 하면서 감당하기 어려운 신비감이 그를 감쌌다. 그것은 여태 살아오면서 맛본 생활 속의 크고 작은 기쁨이나 성취감들을 훌쩍 뛰어넘는, 차원이 다른 경외감이었다. 생명에 대해, 인류에 대해, 신에 대해, 인간에 대해, 삶에 대해 다시 생각하지 않을 수 없게 된 것이다.

　직장 어쩌고 하던 아내의 말은 쏙 들어가고 그리도 부지런한 여자가 틈만 나면 낮잠을 잤다. 입덧은 거의 하지 않아서, 다른 사람들은 족발을 사와라, 제철도 아닌 살구를 사와라 하며 남편들을 못살게 군다는데 준성에게는 심심할 정도로 그런 일이 없었다. 원래 떡을 잘 먹어서 친정에서 떡보 소리를 듣곤 했는데 임신한 후에도 여전히 떡을 잘 먹었으며, 달라진 것이 있다면 평소 고기를 안 먹던 사람이 고기를 곧잘 먹는다는 정도였다.

그 대신 아내는 엄청 잤다. 아내가 늦잠을 자는 바람에 덩달아 늦게 일어난 준성이 아침을 굶고 출근했다가 퇴근해 돌아와 보면, 한밤중처럼 자고 있기가 예사였다.

"워낙 잠이 없더니 여태 남보다 덜 잔 잠을 한꺼번에 다 자는 모양일세. 우리가 보기엔 밤낮 없이 자는 것 같은데, 제 딴에는 빨래를 하거나 시장을 보거나 좀 움직이면 그리 잠이 쏟아진다는데 이상한 건 아니라는군. 그렇게 자는 임산부들이 있대."

검진을 하러 병원에 함께 다녀온 장모의 설명을 듣고서야 준성도 마음을 놓았다.

1980년의 여름은 덥기는커녕 등줄기가 서늘했다고 회고하는 사람들이 있다. 그 화사한 5월에 발생한 광주항쟁의 비극이 더위 따위를 느낄 수 없는 전율 속에 지나갔기 때문이다. 신문이나 방송은 국가전복의 음모를 꾀하는 불순분자들과 폭도들이 광주에 숨어들어 폭동을 일으켜서 군대가 진압을 했다고 보도하는데, 성당에 가서 듣는 소식은 달랐다. 광주에 연고를 가진 이웃들의 입에서 입으로 건네지는 소식 역시 성당을 통해 듣는 소식과 맥락을 같이했다. 한 나라의 군대가 보호해야 할 국민들에게 오히려 무차별 총질을 하고 한 도시를 파괴하는, 어떤 무엇으로도 이해나 설명이 불가능한, 있어서도 안 되고 있을 수도 없는 비극이 발생했던 것이다.

그에게 있어서 1980년은 단무지뿐인 밥상과 돌아눕기도 어려운 칼잠의, 극기에 가까운 생활 속에 식구가 늘게 된다는 희망찬 것이었지만, 그 역시 시대의 어둠을 벗어날 수는 없었다. 서민들과 한가지로 신혼 내

외는 공포와 경악 속에 숨죽인 채, 아내의 불러오는 뱃속에서 태동을 보내는 새 생명의 신비감으로 가슴을 쓸어 내리곤 했다.

어떻게 아기가 그렇게 순하게 서느냐고, 입덧도 안하고 만삭이 된 사람은 처음 본다고 이웃의 부러움을 산 아내는 출산도 지극히 순산이었다. 아들이었다. 천하를 얻은 기분이란 이런 것일까. 그는 세상을 다 얻은 느낌이었고 두 개의 물방울이 모여 이룬 가정이 마침내 물줄기가 되어 흐르기 시작한 느낌이었다. 사랑이란 바로 물방울 같은 목숨들이 모여 물줄기를 이루는 것이 아니던가.

그러나 식구가 늘게 되었다고 해서 극기에 가까운 내핍 생활이 달라진 것은 아니었다. 그는 어른 두 명의 생활비가 3만 원이므로 아주 넉넉히 생각해서 생활비를 30% 정도 올리기로 했다. 그로서는 엄청난 선심이었다. 어른도 만 원이면 한 달을 사는데 그 조그만 아들 녀석이 먹어봐야 얼마나 먹겠으며 무슨 돈이 들겠는가 싶었던 것이다. 준성은 아마 이삼천 원이면 되겠지만 워낙 빠듯한 살림이니 그쯤 여유를 부리는 것도 괜찮으리라 싶었다.

그런데 어미의 몸이 부실한 탓인지, 아내는 입덧도 심하지 않고 출산 또한 순산이었는데 정작 중요한 모유가 시원치 않았다. 아기는 자주 보채고 배탈을 앓기도 했다. 백일 전까지는 먹으면 자고 먹으면 자는 것이 아기라는데, 제 엄마 뱃속에서 질리도록 잔 탓인지 아기는 듣기도 안타까운 괴상한 목소리로 자다가도 낑낑거리며 울어댔다. 밤에 하도 아기가 자주 깨어 보채니 어른도 잠을 잘 수가 없었다.

"애가 배가 고파 보채는 것 같아. 딸은 엄마를 닮는다는데 왜 날 안 닮았을까. 아무래도 우유를 같이 먹여야겠어."

거의 매일 들러 아기 목욕도 시켜 주고 기저귀도 빨아 주시는 장모님이 분유와 젖병과 고무젖꼭지와 소독기구 일습을 사오셨다. 우유를 타서 입에 대어주자, 어른 주먹만한 녀석이 그 작은 입으로 꿀꺽꿀꺽 잘도 먹더니 내리 서너 시간 동안 푹 잤다. 아비와 어미가 그 조그만 아기의 배를 곯게 하고는 보챈다고만 했던 것이다. 아기는 모유와 함께 우유를 먹으면서 말 그대로 먹으면 자고 먹으면 잤다. 묽던 똥도 기저귀에 묻지 않고 굴러다닌다 싶을 만큼 예뻐졌다.

 모유와 분유를 섞어 먹이면 대개의 아기들이 모유만 먹으려 하거나 우유만 먹으려 해서 곤란을 당한다는데, 식성 좋은 아빠를 닮아서인지 타고난 효자인지 아기는 힘들 것이 전혀 없었다. 문제는 오로지 분유값이 장난 아니게 비싸다는 사실뿐이었다. 아내는 뭐건 소리 없이 알아서 하는 성격대로 그에게 얘기를 하지 않았고, 그는 우유값에 대한 상식조차 없었다.

 어느 날 우유를 먹이면서 아내가 뜬금없는 말을 했다.
 "강남 형님 말예요. 갈퀴로 돈을 긁어모으시는 것 같아."
 "무슨 소리요?"
 "미장원 말예요. 얼마나 손님이 많은지, 종업원이 여덟 명이나 되는데도 눈코 뜰 새 없이 바쁘고 얼마나 잘 되는지 몰라."
 "전부터 잘 된다는 소리는 들었지만 그 정도야?"
 "예. 근데 나 부탁 하나 들어줘. 안 들어주면 안 돼. 이건 우리 아기 우유값 문제거든."
 "우유값 문제는 뭐고 부탁은 뭔데?"
 "형님한테 얘기해서 나 미용기술 좀 배우게 해 달라구. 미용실 그거 여자 직업으로선 그렇게 좋을 수가 없어. 아이 기르고 살림하면서도 할 수 있고……. 회사는 아이를 남의 손에 맡겨야 하니까 곤란한데 미용실은 그게 아니잖아요."
 당시 누님이 운영하는 미용실은 분점을 낼 정도로 번창했고 아내는

시집식구라곤 서울에 누나뿐이므로 비교적 자주 내왕을 하고 있었다.

그는 짐작하기를 '이 여자가 한동안 말이 없더니 또 나갈 궁리구나.' 싶어 무 자르듯 아이나 잘 기르라고 했다. 조금이라도 빈틈을 보이면 악착같이 달라붙어 자기도 당장 미용실을 하겠다고 나설 수도 있는 아내의 성격을 아는 때문이었다. 그러고도 그는 미심쩍어 전화를 걸었다.

"누나, 우리 집사람이 행여 미용기술 가르쳐 달라고 하면 첫마디에 독하게 잘라야 하우. 그 사람 조금이라도 구석을 보이면 애 안고 다니면서 배운다고 난리칠 거 뻔하니까. 누나가 처음부터 애 데리고는 못 한다고 미용실에 오지도 못하게 하라구."

"왜 그래야 하는데? 취미도 있고 재주도 있고 애 데리고도 할 수 있는데 왜 못하게 해? 너, 여자한테는 괜찮은 직업이다. 그리고 지금 세상은 혼자 벌어서 못 살아."

"글쎄, 안 된다고 하라니까. 그 사람, 애 데리고 그거 못하고 아무튼 내가 안 되니까 무조건 자르라고. 알았지? 아주 심하게 '야, 아이 데리고 와서 뭘 한다고 그래? 방해하지 말고 어서 가.' 그러면서 문전박대 하라고. 아이 데리고 맨날 가면 그거 좋다고 할 손님도 없고, 누나한테나 나한테나 득 될 거 하나도 없다고. 알겠수? 아무튼 누나가 집사람 바람들여 놓으면 내쫓아버릴 거니까 알아서 하라구요."

"원, 살다가 별 희한한 소리 다 듣겠네. 내가 뭐 니가 이러래면 이러고 저러래면 저러니? 내 맘대로 할 테니까 여자들 일에 남자가 쪼잔하게 나서지나 말아."

"누나, 그 사람이 보기하고는 달라. 그 사람, 밖으로 나돌면 나 골치 아프다구. 나를 봐서 딱 잘라 달란 말야, 알았지?"

누나 태도가 수상하긴 해도 하나밖에 없는 동생 말을 안 듣겠는가. 그는 안심했다.

제17장
아내의 직장

"당신 학사 하고 나서도 공부 계속할 거지요? 내가 원하면 교수 사모님 소리 듣게 해준다고 약속했잖아."

미용 기술 배우겠다고 조르던 아내는 그 말이 없어진 대신 고스랑고스랑 뜬금없는 소리를 했다. 누님에게 부탁 아닌 협박을 했던 것이 먹혔구나 싶었지만, 뭔가 살림에 보탬 될 일을 해 보겠다는 갸륵한 아내에게 미안한 것도 사실이었다. 준성이 부드럽게 대꾸했다.

"왜, 미용 디자이너의 꿈을 접고 나니까 교수 사모님 소리가 듣고 싶으셔?"

"그게 아니라 당신 공부 많이 하면 고등학교 과목에 주부 과목을 하나 만들라고."

"주부 과목? 뭔 소리야, 그게?"

"가사, 요리, 기술, 그런 거 말고 말 그대로 주부학을 가르치는 거. 육아와 살림을 총괄하면서 가정운영상 재정결핍이 발생할 땐 어떻게 해야 하는지 반드시 경제 중심으로 가르쳐야 해."

그는 아내의 뜻밖의 화제가 미심쩍긴 했지만 웃어 넘겼다. 뭔가 일을 하고 싶은 마음, 아니 쪼들리는 살림을 극복하는 방법을 생각하다가 나온 소리이겠거니 미루어 짐작했기 때문이다. 그래서 둘이 함께 벌어 물질적으로는 나아도 시간적으로 각박하게 사는 것보다는, 물질적으로는 쪼들리더라도 시간적으로 여유 있게 사는 것이 좋지 않겠냐고, 내가 쪼잔해서가 아니라 사회 생활을 하는 기혼 여성들이 얼마나 안쓰러운지 알기 때문에 그런다고 토닥였다.

아내는 별말 없이 고른 숨소리를 내기 시작했다. 아들 녀석이 자라면서 어지간히 고단한지 아내는 요즘 들어 그보다 일찍 잠이 들곤 했다.

그런데 퇴근하고 돌아오면 아내가 열흘 중 아흐레는 집에 없었다. 처음엔 무심했는데 아내가 집을 비우는 적이 지나치게 많고, 고단해서 절절매는 것도 수상쩍었다. 그러나 아내가 내미는 이유는 그럴 듯했다. 놀이터에 갔다가 시간이 늦었다거나, 시장을 보다가 누구를 만났다거나, 아무개네 집에 놀러 갔었다거나, 애녀석이 바람이 들었는지 밖에 나가자고만 하고 한 번 나가면 도무지 집에 들어오려고 하지 않는다거나……. 그러나 그것도 한두 번이지 준성은 참다못해 아내를 다그쳤다.

"날이면 날마다 대체 어디를 그렇게 돌아다녀? 이래도 되는 거야? 맨날 퇴근하는 남편보다 늦게 들어오는 이유가 뭐냐고?"

"이이는. 나 청각 장애자 아냐. 애기 놀라서 깨겠네. 내 다리 가지고 다니지도 못하우? 저녁밥 준비는 미리 다 해 놓았겠다, 차려서 먹기만 하면 되는데, 늦은 시간도 아니고 뭐가 문젠데? 밖에서 무슨 일 있었수?"

"딴청하지 말아, 이 사람아."

그의 목소리가 벼락같이 높아졌다. 아내도 똑같이 소리를 높여 맞고함을 쳤다.

"누가 딴청을 해? 나도 딴청 아니라구."

"이 여자가 기차 화통을 삶아 먹었나, 왜 악은 쓰고 그래?"

"부창부수니까 당신 목소리 톤에 화음을 맞춰야 하잖수."

남편의 기세가 녹록치 않은 것을 알아채자 아내는 기가 죽은 시늉을 하면서 슬그머니 목소리를 낮추고 나긋나긋해진 말본새로 물었다.

"누나가 얘기한 줄 알았는데, 아무 얘기 못 들었어요?"

"뭔 얘기를?"

"나, 미용 배워요."

"뭐? 내가 가르쳐 주지 말랬는데?"

"그래서 좀 진도가 늦었지. 내가 날이면 날마다 가서 처량하게 앉아 있으니까, 형님 보시기에 불쌍한지 가르쳐 주시더라고. 손님들 한꺼번에 들이닥쳐서 손 모자랄 때는 저절로 보조 노릇도 하게 되고, 꼭 배워야 할 건 사람 없을 때 한두 시간씩 가르쳐 주시고. 애 우유는 사 먹여야 하는데 미용기술 배우는 거 말고는 대책이 안 서."

"누가 우유 사 먹이지 말랬어?"

"이이는? 우유값이 얼만 줄이나 알고 그래요? 한 달에 만 원 가지고는 어림도 없어. 당신 공무원인데 우유값 모자란다고 하면 부정할 거야? 난 내 중한 아들 부정한 돈으로 우유 사 먹이고 싶지는 않네요. 그렇다고 내 남편 부정하라고도 못하겠고. 우리 애기 우유만은 반드시 엄마의 거룩한 땀 값으로 사 먹이고 싶거든. 길게 보아서도 내가 뭔가 할 일이 필요하고."

말이 막힌다. 아내는 고스랑고스랑 장난하듯 설명했다.

"누나가 그러는데 아주 진도가 빠르대. 내가 아마 미용 디자이너 재능을 타고났나 봐. 배운 대로 척척 되니까 배우는 나도 재미있고. 훈이도 거기 가면 사람 많으니까 잘 놀아요. 무작정 안 된다고 하지 말고 발

172 마음의 물결

상의 전환을 해 봐요. 당장은 우유값 때문이지만 조금 더 앞을 내다보면 애 자라는 거 금방이라구. 내가 직업을 가지는 게 아이한테도 당신한테도 또 나한테도 가장 합당한 일이야. 경제적인 이유 말고도 일이라는 건 그 사람의 삶의 질이 가늠되는 가장 중요한 것이잖수. 당신 일하지 않는 사람은 먹지도 말라는 말씀, 모르는 거 아니지?"

그는 입이 열 개라도 할 말이 없었다. 한숨만 나올 뿐이었다. 그렇게 죽을 둥 살 둥 공부해서 얻은 공무원이라는 자리가 돌도 안 된 아이와 아내, 세 식구의 기본적인 생활조차 책임질 수 없을 정도라니……. 특히 우유값 때문에 애 엄마가 직업을 가져야 한다는 것은 얼마나 눈물겨운 일인가.

그는 저축을 줄이고 대학을 잠시 휴학할까 생각해 봤다. 그런데 그것은 아니다 싶다. 근본적인 대책이 될 수 없을 뿐만 아니라, 아내가 일을 하겠다는 의미가 우유값 때문이기는 해도 보다 큰 뜻이 있음을 외면해서는 안 된다는 생각이 들었기 때문이다.

아내는 언제 열을 내며 재잘거렸냐는 듯 금세 새근새근 잠이 들어버렸다. 요즘은 늘 그렇다. 아내는 등이 방바닥에 닿으면 금방 꿈나라였다. 무리가 아니리라. 보통은 아기 한 명 씻기고 먹이고 재우고 놀아 주며 기르는 일만으로도 지치기 일쑤인데, 이 여자는 아이를 등에 매고 아무도 오라 하지 않는 미용실로 출근해서 눈치껏 기술을 배우고, 자청해서 보조 노릇을 하고는 버스에 시달려 돌아오니, 무쇠 몸뚱이인들 고단하지 않을 도리가 있겠는가. 아내의 곯아떨어진 모습을 보니 문득 콧등이 시큰해졌다.

준성은 아내의 꿈을 듣기 전에 이미 마음을 굳혔으나, 아내에게는 그 꿈 때문에 참아 주는 것처럼 고개를 끄덕여 주었다. 아내의 꿈은 젊었을 때 일하고, 아이들이 대화의 상대로 엄마를 필요로 할 무렵에는 가정에 있고 싶다는 것이었다. 아마 자기 적성에는 전업주부가 꼭 알맞는 모양인데 시부모를 모시는 형편도 아니고, 젊을 때 일을 하는 것이 여러모로 가치 있고 유익할 것 같아 작정하고 배운다는 것이다. 그리고 이왕 배우는 만큼, 미용 디자이너로도 실력을 인정받고 싶단다.

준성은 퇴근길이면 집으로 가는 대신 누나네 미용실 쪽으로 향하곤 했다. 미용실까지 가지는 않아도 대체로 버스 정류장에서 만나거나, 좀 늦는 날은 동네 버스 정류장에서 아내를 기다려 같이 돌아오곤 했다. 자신이 무능하다는 생각도 들고 아내가 딱하기도 했지만, 아내의 말대로 발상의 전환을 시도하며 생각의 지평을 넓혀 보려고 나름대로 애썼다.

그렇게 몇 개월이 지나가고 아들 녀석은 엉금엉금 기다가 따로 서더니 비척비척 걷기 시작했다. 손에 잡히는 것은 무엇이고 잡아당기는 바람에 녀석의 손이 닿을 만한 공간에는 아무 것도 놓아둘 수가 없었다. 아무리 어린애지만 너무 극성스러운 것 아니냐고, 버릇을 가르쳐야 한다고 하자, 아내는 지능이 높은 아이들이 호기심이 많아서 잠시도 가만히 있지 않고 말썽을 부리는 것이라며 싸고 돌았다. 그러면서 아내는 아무래도 이사를 하는 것이 어떻겠냐고 준성에게 물었다.

"갑자기 이사라니 무슨 소리야? 집 비워 달래?"

"비워 달라는 건 아니고 가게 달린 데로 갔으면 싶어서. 주택가에 조그맣게 차리면 해 나갈 수 있을 것 같아."

"뭐라고? 야, 이 사람아. 누나는 그거 7-8년 동안 견습하고 차려서 십 년 넘게 고생해가지고 지금에 이른 거야. 너, 그거 몇 달이나 배웠다고, 그것도 정식으로 배운 것도 아니면서 무슨 겁 없는 소리야? 너처럼 쉽게 차릴 거면 그거 못할 사람 세상에 하나도 없겠다. 제발 꿈 깨셔."

"그동안 내가 배우기만 한 줄 알아? 배우면서 손님한테 직접 견습하면서 치를 과정 나도 다 치렀다고."

"글쎄, 귀신 씨나락 까먹는 소리 작작해."

그런데 복덕방에서 자꾸 방을 보러 오더니 계약을 하자고 했다. 살림에 대해서는 전권은 아니라도 웬만큼 맡겨 달라더니, 이 여자가 이제는 집도 마음대로 내놓아 멋대로 계약을 했다. 화를 내 봐야 아내를 당할 수는 없었다. 아내의 계산은 계약기한이 다 된 방을 뽑아 가게가 있는 방으로 이사하면 당장이라도 미용실을 차릴 수 있는데, 뭣 때문에 시간 낭비를 하냐는 것이었다.

그도 고집이라면 당할 사람이 없는데 유순한 아내의 부드러운 고집은 그를 능가했다. 할 수 없이 더 변두리로 나가서 점포가 달린 방을 보러 다녔다. 살던 방을 계약하고 보니 날짜 안에 비워 줘야 하므로, 미용실은 어찌 되건 이사를 안 할 수 없게 되었다.

마침 점포라는 공간이 달린 방을 구했고 그동안 저축한 것을 보태 이사를 했다. 이사를 하고 나서도 그는 미용실을 차린다는 아내의 얘기를 믿지 않았다. 언감생심이지 미용실을 차리는 것이 아이들 장난도 아니고, 대여섯 달 동안 다니면서 어깨 너머로 배운 솜씨를 가지고 무슨 가당치 않은 욕심인가 싶었던 것이다.

이사를 해 놓고 그는 아내를 달랬다.

"당신 마음 아는데 급하게 먹는 밥이 체하는 법이야. 정 미용실을 하고 싶으면 해. 반대 안 해. 단, 훈이 좀 자라고 제대로 준비를 해서 천천히 합시다. 미용실 차리려면 자격증도 따야 할 거고 이렇게 번갯불에 콩 구워 먹듯 할 수 있는 게 아니잖아. 지금 우리가 미용실 차리면 개도 웃고 소도 웃어요. 이 사람아."

"개하고 소하고 웃는 거 보게 생겼네. 다음 월요일에 개업할 거거든. 오늘이 수요일이니까 나흘 남았나. 기계하고 재료는 내일이면 다 들어와."

"미쳤어? 너, 면허도 못 땄잖아? 무허가로 하겠다는 거야?"
"이이는. 누가 내 미장원 차린댔어? 강남 미용실 분점을 내는 거야. 분점이니까 당연히 형님이 도와주시는 거고. 아무려면 공무원 마누라가 무허가 차릴까? 나, 그렇게 천방지축 아니란 거 여직도 몰루?"

결국 누나와 아내의 합작으로 미용실이 만들어졌다. 아내는 쓸고 닦고 쓰다듬으며 물건들을 이렇게 놓았다가 저렇게 놓았다가, 거울을 여기에 걸었다가 저기에 걸었다가 하며 며칠 동안 잠도 안 잤다. 그런데 잔등에 애를 업고서 고달픈 것도 모르고 힘든 것도 모르고 마치 무엇에 들씌운 듯 그렇게 좋아 어쩔 줄 모르며 일에 몰입해 있는 아내의 모습이 준성은 그리 찡할 수가 없었다. 그것은 안쓰럽다거나 미안하다거나 하는 그런 감정이 아니었다. 객관적으로 한 인간이 무엇에 희망을 품고 자신의 모든 것을 던져서 하고자 하는 열정적인 모습이 아름답다고 할까 경건하다고 할까, 사뭇 감동적이었다. 그러나 준성의 가슴을 더 깊이 찌른 것은 그날 밤, 그러니까 내일이면 오픈을 하는 개업 전야에 아내가 무심히 종알거린 얘기였다.

"당신, 그거 모르지? 이 미장원 하게 돼서 하느님께 감사하구 당신께 형님께 다 감사하지만, 그리고 이거 하게 된 거 진짜 꿈 같이 좋긴 하지만, 그래도 내 영원한 직장은 우리 집이야. 당신하고 우리 아들하고 마음껏 쉬고 밖에 나가서 힘들었던 거 다 풀어 놓을 수 있는 우리 집. 공간으로서의 집이 아니라, 우리 가족이 살아가는 당신 바로 옆자리……. 젊었을 때 열심히 일해서 중년쯤 되면, 나도 우아하게 제대로 된 전업주부할 거야. 아마 일하는 모든 기혼 여성들의 꿈이 그럴 것 같아. 처음엔 살림만 하는 거 따분한 거 아닌가 싶었는데 살아보니까, 특히 우리 애기 기르면서 미용 배우느라고 꼬박 긴장하면서 뛰며 살아보니까 알겠더라고. 전업주부, 그 자리가 얼마나 은총받은 행복과 사랑만의 직장인지.

더 살아보면 변할지 모르지만 지금은 그래. 여보, 우리 미용실 잘 되겠지? 하느님께서 봐 주시겠지?"

아내는 그렇게 종알거리다가 스르르 잠이 들었다. 아마 아내는 영원히 짐작조차 하지 못할 것이다. 아내의 그 소박한, 어쩌면 시시하다고 할지도 모를 얘기를 들으면서 준성의 눈가가 젖었다는 사실을…….

강남 미용실 분점이라는 것 덕분이었을까? 아내의 말마따나 재능을 타고나서였을까, 미용실은 심심찮게 손님이 찾아들었다. 사실, 말이 미용실이지 살림방 달린 공간에 최소한의 비용을 들여 차린 것이었으니 허술하기 이를 데 없는 주택가 골목의 평범한 곳이었는데도 잠시 쉴 틈이 없을 만큼 커트 손님, 드라이 손님, 퍼머 손님들이 찾아들었다. 자연히 동네 부인들은 아내의 인상이 나쁘지 않고 솜씨가 세련되었다며 이내 단골이 되곤 했다.

바짝 긴장해서 손님 한 명이 올 때마다 다리가 떨리고 손끝이 떨린다던 아내가 차츰 의젓하고 자연스러워질 무렵, 준성은 구청 건설관리과로 발령이 났다. 1982년 4월, 훈이가 두 돌을 바라보고 아내가 둘째를 가졌을 때였다.

구청으로 출근을 한 그는 잠시 어리둥절했다. 동회 근무 시절부터 원리원칙만 아는 놈으로 소문이 난 터라 그를 모르는 직원이 별로 없었는데 보상계와 건설관리과에서 서로 그를 데려가려는 것이었다. 준성은 피식 웃었다. 두 곳 모두 어지간히 거친 업무인가 보다 하고 짐작이 되서였다. "김준성, 보상계로 주십쇼. 적격입니다." "아니, 가로 정비가 더 급해. 김 서기 같은 사람을 내보내야 가로 정비가 확실하다고." 하며, 자기들끼리 티격태격하다가 준성은 건설관리과 가로정비계에 가기로 결정이 났다. 덩치가 좀 크고 우락부락하면 대개 가로정비계로 보내던 시절이었다.

그런데 출근해서 얼마 되지 않았을 때 집에서 전화가 왔다. 준성이 수화기를 받아 들자 "여보, 어떡하면 좋아? 우리 훈이가 없어졌어." 하며 아내가 징징 울었다.

"뭔 소리야. 이 사람아, 울지 말고 차근차근 얘기해 봐."

"손님 머리하다가 보니까 없어진 거야. 문이 살짝 열린 게 그냥 나갔나 본데 어떡해? 어떡하면 좋아?"

"아니, 애를 잃어버리고 찾아보지도 않았단 말야?"

"겨우 요 앞에 나가 봤는데 없어. 손님 머리하다 말고 찾으러 나갈 수도 없잖아. 어떡해? 어떡하면 좋아? 우리 훈이 어디 가서 찾아. 난 몰라. 여보, 어떡하면 좋아?"

아내는 숫제 엉엉 운다. 눈앞이 캄캄해진다. 말 한 마디 못하는, 아니 겨우 엄마, 아빠, 맘마, 어부바, 까까, 응아 정도의 말마디를 하는, 걸음도 비척비척 위태하게 걷는 콩알만한 녀석이 이 넓은 서울 복판에서 어디로 없어졌다는 말인가.

그는 수화기를 놓고 의자에 앉았다. 그러나 일이 될 턱이 없었다. 사무실에서 집으로 전화를 걸어서 소소하게 얘기하는 직원을 보면, 집에서 애나 볼 것이지 왜 사무실에 나오냐고 흉을 보았는데 살아보니 그것이 아니었다. 창피고 뭐고 아무 생각이 없었다. 그는 돌 지난 아이를 잃어버렸다고 누구에게라고 할 것도 없이 한 마디 하고는 사무실을 나와 자전거에 올라탔다. 동회시절부터 자전거는 그의 발이었다.

대체 이 콩알만한 녀석이 어디로 갔을까. 아이들이란 것이 좌우의 방향감각이 없으니 곧장 길을 따라가게 마련이고, 그러다 보면 어디로 가는지도 모르는 채 앞으로 갈 줄만 알지 되돌아올 줄 모른다는 점이 문제였다. 그는 무턱대고 페달을 밟았다. '이 녀석이 설마 무슨 사고를 당한 건 아니겠지. 어떤 나쁜 놈이 덥석 안고 간 건 아니겠지. 빌어먹을 놈의

178 마음의 물결

미장원은 왜 차려가지고 이러나. 그까짓 드라이 해줘 봐야 2천 원이라 던가. 2천 원 벌다가 아이를 잃어버리다니!' 온갖 불길한 상상이 드는 중에도 귀에는 징징 울어 대는 아내의 울음이 달라붙어 떨어질 줄 모르고, 눈앞에는 재롱떠는 녀석의 얼굴이 어른거렸다.

    그는 급한 김에 파출소로 달려가 실종신고를 하고 동사무소로 달려가 방송을 해 달라고 부탁했다. 동사무소에 가서는 아내가 미장원을 하는 사정도 털어놓았다. 파출소건 동회건 준성과 같은 공무원들이므로, 모두 자기네 일처럼 사방팔방 연락을 취하며 애써 주었다.

제18장
훈이의 아르바이트

"참, 당신도 어지간하슈. 아니, 어쩌다 그래 갓난쟁이를 잃어버린단 말입니까? 서너 살짜리면 천방지축으로 돌아다니다 잃어버릴 수도 있다지만……."

"전화번호하고 집 주소는 외워 주셨겠죠?"

"저, 저런…… 누가 총각 아니랄까 봐. 돌쟁이가 어떻게 전화번호를 외우나, 말도 못 하겠구먼. 말을 할 줄은 압니까?"

"겨우 엄마, 아빠, 어부바, 맘마, 한 마디씩 합니다."

"이름표 팔찌는 해주셨을 거 아닙니까. 요즘은 돌 선물로 주소랑 전화번호 새겨서 팔찌나 목걸이로 선물해 주는 게 필수던데. 말 못해도 이름표 있으면 염려 없어요. 곧 연락 올 겁니다.

"이, 이름표요? 그런 거 안 해준 거 같은데……."

"이렇게 한심한 양반 보겠나. 정말 아빠 자격 없구먼. 이름표 정도는 기본으로 해줘야죠."

"아이 없는 집에서 데려가기 딱 안성맞춤이겠는데요. 이름표도 없겠

180 마음의 물결

다, 말도 못하겠다, 덥석 안아다 기르면서 이사해버리면 감쪽같지, 그걸 누가 압니까. 아주 '이 아이 생각 있는 분 데려가시오.' 하고 내놓으신 거 아닙니까?"

"여보쇼들, 남의 일이라고 그렇게 말을 막 할 수 있는 겁니까? 세상에 어느 부모가 아이를 일부러 내놓는단 말이오? 나도 첫 아이라 경험이 없어서 이름표라는 것도 모르고 실수는 했지만 애 찾아 달라고 온 사람한테 이래도 되는 겁니까?"

녀석이 어디를 어떻게 헤매고 있을지 속이 타서 어깨가 늘어졌던 김 서기의 울화통이 폭발했다. 중구난방으로 한 마디씩 던지는 파출소 직원들의 허튼소리가 한 마디 한 마디 가시가 되어 목을 찌르고 가슴을 찔렀던 것이다.

파출소의 나이 지긋한 경장은 혀를 끌끌 차며 적반하장도 유분수지 어디 와서 큰소리를 치느냐며 김 서기를 달랬다. 국록으로 사는 한 식구라 농담 좀 한 것을 가지고 뭘 그러냐는 것이다. 아무튼 김 서기는 훈이만 찾아 달라며 사정을 하고는 동회로 달려갔다. 자초지종을 털어놓으니 동회에서도 이런 난감한 경우는 드물단다. 미아 사건이 하루에도 몇 건씩 발생하지만 적어도 몇 마디 말은 할 줄 알거나 몸에 연락처 등을 지니고 있지, 돌 지난 갓난쟁이의 실종은 아니라는 것이다.

"요즘은 말 배울 때 집 전화번호부터 가르치기도 하고, 의미도 모르는 주소를 달달 외우게 하기도 하고, 예전하고는 다릅니다. 어느 집이건 눌만 낳아 잘 기르자는 식인데, 하나인 경우도 드물지 않고 많아야 셋이니까 부모들이 여간 신경을 쓰는 게 아니거든요. 아무튼 훈이라고 했습니까, 이름이? 김훈이는 인상착의로 찾는다 하더라도 말도 못하고 아무 표식도 없으니, 부모님이 직접 확인을 하는 수밖에는 없겠습니다."

김 서기는 갖은 타박을 들으면서 훈이의 모습을 열심히 설명했다. '얼굴이 동글동글하고 쌍꺼풀진 눈이 여자애처럼 구슬 같다. 아주 귀엽게 생겨서 누구든지 안아 보고 싶어하고 데려가고 싶어하는데, 더 곤란한 건 낯도 가리지 않는 녀석이라 아무나 안아도 싱글벙글이다. 빨리 찾지 않으면 큰일 난다.' 라고 말하며 사정하는 목소리에는 천하의 김준성답지 않게 물기가 스며들었다.

"아니, 아이 찾을 때까지 거기 그러고 있을 겁니까? 찾으면 연락할테니까 들어가 보시라구요."

그는 핀잔을 듣고도 얼른 발걸음이 떨어지지 않았다. 파출소고 동회고 죽치고 앉아서 방송하는 것도 듣고 사방에 연락하는 상황을 직접 보고 있어야 금방 찾을 것 같았다. 아니, 그렇게 기다리고 있으면 당장이라도 녀석이 '아빠빠빠' 하면서 비척비척 그 위태로운 걸음으로 달려들 것만 같았다.

"이보소, 김 주사. 그렇게 넋 나간 사람 모양 있지 말고 힘내쇼. 애 기르려면 열두 번은 잃어버리고 별별 일을 다 겪는 거니까 그렇게 지레 허깨비가 되면 안 되지. 보아하니 첫 아이인 모양인데 안심하고 가서 기다려요. 찾아 줄 테니까."

지긋한 연배의 동회 주사가 해주는 한 마디가 그에게는 그렇게 큰 위로가 될 수 없었다. 준성은 터덜터덜 자전거를 끌고 근무처인 구청을 향해 걸었다. 자전거를 타고 달릴 기력조차 없었다.

'대체 이 녀석을 못 찾으면 어쩐단 말인가.' 순간적으로 아뜩한 생각이 들면서 눈물이 핑 돌았다. 그 어린 녀석이 낯선 곳에 가서 얼마나 겁에 질려 있을지, 가슴 속이 바작바작 타 들어갔다. 사무실로 돌아오니 아내가 와 있었다. 손님들에게 양해를 구해서 돌려보내고 미장원 문을 닫았다는 것이다. 눈길이 부딪히자 부부는 똑같이 눈물이 글썽 솟았다.

"찾을 수 있대? 찾아 준대지?"

"팔찌가 목걸인가 전화번호, 주소, 그런 거 새긴 거 훈이는 안 만들어 줬어?"

"만들기는 했는데, 아직 너무 어려서 안 채워 줬지."

"당장 미장원 때려치워."

"알았어. 나도 돈 2천 원 벌자고 아들 잃어버리는 밸 빠진 짓은 안 할 거야."

배가 남산만한 아내는 연신 눈물을 찍어냈다. 그 콩알만한 녀석이 생기고부터 어느 사이엔가 가정의 중심은 그 녀석이 되어버렸다. 두 사람은 훈이가 없는 생활이란 상상할 수도 없었다. 더군다나 장남 아닌가. 가부장적 가치관이 아니더라도 처음 생긴 아들아이가 집안의 기둥이라는 것은 그만큼 부모의 모든 것이 되는 존재라는 뜻인 듯싶다.

아흔아홉 마리의 양을 버려 두고 잃어버린 한 마리 양을 찾는 목자에 관한 복음서 대목이 준성은 뜬금없이 떠올랐다. 아흔아홉 마리의 양이나 한 마리의 양이나 꼭 같은 가치를 지닌다는 뜻을 비로소 실감할 수 있을 것 같았다. 누가 말했던가. 한 사람의 존재 가치는 우주에 버금가는 것이라고. 우주의 가치를 지니는 사람을 길러 내는 일이 어찌 만만한 일일 수 있겠는가.

돌을 지나 걸음마를 시작하면서부터 집안에서고 밖에서고 그 녀석을 잡으러 쫓아다니느라 어른 둘은 정신을 차릴 수가 없었다. 그야말로 눈 깜짝할 사이에 아무 데로건 무작정 걸어 달아나다가 넘어져 코가 깨지기 일쑤였다.

그래도 엄마를 부르고 아빠를 부르는 그 한 마디 말의 감격은 얼마나 찡한 것이었던가. 고 조그만 입술 사이에서 뭐라 말할 수 없는 기막힌 목소리로, 처음부터 '아빠'라고는 발음이 안 되는지 '빠' 자를 두세 개

더 붙이면서 '아빠빠' 라고 불렀을 때는 정말 세상에 부러운 것이 없었다. 세상 어느 무엇이 그 대견스럽고 감격스러운 희열을 대신할 수 있을까. 아이는 처음으로 배우는 작은 동작 하나 하나로 부모에게 세상에 다시 없는 기쁨을 주었다. 오죽하면 무릇 모든 자식은 여섯 살 이전에 할 수 있는 효도를 다 한다는 말이 있을 정도일까.

그런데 삶의 원천이 되고 기둥인 아이, 아내라는 물방울과 그라는 물방울을 섞어 훈이라는 세상에 없던 새로운 물방울 같은 생명 존재가 창조되어 물줄기를 이루고 이제 진정한 가정이 되었는데, 그 물줄기의 중심을 이루는 아이가 없어졌으니 이보다 더 아찔한 일이 있겠는가. 다행히 아이는 두어 시간 만에 찾을 수 있었다.

아마 파출소에서고 동회에서고 전 직원이 동원되다시피하여 사방으로 뛰면서 미장원 주변을 그야말로 이 잡듯이 샅샅이 뒤지지 않았던들, 훈이를 찾는 일은 그리 수월하지 못했을지도 모른다. 그야말로 다 같이 국록을 먹는 공무원들이고, 다 아이들을 기르는 사람들이고, 또 아내가 미장원을 하는 사정 또한 말 안 해도 이심전심으로 다 알아챌 일이니까, 누가 뭐래서가 아니라 모두 남의 일 같지 않아서 스스로 나서 준 것이었다.

콩알만한 녀석은 조무래기들이 모여 놀고 있는 골목길의 구멍가게 앞에서 딱지치기를 하는 애들을 바라보다가 군것질을 하는 아이들을 따라다니더니, 아이들이 내버린 과자껍질 종이를 주워 빨아먹고 있었다. 꼬질꼬질하게 얼굴에 얼룩이 지고 손에 때가 묻고 옷이 새까매진 아이는 갈데없는 거지였다. 마침 동회에서 이러저러한 아기를 보신 분은 동회나 파출소로 연락 바란다는 방송이 흘러나왔지만, 아무도 관심을 두지 않는 것을 순찰하던 유 순경이 발견한 것이었다.

아내는 아이를 껴안더니 흐느껴 울었고 그 역시 눈시울을 붉혔다. 아

184 마음의 물결

이 기르는 모든 부모가 적어도 몇 번은 경험하는 일이라지만, 세상에는 잃어버린 아이를 찾지 못해 생업을 팽개친 채 아이 찾는 일에 목숨을 걸고 사는 부모도 적지 않다. 또 미아보호소에는 집을 못 찾은 아이들로 항상 넘쳐 나고 있지 않은가. 다시 생각해도 아찔한 일이었다.

그러나 훈이의 가출소동은 그것이 시작이었다. 아무리 눈을 크게 뜨고 그 녀석에게만 온 정신을 쏟고 있어도 순식간에 비호 같이 사라져버리는 녀석을 감시하기란 거의 불가능했다. 아내가 미장원을 하고 있는 한, 훈이의 그 위태롭고 번번히 간 떨어지는 실종사건은 도저히 막을 수가 없었던 것이다.

이제 그는 파출소 순경들이나 동회 직원들과는 하루 걸러 만나는 사이가 되었다. 사실 하루 걸러라는 말은 당치 않은 과장이고 아주 어쩌다 일주일 사이에 또 잃어버린 경우가 있었고, 평균 한 달에 한두 번 꼴이었지만 파출소나 동회에서는 "아니, 어떻게 하면 그래 하루 걸러 애를 잃어버리는 거야? 방송 타는 맛에 재미 들린 거 아냐?"라고 하며 숫제 놀리려 들었다.

물론 훈이는 이제 주소와 전화번호와 이름을 새긴 팔찌 이름표를 차고 있었으므로, 파출소나 동회를 통하기 전에 놀이터의 학생들이 전화를 하기도 하고 아줌마들이 미장원으로 데려다 주기도 했다. 파출소에 데려다 놓고 어머니회원들이 밥을 먹여 주는 때도 있었다. 훈이는 걸핏하면 잃어버리는 아이로 인근에서 유명인사가 되어버렸다.

"조심해야지, 아이가 이렇게 귀엽고 예쁘게 생긴데다 부숭부숭 낯도 안 가리고 숫기가 좋으니, 마음 나쁘게 먹으면 아주 데려가버리겠어요. 아이 없는 여자나 만나 봐요, 후딱 업어 가지. 돈벌이도 좋지만 아들부터 챙겨요, 훈이 엄마."

이처럼 간 떨어지는 충고를 하는 아줌마가 한둘이 아니었다.

제18장 훈이의 아르바이트

그러나 미용실을 그리 간단히 그만둘 수는 없었다. 처음 미용실을 열면 일쑤 머리를 태우거나 잘못 잘라 놓거나 파마를 잘못해 놓아 원성을 듣는다는데, 아내는 조심성이 많은 성격 때문인지, 아니면 누님 말마따나 천부적으로 재주를 타고났는지, 누님이 놀랄 만큼 곧잘 꾸려나갔다. 특히 여자들의 입소문은 대단한 위력을 가진 것이었다. 아무개가 여기서 머리 했다는데 나도 그렇게 해 달라거나, 아무개가 값도 싸고 머리도 잘 한다고 해서 왔다거나, 아니면 친정에 왔다가 올케 머리 보고 아주 하고 가려고 왔다거나 하는 손님들이 새록새록 늘어 말 그대로 문전성시를 이루었던 것이다.

미용실이 그렇게 곧잘 굴러가면서 아내는 가계부를 가지고 씨름하는 모습을 보이지 않았다. 우유값 타령을 하지도 않았고 이렇게 먹고 살아도 되나 싶을 만큼 일주일에 한 번은 고기나 생선이 밥상 위에 올랐다.

아내의 입에서 그의 월급을 고스란히 저축으로 돌리자는 말이 나온 것은 둘째인 란이가 태어나고 나서였다. 훈이 녀석의 실종사건만 아니라면 해 볼 만하고 살아 볼 만한 시절이었다. 아내는 사람을 더 두기로 했다. 란이 때문에도 종업원이 필요했고, 미용실의 규모로도 견습생 한 명으로는 벅찼던 것이다. 가족 같은 분위기여서 특별히 견습생에게 훈이를 부탁했다. 비로소 마음이 놓이는 듯해서 준성은 이제 집에 신경을 덜 쓰고 업무에 충실할 작정을 했다.

그런데 이상한 일이 벌어졌다. 아이가 아주 흔적도 없이 사라져버린 것이다. 전에는 길어야 두세 시간이면 찾았는데, 이 날은 서너 시경에 없어진 녀석이 사방이 어둑어둑한 초저녁이 되어도 아무 소식이 없었다. 동회에서도 파출소에서도 "거 이상하네. 정말 유괴라도 당한 거 아냐?"라고 하며 걱정들을 했다.

그런데 아이는 사방이 어슬어슬 어두워질 무렵, 제 발로 걸어 들어왔

186 마음의 물결

다. 두 돌이 지났으니 말을 제법 한다고는 해도 의사가 소통되는 것은 아니었다. 아무튼 녀석은 기분이 매우 좋았고, '아이씨' 타령을 했다. 제 배짱에 맞는 아저씨를 만나 기분 좋은 시간을 보낸 모양이었다. 어쨌거나 부부는 간담이 서늘했던 터라 이제부터 아이 단속을 더 확실하게 하기로 했다.

그러나 귀신이 곡할 노릇이었다. 아이는 이따금 아주 감쪽같이 없어졌다가는 저물 녘이면 미장원 앞 골목에서 과자봉지 같은 것을 들고 아장아장 걸어오거나 냅다 달려오는 것이었다. 그동안 허물없이 친해진 유 순경이나 박 서기는 아마도 누군가 훈이를 유괴해 가기 위해 낯을 익히는 중일지 모른다며 돈을 노리는 협박성 유괴가 아니라 데려다 기를 생각이라면 그러한 물밑작업이 필요하지 않겠냐고, 아직 이런 경우의 유괴는 보지 못했지만 충분히 있을 수 있는 일이라고 겁을 줬다. 여러 가지 정황을 보아 그렇게 밖에 생각할 수가 없다는 것이었다.

도둑 하나를 열 사람이 못 지킨다고 그리 여러 사람이 눈에 불을 켜고 초긴장 상태로 지켰지만 일주일쯤 되자 훈이는 또 없어졌다가 빵조각을 들고 돌아왔다. 대체 네다섯 시간 동안 어떤 천벌을 받을 놈이 남의 아이를 데려다가 무슨 짓을 하고 돌려보내는지 그야말로 미치고 환장할 노릇이었다.

이제 녀석이 길을 잃거나 실종되는 일은 없는데, 이따금 사라졌다가 주전부리감을 들고 희희낙락해서 돌아오는 수상쩍은 일은 되풀이되고 있었다. 아내는 꼬치꼬치 말라갔다. 원래 살집 없이 가냘픈 사람이 갓난아이 돌보랴, 제법 틀이 잡힌 미장원 꾸려가랴, 걸핏하면 몇 시간씩 없어졌다가 과자 나부랭이를 들고 오는 훈이 때문에 속 태우랴, 집안 살림하랴, 마를 수밖에 없었는지도 모른다.

유괴범 소동은 훈이가 놀이기구 모델로 진출하는 해프닝으로 끝이 났다. 대체 어떤 흉악한 사람이 남의 아들에게 눈독을 들이는지 식구대로, 아니 이웃들까지 나서서 눈에 불을 켜고 지키다가 그 흉악범의 덜미를 잡아냈던 것이다.

"원장! 훈이 엄마! 나와 봐요. 이봐요, 아저씨. 빨리 따라오지 않고 뭐하는 거예요? 훈이 엄마! 원장! 훈이 엄마!"

개선장군처럼 훈이를 업고 소리 높여 놀이기구 아저씨를 호령하며 들이닥친 사람은 방앗간 여주인이었다. 동전 한 입 넣으면 뚜르르 올라가면서 빙글빙글 도는 말놀이 기구로 장사하는 아저씨는 이를테면 훈이를 모델 삼아 데리고 다닌 것이었다. 원래 훈이가 놀이기구 타는 것을 좋아하는데다 성격이 활달해서 싱글벙글 웃으니, 아이들이 훈이가 타는 모습을 보면 너도 나도 동전을 들고 나와 놀이기구를 탄다는 것이었다.

"그러면 부모한테 허락을 받고 데려가야지, 몰래 아이를 꼬여 가는 건 유괴잖아요. 아저씨, 파출소로 갑시다. 그동안 아이 잃어버렸다고 열두 번은 신고하고 난리를 피웠는데, 아저씨가 범인이었으니 파출소로 가자구요."

"아, 아닙니다. 사모님, 한 번만 봐주십쇼. 댁에서 그렇게 찾으시는 줄은 생각을 못했습니다요. 놀이터에 나가 노는 줄 아시겠거니 했습죠. 제가 찾을 것도 없이 어디서건 동요만 들으면 훈이가 쫓아 나오곤 했으니깝쇼. 그래도 불량식품은 절대 안 먹였고 재미있게 잘 놀면서 다녔으니까 좋게 생각하시고 앞으로도 좀 보내 주십쇼."

아저씨는 반죽 좋게 훈이는 언제든 공짜로 태워 줄 테니 앞으로도 데리고 다니게 해 달라고 넉살을 부렸다. 물론 아내는 거절했다. 그러나 조악한 스피커에서 '나의 살던 고향은 꽃피는 산골~.' 하고 동요가 들리면 훈이는 밥을 먹다가도 수저를 내던지고 달려 나갔다. 어른들은 어쩔 수 없이 네 살 꼬마 녀석의 아르바이트를 묵인해 주는 수밖에 없었

다. 말놀이기구 동요가 들려오는데 녀석을 붙들고 있다가는 동네가 떠나가라 고래고래 소리를 치며 떼를 쓰는 울음을 당해 낼 수 없기 때문이었다. 녀석은 신이 나서 공짜 말놀이기구를 실컷 타고 과자를 얻어 들고 개선장군처럼 돌아오곤 했다. 어쩌면 가장 어린 나이에 아르바이트를 한 것인지도 모른다.

그런데 근심이 사라질 만하니, 이번엔 집을 내놓으란다. 성업 중인 미용실은 권리금을 받고 인계해도 적지 않은 액수를 받는다는데 주인은 그냥 비우란다. 주인이 미용사를 두고 직접 미용실을 해 볼 생각이라 권리금을 줄 수 없다는 것이었다. 자본주의 사회에서 자본 없는 영세민이 당해야 하는 서러움이었다.

제19장
하느님 법

"애기가 너무 어려서 이사하기가 어려운데 사정 좀 봐주실 수 없을까요?"

아내는 집주인에게 사정을 했다. 요즘에도 별반 다르지 않지만 그의 기억으로는 그때처럼 전세금이 하늘 높은 줄 모르게 치솟던 시절이 있었을까 싶다. 아마 집 없는 서러움을 가장 혹독하게 겪었던 시절이기 때문에 그럴 것이다.

인구가 천만 명이 넘는 세계적 규모의 대도시 서울에서 처음부터 자기 집을 지니고 출발하는 경우는 드물다. 새로이 가정을 이루는 서민 가구 대부분이 전세나 사글세로 시작하는 형편이고 보면, 집 없는 서러움은 서울 시민의 통과의례인지도 모른다. 특별한 혜택을 받지 않은 서민이라면 누구나 겪는 일인 것이다. 그러나 누구나 겪는다고 해서 고통이 적은 것은 아니다. 누구나 겪는 삶의 과정이 개인에게는 처음 겪는 절대적인 상황이고 유일한 삶의 기회일 때가 있다. 그래서 남의 일일 땐 별 것 아닌, 누구나 겪는 평범한 일이 나의 일일 땐 한 번 뿐인 소중한 기회로 느껴지기도 한다. 인간이란 무릇 자신의 고통만을 절대적인 것으로 느끼는 동물이라지 않는가. 그래서 자신의 고통만을 호소하며 자신에게만 매달려 사는 동안은 동물의 차원을 벗어나지 못한 허울뿐인 인간이며, 타인의 고통을 헤아리고 배려할 수 있을 때 비로소 진정한 인간이 되는 것이라고 한다.

셋집을 떠돌면서 자식을 기르게 되자 준성은 삶의 본질을 이따금 생각하게 되었다. 고생이라면 무작정 상경을 감행해 공장을 전전하던 소년 시절에 충분히 졸업한 줄 알았다. 그런데 제 몸 하나뿐이던 그때와 자신보다 몇 배 소중한 아내와 아이들을 보호해야 하는 가장으로서의 지금은 비교가 불가능할 만큼 차원이 달랐다. 아무리 허리띠를 졸라매며 그야말로 안 먹고 안 쓰고 저축을 해도 전세금의 인상폭이 저축액의 몇십 배에 이르는 것을 어쩌랴.

당시에도 세입자보호법 같은 것이 있었는지는 생각나지 않는다. 아마도 없었지 싶다. 준성이 법에 대해 아는 것이라고는 시민을 보호해야 하는 공무원으로서 직무에 관련된 것뿐, 자신을 위한 개인적인 것에는 관심조차 가질 줄 몰랐다. 그래서 아무 때고 집을 비워 달라는 것을 당연한 일로 알았다. 더구나 계약기간도 2년이 아니라 6개월이었으므로, 집주인들은 6개월만 지나면 전세금을 올렸다.

"어쩌면 좋아요. 겨우 사람들 사귀어서 흔히를 잃어버려도 이웃에서 찾아 주고 이제 살 만한데, 어디 가서 또 방을 얻어요?"

"어쩌겠어. 주인이 비워 달라는데……."

살림집뿐이라면 좀 수월하겠는데 미장원을 함께 옮겨야 하니 난감하다. 무슨 영업이건 자리를 옮긴다는 것은 보통 일이 아니다. 아내와 비슷한 연배의 이웃 친구들이 틈만 나면 미용실에 모여 이마를 맞대고 생각을 모았다.

"우선 단골 안 놓치게 가까운 데부터 알아봐. 훈이 엄마 기운 내. 우리도 알아봐 줄게."

얼마 안 되는 기간이지만 정을 나눈 이웃들은 아내의 일을 자기 일처럼 걱정해 주었다. 그러한 처지에 놓인 곳이 비단 아내의 미용실만은 아니었다. 근처의 쌀집, 세탁소, 빵집, 분식집 등 여러 곳이었고 사람들은 저마다 한 마디씩 거들었다. 아무리 작은 장사라도 세를 얻어서 하다가 장사가 조금 된다 싶으면 주인이 세를 올려 달라거나 직접 해 보겠다고 빼앗아버리기 때문에, 없는 놈은 생전 자리를 잡을 수 없다는 것이었다.

"저 앞 네거리 국밥집 알지? 장씨네가 할 때 좀 잘 됐어? 사람이 바글바글 꼬였잖아. 그걸 쥔이 직접 해 본다구 내보냈잖아."

"맞아. 국밥이 뭐 어렵냐구, 고깃국 끓여 밥 말면 되는데 목이 좋아 잘 되는 거니까 자기네가 한다구 설치더니, 석 달 열흘도 못 가서 문 닫았잖아."

"집 가진 사람이야 문 닫아도 또 세 놓으면 그만인데 무슨 걱정이겠어. 손해 본 거 있어도 세 올리면 그만이구. 그저 우리네처럼 세 사는 사람들이 죽을 둥 살 둥 닦아 놓은 터전 뺏기고 다른 데 가서 또 터전 닦으려면 죽어나는 거지."

"장씨네 소식은 들어? 솜씨 좋고 부지런하고 심성 착하니까 어디 가든 성공할 텐데……."

"모래내 가서 또 하는데 파리만 날린대. 터 닦고 자리 잡기가 어디 쉬워? 나무도 옮겨 심으면 몸살을 하는데……."

"없는 놈만 죽으라는 세상이라니까. 사실 세 살며 벌어먹는 사람은 주인들보다 열 배는 뛰어야 하잖아. 주인들이야 세를 안 내니 가만히 앉아서 해도 되지만 벌어서 세 내는 사람이야 월세 내야지, 먹고 살아야지, 한 푼씩이라도 모아 집 장만해야지, 주인들보다 열 배 스무 배 안

뜰 수 있어?"

　담담한 어조이지만 경험에서 우러나오는 말들은 허튼 데가 없었다. 사실 세입자들은 하루라도 빨리 세를 내지 않아도 되는 제 가게를 가질 소망으로 밤을 낮 삼아 몸이 부서져라 뛰지만, 집주인들이야 그리 절박한 처지가 아니지 않은가. 집주인은 장사가 안 되어도 다시 세를 놓으면 그만이므로 답답할 이유도 없다. 없는 사람들의 삶의 투쟁이 절대가난을 극복하기 위한 절체절명의 것이라면, 집주인들의 그것은 더 벌면 좋고 안 되면 땅 짚고 헤엄치기인 세수입으로 돌리면 그만이다. 자본주의 사회란 어차피 자본이 자본을 낳는 구조이므로 자본 없는 영세민들은 죽자고 벌어 남 좋은 일이나 시킬 뿐, 웬만해선 뿌리를 내리기가 어렵다. 장사를 잘하면서도 집 한 칸을 장만하지 못하는 이유는 자본이 없기 때문이다. 중산층은 절대 가난을 벗어났다 해도 나름대로 상대적 가난에 계속 시달리므로, 자본을 인간보다 우선순위에 두는 체제에서는 물질주의를 적당히 경계한다는 그 자체가 불가능에 가깝도록 어려운 것이다.

　과묵한 성격인 분식집 영이 엄마도 대화에 끼어들었다. 장사만 된다 싶으면 주인이 나서는데, 번번이 두 달을 못 넘기더라는 것이다. 음식이란 것이 그때 그때 만들어야 하는데 한꺼번에 왕창 해 놓고 팔면서 고객인 학생들에게 "네가 가져다 먹어라." "오늘은 쫄면이 떨어졌으니 라면을 먹어라." 라고 하며 손님이 주인의 사정에 맞춰야 하는 처지가 되고 보니 손님이 뜸해질 수밖에 없다는 것이었다.

　"그래도 집주인들이야 눈이나 깜짝하나. 우리네야 못 벌면 당장 목구멍에 거미줄 칠까 봐 감히 손님 비위 건드릴 생각도 못하지만 주인들이야 아쉬울 게 없지. 대체 잘사는 사람은 뭐가 다르고 못사는 사람은 뭐가 다르지? 다 같은 사람인데 왜 사는 건 천차만별인지⋯⋯."

"다 팔자소관이지 뭐. 옛 어른들 말씀으로는 팔자고, 믿는 사람들 말로는 십자가고 업보 아니겠어."

"그래도 작은 부자는 제가 만들고 큰 부자는 하늘이 낸다는 속담은 희망적이잖아. 아직 우린 젊으니까 부지런하고 성실하게 살면 큰 부자는 몰라도 모두 작은 부자는 되지 않겠어? 우리 열심히 살아서 다 작은 부자들이 돼보자구."

몸이 부서져라 일해서 월세 물며 생활하고 '내 집 장만'이라는 불가능에 가까운 꿈을 키우는 고만고만한 처지의 이웃들은 그렇게 아내를 위로하고 스스로도 용기를 가졌다.

아무튼 아내가 온 정성을 다해 열었던 첫 미용실은 어떤 점이 단골을 많이 확보하게 했는지 생각해 볼 겨를도 없이 비워 줄 도리밖에 없었다. 가까스로 뿌리를 내리려다가 다시 처음으로 돌아가 부초처럼 떠돌아야 했던 것이다.

그러나 그 일이 집 없는 서러움의 본격적인 시작이라는 것은 알 턱이 없었다. 그때부터 그녀는 보통 6개월이나 8개월 만에 이삿짐을 싸야 했던 것이다. 준성은 처자식 줄줄이 거느린 채 머리 둘 둥지 한 칸 없는 서러움을 골수에 맺히도록 겪어야 했다. 두 살 터울의 어린애가 있다는 것도 방을 얻는 데는 몇 번이고 퇴짜를 맞아야 하는 악조건이었고, 살림방 달린 가게가 그리 흔한 것도 아니었다. 아무리 미장원이 잘 된다 한들 짧은 기간에 다락같이 오르는 전세금을 따라갈 만큼 저축을 할 방법이 없었다. 또 일 년에 한두 번꼴로 이사를 하자니 번번이 부스러져 나가는 비용도 쏠쏠했다. 셋집을 전전하는 고달픔은 갈수록 심했다. 거의 언제나 마음에 드는 집은 돈이 부족했고 가진 돈에 걸맞는 집은 비좁고 불편했다.

그래도 처음에 미장원을 연 것이 성공적이어선지 그때까지 집 없는

194 마음의 물결

서러움을 덜 겪어선지 거기서 이사할 때는 크게 불안하지 않았다. 처음 개업해서 그만큼 성업 중인 미용실로 키웠으니 이사해서 새로 가게를 내어도 다시 잘할 수 있겠거니 하는 맹목적인 자신감이 있었던 것이다.

그러나 두 살 터울의 갓난쟁이 남매를 데리고 집을 보러 다니는 일은 장난이 아니었다. 게다가 마음에 드는 집을 구하기란 하늘의 별 따기여서 그저 대충 이사를 할 수밖에 없다 보니 집도 미장원도 그다지 순조롭지 못했다.

방문을 열면 툇마루도 없이 연탄 아궁이가 있는 집이었는데, 훈이가 발을 헛디뎌 발에 화상을 입는 불상사가 발생했다. 또 연탄가스의 위험은 하루도 빠짐없이 아내의 밤잠을 방해했다. 미장원도 고전을 면치 못했다. 가까운 곳에 기존의 미장원이 있기도 했지만, 데리고 있던 미용사가 이사할 때 집이 멀다고 그만두는 바람에 새 사람을 구한 것이 화근이었는지도 모른다. 젖먹이가 딸린 아내의 정성은 미용실 쪽으로만 몰입될 수가 없었다. 자연히 보조 미용사의 도움에 의존하는 때가 많았는데, 심성은 착하나 덜렁거리는 성격의 이 친구가 걸핏하면 손님의 머리칼을 태웠다. 아내는 항의하는 손님들에게 사죄하고 달래느라 정신을 못 차리는데, 기네스북에 오를 만한 최연소 아르바이트생인 훈이는 부업을 잃어버리자 온 동네 사람을 다 알던 옛날 집을 찾아간다며 더 자주 없어지는 것이었다. 보조 미용사를 바꾸고 아이 보는 언니를 구하는 등 가능한 노력을 다해 보았으나 시작이 좋지 않았던 강변 동네에서는 좀처럼 자리를 잡을 수가 없었다.

"이사를 해야겠어요."

"벌써 또 집 비우래?"

"아뇨. 주인집에서는 말이 없는데 여기선 처음부터 소문이 안 좋게 나서, 그걸 만회하느니 새 동네 가서 시작하는 게 나을 것 같아요."

"뭔 소리야? 이사 가라고도 안 하는데 이사를 가자고?"

"당신은 이사 가라고 안 하는 것만 좋아요? 밤이면 밤마다 연탄가스 때문에 얼마나 마음을 졸이는지 몰라요? 아침이면 아이들이 무사한가, 당신이 무사한가 확인하면서 '하느님, 감사합니다.' 하며 시작하는 하루가 어떤지 당신은 그렇게 모르겠어요? 아무튼 여기서는 안 돼요. 이사해서 다시 잘해 볼 거예요."

아마도 집을 장만할 때까지 준성은 이사를 스물 몇 번은 한 것 같았다. 전세 보증금 인상과 아이들이 시끄럽게 군다는 것이 쫓겨나게 된 대부분의 이유였지만, 아내의 미용실 때문에 자진해서 이삿짐을 꾸린 경우도 있었다. 또 다른 이유도 있다. 미용실은 이사를 자주 하면서 결과적으로는 성장한 셈이었지만, 미용실이나 셋집과 상관없이 순전히 준성이 살아온 방법 때문에 줄행랑 놓듯 이삿짐을 꾸린 일이 있었다.

무심히 이사를 한 곳이 그가 동사무소에 근무할 때 무허가 건물 철거를 담당했던 근처 지역이었는데, 느닷없이 버스 정류소에서 멱살을 잡히는 봉변을 당했던 것이다. 누구인지 도통 알 수 없는 그 양반은 버스를 기다리는 준성을 이리 보고 저리 보더니 아주 점잖게 말을 걸어왔다.

"동회에 근무하던 김 주사님 아니시우? 오랜만입니다."

서기 직급일 때도 대접 삼아 주사라 불러 주는 것이 공무원 사회의 버릇 같은 것이어서 준성은 신경 쓰지 않고 선선히 반갑게 마주 인사를 했다. 물론 속이 찔리지 않은 것은 아니었다. 동회에 근무할 땐 나이도 어린데다 융통성이라곤 없는 성격 탓에 주민들에게 원성을 산 일이 한두 번이 아니었기 때문이다. 특히 무허가 건축물을 철거할 땐 고지식하게 법대로 집행을 하다 보니 주민들의 원망이 정말 많았다. 그런데 점잖게 인사를 하던 양반의 태도가 돌변했다.

"야, 이 새끼, 너 잘 만났다. 내 딱지 내놔, 이 나쁜 놈. 니가 죽기 살

기로 철거한 내 집 그게 얼마짜린 줄이나 아냐? 1억이야, 1억, 임마. 아이고, 내 딱지 당장 물어내, 이 눔아. 이 나쁜 놈아!"

멱살을 잡고 흔들던 장년의 사내는 준성을 냅다 꼬나 박고는 길바닥에 퍼질러 앉아 대성통곡을 하며 영정풀이를 해 대기 시작했다.

"대체 니눔이 나하고 전생에 무슨 원수가 졌길래 멀쩡한 남의 재산을 하루아침에 물거품이 되게 하고 사람을 거리에 나앉게 하냔 말이다. 이 나쁜 놈아, 이 눔아. 내 집 그 건물 무허가라도 그거 있었으면 지금 나 1억 넘는 아파트에서 떵떵거리며 산다. 그거 거저 생긴 거 아니라구, 내 피땀으로 만든 거라구. 너 그렇게 모질게 때려 부시구 동회 쫓겨나구 나서 다른 사람 무허가 건물은 다 보상받고 딱지 받았어, 이 눔아."

"이거 보세요, 영감님. 제가 쫓겨나긴 왜 쫓겨납니까? 쫓겨난 게 아니라 발령이 다른 데로 난 거라구요."

"그래, 이 눔아. 너 가고 딴 사람 와서는 돈 몇 푼 쥐어 주면 다 눈감아 줬어. 너처럼 무작정 때려 부셔서 없애버리지 않았다구. 내가 눈이 안 나오게 됐냐? 생각을 해 봐라, 이 나쁜 눔아. 법대로 때려 부셔서 없앤 나한테는 한 푼도 보상이 없구, 법 어기구 뒷돈 줘서 안 때려 부순 건물엔 다 딱지가 나왔으니 이게 어떻게 된 건지 말을 해 보란 말이다. 우리 집보다도 평수 작은 뒷집은 너 쫓겨 가는 바람에 건져서 1억짜리 딱지가 나왔단 말이다. 네가 물어내, 이 눔아. 내 집 내 딱지 물어내라구."

사람들이 하얗게 몰려서서 구경을 하고 있는데 준성은 창피하다는 생각도 못했다. 그가 무허가 건축물을 원리원칙대로 칼처럼 단속하다 전보발령을 받은 것까지는 확실하지만, 떠난 이후에 업무가 어찌 되었는지는 당연히 관심을 기울이지 않았다. 그런데 법대로 철거를 당한 사람들은 보상을 못 받고, 그의 후임은 뒷돈을 받으면서 묵인을 해주었는데,

그 불법 건축물들은 보상으로 1억 원 상당의 아파트 입주권을 받았다는 것이다. 준성에게 법대로 철거를 당한 사람들만 고스란히 단 한 푼도 건지지 못했으니, 그들이 이를 갈며 원망하는 것도 당연했다.

그에게 그 일은 충격 이상이었다. 어떻게 법대로 철거당한 사람들에게는 보상이 안 되고, 거꾸로 법을 어기며 불법 건축물을 고수한 사람들에게 보상이 주어진다는 말인가. 그는 개인적으로 그가 법의 이름으로 손해를 입힌, 아니 손해 정도가 아니라 신세를 망쳤다는 이들을 찾아다니며 사죄하고 싶었다. 그러나 그럴 수조차 없었다. 그는 법대로 업무에 충실했던 것이다. 보상이 잘못된 것이지, 그는 원칙적으로 잘못한 게 없었다. 공무원이 법대로 시행한 일을, 인정에 끌려 뒤집을 수는 없는 것 아닌가.

결국 그는 그곳에서 살아갈 수가 없었다. 자신만 보면 '아이고, 내 딱지.' 하며 주저앉는 불쌍한 어른들 때문만은 아니었다. 도무지 뭐가 뭔지 알 수가 없고 괴로워서 견딜 수가 없었던 것이다.

더러는 대포나 한 잔 하자면서 다 자기 팔자지 김 서기에게 무슨 잘못이 있냐고, 미안하다고, 미안한 줄 아는데도 김 서기를 보면 죽은 자식 뭐 만지듯이 아파트 입주권인 딱지 생각이 안 날 수가 없다며 통사정을 하는 어른도 있었다.

그는 법과 업무를 앞세워 무고한 서민들에게 손해를 입히고, 뜻하지 않게 사람들과 원한관계를 만들게 된 이유로 그 동네에서 더 살 수가 없었다. 그래서 야반도주하듯 슬그머니 그곳을 떠났다. 물론 떠난다고 해서 서민들의 결정적인 재산상의 손해가 조금이라도 갚아지는 것은 아니지만, 두 눈으로 보면서 살 수는 없었던 것이다.

그는 과연 정의가 무엇인가 골똘히 생각하게 되었고 괴로움 때문에 성당을 찾아가곤 했다. 그 즈음, 구청 업무 역시 동회에 근무하던 때와

198 마음의 물결

흡사했다. 그는 막연히 하느님 법과 사회법을 생각했다. 그로서는 영세민에 가까운 서민으로서 집 없는 서러움을 겪는 개인적인 삶과 진짜 영세민인 노점상들을 때려 부수며 내쫓는 업무에 충실해야 하는 공무원으로서의 삶, 두 가지를 다 열심히 살아가는 수밖에 없었기 때문이다.

제20장
현장

    김 서기가 소위 황금어장으로 소문난 지역에서 노점상 단속반장, 공식 직함인 가로 정비 반장으로 근무한 시기는 올림픽을 유치하고 얼마 안 된 시점이었다. 인권탄압으로 지탄받고 있는 극동의 조그만 후진국에서 과연 올림픽을 치를 수 있을까 하는 찬반 여론이 비등했다. 못 사는 집에서 빚 왕창 얻어다가 흥청망청 잔치나 벌림으로써 속으로 곪는 국민들의 아픔을 얼렁뚱땅 넘기려는 속셈이 아니냐는 뼈아픈 원성이 마음에서 마음으로 소리도 내지 못한 채 퍼져 나가던 무렵이었다.
    가족, 친지, 친구 등 한 도시의 혈육들이 제 나라 군대에게 죄 없이 두드려 맞고, 찔리고, 끌려가고, 죽임을 당한 엄청난 공포와 경악의 비극을 사람들은 잊을 수 없었고, 그 억울한 사정을 말 한 마디 털어놓을 수 없는 철통같은 은폐 조작 때문에 피멍울 진 원한이 고스란히 개인적인 것이 되어 숨통을 조이던 시절이었다.
    그 서늘하고 살벌하던 분위기 속에서 프로야구가 창단되었고 스포츠 진흥정책이 부상했으며 올림픽 유치정책이 성공을 거둔 것이었다. 사람

들은 12·12와 광주항쟁과 언론통폐합이라는 전무후무한 군부정권의 폭력을 무마하기 위한 것이 아니냐며 눈살을 찌푸렸다. 문화부가 문화체육부가 되고 모든 문화·학술·예술의 가치가 체육 다음으로 밀려나는 판이었다. 운동선수 육성은 단시일 안에 눈에 보이는 성과를 거두지만, 기초학문이나 시간이 무한정 투자되는 학술과 예술의 경우는 결코 당대에 성과를 거둘 수 있는 분야가 아님에도 그 특성이 무시당하는 것이었다. 어쩌면 그것이 시작이었는지도 모른다. 사람들은 군사문화의 여파라며, 군부독재가 끝나면 체육과 학문이 획일적으로 비교당하는 어이없는 상황은 다시 없을 것이라 믿었다. 물질로 모든 정신적인 것과 형이상학적인 것을 획일화시키는 자본주의의 무시무시한 속성을 채 파악하지 못하던 시절이었다.

당시만 해도 사람들은 돈이 사람살이에 필요하기는 하지만 전부는 아니라는 신념이 확고했다. 그러나 모든 것을 물질화시키는 자본주의의 속성은 엄청나서, 그 십 년 후 또 이십 년 후는 시대의 물결처럼 도도한 자본주의의 흐름이 세상을 지배하게 되었다 해도 과언이 아니었다. 돈의 가치가 어떤 무엇도 당할 수 없으리만큼 물신주의 풍토를 만들면서 도덕, 문화, 종교, 교육, 정치 등 모든 것에 우선하여 경제 권력을 인정하라는 식의 구조가 되어버렸다. 마침내 자본주의의 상징인 미국이 전 지구 위에 군림하는 세상이 온 것이다.

어떻든 올림픽 유치는 1980년 대 초반의 암울하던 한반도에 최소한의 변화를 기대하게 만든 사건이었다. 프로야구 창단은 국민 우매화 정책의 일환이라고 투덜거리면서도 사람들은 야구를 보며 한숨을 내쉬었고, 올림픽 유치에 설왕설래하면서도 그 계기로 경제, 문화, 정치의 현실이 도약할 수 있기를 바라는 데는 이견이 있을 수 없었다.

그러한 사회 분위기 속에서 올림픽 준비를 위한 깨끗하고 질서 있는 서울 거리 조성의 가로 정비 임무는 흔한 말로 끗발이 없을 수가 없었다. 노점상 단속반장 자리는 돈방석이라는 공공연한 소리가 나돌 정도였다.

한국인들이 좋아하는 누이 좋고 매부 좋고 식의 주먹구구식 논리 속에 단속 시늉만 하면서 상인들이 쥐어 주는 돈푼을 챙겨 가용에도 보태고, 위로 옆으로 상납하고 나눔으로써 입막음 겸 인심도 얻고 원만한 사람이라는 평판이나 얻어 두면, 그야말로 공무원 생활은 땅 짚고 헤엄치기일지 모른다. 더욱이 준성이 부임한 지역은 워낙 노점상들이 바글거리는 곳이었으므로, 단속요원인 문씨의 말마따나 한 상점에서 오백 원씩만 수금을 해도 인심 쓸 것 다 쓰고 폼 나게 살면서 일 년 정도 지내면 아파트 한 채쯤 무리 없이 떨어질지 몰랐다.

그리고 이제 김 서기도 소위 뒷거래라 부르는 그러한 작태를 옛날처럼 두 눈에 쌍심지를 켜고 적발하며 부정이라고 단언하던 신념이 조금씩 흔들리고 있었다. 무허가 건축 단속 경험으로 도저히 치유가 불가능하게 여겨질 만큼 크나큰 마음의 상처를 입었던 것이다. 아무리 불가피하게 정의의 이름으로 집행한 업무였다 해도 피해를 당한 당사자들을 생각하면 어느 때고 마음이 편할 수 없었다.

고해성사를 보고도 괴로움이 가시지 않아 재차 성사를 보았을 때 고해실에서 들려오는 목소리는 조용히 이렇게 일러주었다. 하느님은 이미 가시를 뽑아 주셨는데 형제는 아직도 가시가 빠지지 않았다며 이미 뽑아낸 가시를 또 뽑아 달라고 하느냐고. 가시를 뽑은 자리의 상처가 덜 아물어서 아직도 통증이 느껴지는 거라면, 주님께서도 함께 통증을 느끼심을 기억하라고. 그리고 혼자 아픈 것이 아니라 주님과 함께 아픈 것이니 아물 때까지 견뎌야 하지 않겠냐고…….

목소리의 주인은 김 서기가 괴로움에 짓눌려 고해를 했을 때 "주님께

서 형제님의 십자가를 함께 져 주고 계십니다. 혼자 괴로움 속에 계시는 게 아닙니다."라고 위로해 준 바로 그 신부였다.

　아니, 고해실에서 들려온 음성의 진짜 주인은 인간이 아닌 온전한 그리스도였다. 자신의 괴로움, 슬픔, 모든 것을 함께해 주시고 짐을 져 주시며 삶의 모든 갈피를 그분께서 함께해 주신다는 실감적 차원의 깨달음은 대단한 것이었다. 그는 차츰 하느님 안에서 살아가는 믿음을 관념이 아니라 일상으로 느끼기 시작하면서 '하느님께서는 이미 용서하고 잊으셨는데 내가 이러면 안 되지. 자책의 구덩이에서 걸어 나와 그분 가까이, 사랑만을 향해 걸어가리라.' 하고 뜨거운 가슴으로 다짐하며 용기백배했다.

　황금어장의 돈방석 자리는 소문값을 하느라고 그가 부임해 왔을 때 이미 전임자는 단속 시늉만 하면서 상인들에게 몇천만 원인지, 몇억 원인지를 수금해 횡령한 혐의로 관련자들과 함께 구속된 상태였다. 직속 상관인 계장 역시 횡령사건에 연루되어 공석 중이어서 그는 과장에게 결재를 올려야 했다. 그런데 그처럼 긴장된 분위기 속에서도 과장은 서류는 보지 않고 서류철 밑만 바라보는 실정이었다.

　단속원 중에 성격이 괄괄하고 나이가 지긋한 정 씨는 선의 가득한 어조로 충고를 했다.

　"반장님이 무슨 통뼙니까? 좋은 게 좋다고 한 집에서 단돈 천 원씩만 거두어도 누이 좋고 매부 좋고 과장님한테 눈치 안 받고 사모님한테 용돈 팍팍 드리고 좀 좋습니까? 그렇게 사시는 거 아녜요. 그렇게 사셔야 원성이나 듣고 사방에 적이나 만들지 뾰족한 수 있는 줄 아십니까? 정말 이해가 안 가요. 대체 무슨 영화를 보겠다고 그렇게 앉은 자리에 풀도 안 나게 삽니까? 사람이라는 게 모름지기 가는 정 오는 정, 정으로 살아야지. 반장님, 정말 답답하십니다."

그가 변하기는 변한 모양이다. 전 같으면 수하직원은 물론 임시직인 단속요원조차 그런 말을 대놓고 할 수 없을 만큼 빈틈이 보이지 않았는데, 면전에서 충고를 듣고도 그는 어쩔 수 없이 피식 웃어 넘겼다. 그러면서 정권이 바뀔 때마다 부정부패 추방 의지의 소리를 높이지 않은 때가 없었건만 공직사회 속에서 보고 겪고 느낀 부패의 고리는 종적으로 횡적으로 연결고리가 참으로 단단하고 교묘하고 거대하고 조직적이라고 그는 생각했다. 어쩌면 법대로 따른, 즉 철거를 당한 사람들이 손해를 보고, 뒷돈을 주면서 법을 어긴 사람들이 보상을 받는 말도 안 되는 구조가 그것을 대변하는지도 모른다.

그렇다고 공무원을 안 하면 안 했지, 그 대열에 서고 싶지는 않은 것이 김 서기의 마음이었다. 비록 그가 아무 힘을 가지지 못한 송사리여서 그 뿌리 깊은 구조적 비리를 파헤쳐 도려내지는 못할지언정 그 무리 중 하나가 될 수는 없었던 것이다.

당시 서울은 중구, 종로구, 영등포구, 동대문구, 성동구 등 거의 모든 지역이 올림픽을 앞두고 가로 정비에 총력을 기울이고 있었고, 노점상 단속반장들은 검찰에 불려 가 조사를 받거나 구속되는 사태가 자주 빚어졌다. 뒷거래 때문만이 아니라 죽기 살기로 생계수단을 지키려는 영세민들의 저항이 인명 사고를 부르기도 했고, 온갖 것을 빌미로 법정 싸움도 불사했기 때문이다. 철거 과정에서 벌어지는 가지가지 기막힌 일들이 거의 대부분 송사거리가 된다고 보아도 그르지 않았고 모든 것은 그의 책임이었다. 시장 철거, 포장마차 철거, 노점상 철거를 의미하는 가로 정비는 날이 갈수록 예민한 일이 되어 가고 있었다.

"김 반장, 도깨비 시장 말야. 언제 해도 해야겠지? 하루가 멀다 하고 진정이 들어오는 건 고사하고, 이젠 협박전화가 한두 건이 아냐. 도깨비 시장에서 얼마 받아 먹었냐고 막 나오니 아무래도 확실하게 단속을

204 마음의 물결

하는 수밖에 도리가 없겠어."

구청장의 단안에 사무실에서 펜대나 굴리는 동료들이 하기 좋은 말로 저마다 끼어들었다.

"어차피 올림픽 치르려면 도깨비 시장은 정리해야 합니다."

"정말 그 도깨비 시장은 불가사의하단 말야. 어떻게 기존 상권은 다 죽고, 우후죽순으로 생겨난 노점상들은 하나같이 그렇게 잘 되냐고."

"그 노점상들 아예 발을 못 붙이게 해야 합니다. 도로가 다 막혔잖아요. 길 가운데를 점령한 노점상들 때문에 양쪽 기존 상권이 죽어 버렸으니 말이 됩니까? 굴러 온 돌이 모퉁이 돌 뺀다더니, 딱 그 격이지."

김 서기도 안다. 그러지 않아도 몇 번 나가 보고 머리를 절레절레 저으며 돌아온 곳이었다. 어떻게 된 것이 길 양편에 있는 건물도 깨끗한 기존 상가가, 길 가운데 함부로 늘어선 불법 노점상들에게 치어버렸는지 불가사의란 말이 틀리지 않았다. 삼사백 미터 규모의 상가 건물 앞 도로에 노점상들이 진을 치고 노점상들만 활기를 띤 채 양쪽 기존 점포들은 파리만 날리는 기현상이 벌어졌다. 아예 노점상들이 주 상가를 이루는 노점상 거리가 되어 상점 주인도 상가 건물 주인도 망해 나가고 있다는 것이다. 기존 상가가 죽으니 노점상을 단속해 달라는 진정이 연이어 들어오고, 도로가 시장통이 되어 불편하기 짝이 없는 주민들을 위해서라도 노점상은 철거할 수밖에 없는 처지였다.

구청장의 결단으로 노점상을 철거하기 위해 나가던 날, 그는 여느 때와 다름없이 선봉에 섰다. 규모가 엄청나니까 행정 공무원만 가지고는 감당이 안 되므로 임시직 단속요원을 고용해야 했다. 왜냐하면 인명사고의 위험성이 적지 않기 때문이다. 공무원들의 숫자가 열세라고 판단되면, 노점상 상인들은 순식간에 폭력집단으로 돌변해 주먹을 휘두르기 일쑤였다. 생계 수단을 빼앗기는 이들이니, 눈에 보이는 것이 없다고 해도 과언이 아니었다. 그러다 보니 단속을 나가는 공무원이나 철거를 당하는 노점상들이나 사투에 가까운 혈전을 벌이게 되는 것이었다.

김 반장은 경찰서에 1개 중대 병력을 요청해서 양쪽 길을 경찰병력으로 차단하고, 기동대가 따라오도록 조치한 후 단속요원 20여 명을 인솔하고 나갔다. 그가 앞장서지 않는 한 단속요원들은 결코 먼저 움직이지 않았다. 그들은 아무 책임감이 없기 때문이다. 시키는 대로 하고 수당만 받아 가면 그뿐인 사람들이었다. 그러니 책임자인 그가 야전 지휘관이 되어 대원들을 인솔하고 시범을 보이면서 기선을 제압해야 했다.

그가 먼저 내려치고 물건들을 주워 실으며 본을 보이면, 단속요원들이 따라 했고 노점상들은 발악을 하다시피 죽자고 덤벼들었다. 욕설을 퍼붓고 때리고 매달리고 한쪽에서는 때려 부수고 멱살잡이를 하고 육탄전을 벌이며 싸우기도 하니, 아비규환, 아수라장이 따로 없었다. 그렇게 십 분, 이십 분이 지나면 어느 사이엔가 눈에 핏발이 서고 폭언이 난무하며 전쟁터 저리 가라 할 만큼 현장은 살벌해졌다. 그 경험을 무엇에 비길 수 있을까?

그는 그 살벌한 지옥 같은 현장 속에서 눈물을 글썽이기도 하고, 사람이 무엇이기에 이렇게 살아야 하는가 왜 이래야 하는가 하고 절망하기도 했다. 그러나 대부분 책임감을 가지고 단속요원들이 군중심리에 들떠 지나치게 흥분하지 않도록, 노점상들이 자해하지 않도록 만전을 기했다.

그는 그러한 상황 속에서 놀라운 사실들을 적나라하게 체험했다. 인간이 지닌 극도의 부정적인 측면부터 뭐라 말할 수 없는 삶의 치열함, 극히 작은 일이 생사를 가를 수도 있다는 인간의 원초적 본능, 자신의 목적을 위해서는 성마저도 하나의 무기가 될 수 있음을 안 것이다.

노점상들이 던진 과일을 맞으면 그 아픔이 상상을 초월할 만큼 지독

206 마음의 물결

해 며칠 동안 통증이 지속되는데, 모르는 사람들은 그까짓 과일에 맞은 것을 가지고 뭐 그리 엄살이냐고, 장난하지 말라고 한다. 하지만 맞아본 사람들은 야구 경기장에서 투수가 던지는 공에 맞는 것이 노점상들이 던지는 과일에 맞는 것보다 덜 아플 것이라고 의견을 모은다. 죽기 살기의 힘, 생존이 걸린 상황에서 나오는 무의식적인 힘이기에 어떤 투수의 투구보다도 절박한 힘이 실렸으리라는 것이 그들의 결론이었다.

문제는 아픈 정도 따위가 아니었다. 아무리 아파도 그들이 맞는 것은 아픔으로 끝나지만, 어쩌다 노점상이 맞았다 하면 그것이 자기네들끼리 던진 것일지라도 형사 입건이 되었다. 그들은 결코 자기네들끼리 던졌다고 말하는 법이 없었으며, 더 나쁜 경우는 의도적으로 자해를 해서 고발하기도 했다.

특히 여자들의 경우는 대단히 고약했다. 도깨비 시장의 노점상들은 유독 여자가 많았는데, 철거에 들어가 아수라장이 되면 여자인지 남자인지는 나중 문제였다. 그래서 부수고 말리고 때리고 차고 올리고 던지고 싸우는 중에 옷이 찢어지기도 했고 여자의 목덜미가 손에 잡히기도 했다. 대게 여자임을 알게 되는 때는 손에 잡히고 난 후, 그러니까 사후 약방문 격으로 촉감을 통해서였다. 때로 여자들의 속옷이 찢어지기도 했다. 그런데 그 아비규환의 와중에 속옷이 찢어지거나 목덜미 살이 손에 움켜쥐어졌다고 해서 재깍 성추행 당했다, 성폭행 당했다며 고발을 당하는 것이었다. 그러면 경찰에서는 어쩔 수 없이 피고발자를 불러 조사를 하게 되고, 그렇게 경찰서 출입을 해야 하는 기분은 당해 보지 않은 사람은 도저히 짐작할 수 없을 것이다.

그 무렵 어느 날이었다. 도깨비 시장은 미용실에서 가까운 곳이 아니었고 아내가 장을 보는 곳도 아니었는데, 아내는 미용재료 빠진 것을 구입하러 나온 길이었다던가, 아주 우연히 소문에 듣던 도깨비 시장이 여기구나 하면서 발을 들여놓았다고 했다.

　없는 것이 없어서 도깨비 시장이라 부른다더니 시장도 크고 물건이 많기도 하구나 하고 감탄하면서 아내는 모처럼 시장 구경을 하고 있었다. 그런데 상인들이 술렁거리기 시작하고 시위할 때처럼 경찰들이 늘어서고 상인들이 재빨리 움직이며 정보를 교환하는지 수군거렸다. 그들은 악질 반장이 오늘은 절대 더 미룰 수 없다고, 진짜 철거에 들어간다고 했다며, 죽자고 버티는 수밖에는 없다고 하더란다.

　그리고 아내가 서 있던 곳의 반대편 시장 입구 쪽에 무슨 소란이 일었는지 사람들이 구름처럼 몰려들었고 와장창 깨져 나가는 소리, 고함과 비명소리 등으로 난리가 난 듯했다. 아내는 그 소음과 많은 사람들이 이리 쏠리고 저리 쏠리는 것이 무서워 그대로 집으로 돌아가려 했다. 구경도 좋지만 분위기가 너무 거칠어서 겁이 나더라는 것이다. 그런데 뭐라고 외치는지는 모르겠는데 아무튼 고함 소리 몇 마디가 딱 아내의 고막에 와서 걸렸다.

　"이상도 하지, 훈이 아빠는 지금 사무실에 있을 텐데 어쩌면 목소리가 저렇게 같은 사람이 있지? 대체 어떻게 생긴 사람인지 살짝 얼굴만 보고 갈까?"

　아내는 돌아가려던 발길을 돌려 다시 장으로 들어섰다. 사람들 틈을 비집고 소란이 벌어지고 있는 현장을 보기 위해 작은 몸을 앞쪽으로 움직여 나갔다. 그리고 놀랐다. 그저 싸움이 난 것이려니 하고 막연하게 생각했는데, 그것이 아니라 마구 때려 부수고 악다구니를 치고 아주 난장판인 것이었다. 아내는 맨 앞에서 뭐라고 고함을 지르면서 해머를 내려치고 다니는, 대장으로 보이는 낯익은 사람을 보았다.

제21장
붉은 눈물

아내는 그 사람을 알아보는 순간 탈싹 주저앉고 말았다. 다리가 후들거리면서 힘이 빠져 도저히 서 있을 수가 없었다. 시끌벅적한 소음 속에 사람들이 이리저리 밀리는 와중이어서 왜소한 희진의 몸 하나쯤 앉건 서건 보이지도 않을 지경이었다. '그 조폭 같은 사람이 정말 그였을까? 노점상들의 생명줄 같은 판매대를 짓밟고 올라서서 소리를 지르며 마구 부수고 던지는 그 사람이 정말 훈이 아빠였을까?'

희진은 확인하고 싶지 않았다. 잘못 본 것이라고 믿고 싶었다. '내 남편이 이 시간에 왜 이 난장판 같은 곳에 와 있단 말인가. 그럴 리 없다. 남편은 지금 책상 앞에 단정하게 앉아 사무를 보고 있을 것이다. 그는 공무원이고, 아직도 공부 중인 학구적이며 성실한 엘리트이다. 대체 고 3때 공무원 시험에 합격하기가 어디 쉬운 일이던가.' 희진은 남편에게 내색은 안 했지만 그가 얼마나 남다르게 성실하고 대단한 남자인가를 알고 있었다. 남들이 재수를 하거나 대학 신입생이 되어 철없이 미팅에 정신을 팔던 스무 살 애송이 시절, 남편은 이미 공무원이 아니었던

가. 그뿐인가. 그는 아무리 생활에 쪼들려도 공부를 중단하지 않았고 부정이라든가 불의한 이권 같은 것에 한눈팔지 않았다.

　아버지의 설명을 듣고 그 사람을 눈여겨보기 시작하면서 희진은 얼마나 가슴이 설레었던가. 다만 그의 성격이 지나칠 만큼 독선적인 데가 있어서 희진의 정직한 마음을 보여주면 정말로 자기 아래에는 사람이 없는 줄 알까 봐, 또 혼자 굴러다니며 고생을 해서인지 도무지 여자에 대한 이해가 젬병이어서 그것을 개선시키기 위해서도 희진은 남편에게 좋은 소리를 하지 않았다. 남편에게 칭찬은 약이 아니라 독이라고 생각했기 때문이다. 그러나 속으로는 그가 얼마나 매력적이며 좋은 점을 많이 가진 근사한 사람인지 되새기곤 했다.

　두고두고 웃음거리가 된 선보던 날의 그 어설프고 한심한 기억도 이제는 추억이 되었다. 희진에 대한 좋은 감정만 앞서서 아무 것도 헤아리지 못하고 무모하기만 했던 해프닝까지 웃음이 머금어진다. 그때 더는 인연을 맺지 않기로 마음먹었지만, 그 깨끗하고 강렬한 눈빛과 반듯한 이마가 문득 문득 떠올랐다.

　희진은 이따금 생각해 보았다. 3공화국을 몰락시킨 대통령 시해사건이 없었다면 자신이 정말 준성과 결혼하지 않았을까?

　지금도 그는 알 수가 없다. 자신의 마음이지만 이유를 모르겠다. 그는 그 무례한 남자와 다시는 인연을 갖지 않기로 결심한 터였고, 아무리 줄기차게 전화가 와도 모른 체했다. 그런데 대통령 시해사건이 세상을 흔들었고 모든 방송들은 추모 일색이었다. 작고한 분은 희진이 기억하는 유일한 대통령이어서 그것이 독재인지 뭔지 알기 전부터 대통령은 그렇게 한 사람이 영원히 하는 것인가 보다 하고 막연하게 생각했다.

　그런데 대통령이 시해되고 사회 분위기가 예전과 달라지자 희진은 그 변화의 물결에 섞이고 싶었다. 부끄러운 기억이지만 그는 대통령도 죽

210　마음의 물결

을 수 있다는 것이 새삼스러웠다. 그때 희진은 직장에 다녔는데, 사회 의식은 한없이 미개했다. 그러나 18년 군부독재의 막을 내렸다느니, 서울의 봄이자 민주화의 봄이라는 전에 들을 수 없던 얘기에 관심이 쏠리고 있었다.

그런데 그런 여러 생각의 가닥 속에서 왜 그 사람 준성을 생각해 내고 결혼해야겠다는 기상천외하리만큼 엉뚱하고 충동적인 생각이 들었을까? 왜 그랬을까? 그것이 연분이고 섭리라는 것일까?

어떻든 그렇게 맺어져 남매를 두기까지 후회해 본 적은 없었다. 물질이 사람의 행복을 좌우한다고는 믿지 않았기 때문에, 신혼 때 비좁은 방에서 칼잠을 자고, 젖먹이 훈이를 업고 강남까지 머나먼 길을 하루도 빠짐없이 다니며 미용 기술을 배우고, 아이를 돌볼 틈이 없어 하루 걸러 아들을 잃어버리는 기막힌 생활을 해 왔어도 불행하다는 생각은 해 본 적이 없었다. 행복하다고 생각한 일이 많지는 않지만 눈물짓기보다 웃음이 많은 일상이었고, 무엇보다 언제나 푸르고 희망찬 미래가 있었으며 그 모든 신뢰와 평화의 근원은 남편에 대한 전폭적인 애정이었다.

희진은 조직 폭력배 같은 남자가 남편인가를 확인하지 않고 그 자리를 떠나려던 마음을 바꾸었다. '그건 안 될 일이다. 그건 무책임하고 비겁한 도피일 뿐이다.' 그는 일어섰다. 그리고 사람들을 헤치고 앞으로 더 나갔다. 난장판은 여전했다. 그는 두 눈을 부릅뜨고 현장을 아주 똑똑히 분명하게 주시했다.

노점상들은 지휘관으로 보이는 조직 폭력배의 행동대장 같은 남자를 향해 바가지며 과일이며 물건들을 손에 잡히는 대로 마구 던지고 욕설과 악담을 퍼부었다. 그리고 그 남자는 날아오는 물건들을 맞으면서도 고함을 쳐 노점상들을 해산시키고 시설물들을 때려 부수었으며, 단속원들은 명령에 따라 신속하게 움직이고 있었다. 그 난장판은 아직 저편 끄트머리의 입구 쪽이어서 희진 가까이 있는 상인들은 물건이라도 건져야 한다며 비호처럼 날렵하게 짐을 싸 가지고 그 자리를 피하기 시작했다. 멀리 보기에도 입구 쪽에서는 이미 상인들이 물건을 내버린 채 도망치고 있었고, 단속원들과 멱살잡이를 하고 싸우는 패거리도 보였다. 어느 사이엔가 트럭이 모습을 드러내고 단속원들은 마구잡이로 물건들을 주워 트럭 속에 내던졌다.

차츰 노점상들이 흩어지자 구경꾼들도 흩어지려 하고 물건을 실은 트럭 몇 대가 현장을 떠나면서, 그곳은 마치 전쟁이 휩쓸고 지나간 폐허처럼 황량했다. 대체 시간이 얼마나 지나갔는지 짐작도 할 수 없었다.

그는 남의 상가 추녀 끝에서 그 모든 것을 보며 멍청히 서 있었다. 남편의 눈에 뜨이건 말건 관심도 없었다. 물론 남편 역시 그 자리에 아내가 와 있으리라는 상상 같은 것은 꿈에도 생각할 수 없을 만큼 긴박하고 절실한 상황이었다.

"이제 좀 훤해졌나. 이러면 뭘 해. 조금 있으면 또 똥파리 꼬이듯 몰려들 건데. 쫓으면 날아갔다가 다시 꼬여드는 파리 떼 같은 걸. 시설물 없애 버리면 당분간 안 나오다가 슬금슬금 다시 꼬여들잖아."

"아무튼 오늘은 다행이야. 불상사도 없고 자해자가 나올 겨를도 안 주고 번개같이 끝냈으니……. 30분 만에 해치운 건 이거 기록 아냐?"

"반장님이 워낙 사심이 없으니까. 뭘 받아 먹었는데 어떡하지 하는 마음으로 어물쩍거리는 거하고, 구린 데가 없으니까 본격적으로 대드는 거 하고는 천지차이지."

"그럼, 그럼. 오늘은 일단 물건 버리고 도망친 상인들이 많아서 식은 죽 먹기로 죄다 주워 실은 걸로 끝났는데, 그게 몇 트럭이라고?"

"3.5톤 트럭 다섯 대라든가? 대단한 성공이라구……."

"성공이면 뭐하냐. 행정 목적이야 달성했는지 몰라도 우리한테야 국

212 마음의 물결

물 하나 떨어지는 게 없는데. 다른 반장들 같아 봐라. 오늘 같은 이런 날은 못해도 삼겹살에 소주는 따 놓은 당상이다. 멍반장은 다 좋은데, 솔직히 말해서 빈 깡통 아니냐? 사는 것도 형편없다면서?"

"아마 안에서 미장원을 한다지?"

단속원들의 얘기는 들으려 하지 않아도 고스란히 귀에 담겼다. 희진은 바로 자기네 얘기임을 알아들으면서 두 무릎에 힘을 주고 이를 악물며 걸음을 내딛었다. 어떻게 공무원인 남편이 시장통에서 영세 상인들이나 두드려 패서 쫓아내는 깡패 같은 짓을 할 수 있을까. 당연히 널찍한 사무실에 단정히 앉아 펜대나 굴리는 줄 알았는데……. 가만 있어도 땀이 줄줄 흐르는 한여름에 불에 달군 미용 기구를 들고 진땀을 뽑으면서도 남편은 흰 셔츠 받쳐 입고 출근하는, 세칭 화이트 컬러라는 자부심으로 버티지 않았던가.

그는 미용실로 돌아가지 않았다. 어딘지도 모를 곳을 발길 닿는 대로 헤매며, 살아온 날들을 돌아보고 세상살이라는 알 수 없는 늪을 더듬으며 헤맨 것이 고작 두어 시간쯤일까. 그는 문득 정신이 들었다. 아내이며 엄마이며 주부라는 직업은 개인적인 감정 따위가 용납되는 위치가 아니다. 당장 미쳐 나갈 듯한 감정에 휩싸여도, 도저히 가눌 수 없는 격정이 몰아쳐도, 실낱같은 의식이 붙어 있는 한 자신보다 아이와 가족을 생각해야 한다.

밥 짓고 빨래하고 청소하고 아이 낳아 기르고 남편 뒷바라지하고 생활비가 부족할 경우에는 돈도 벌어야 하는, 그러면서도 사회적으로는 살림이나 하는 별 볼일 없는 주부라는 대접을 받아야 하는 위치가 아내이며 엄마인 것이다. 때로는 그 엄청난 무게가 참으로 감당하기 어렵지만, 희진은 무엇보다도 자신의 신성한 직업을 가장 사랑했다. 형편이 좋아지면 전업주부가 되는 것이 꿈일 만큼.

어느 새 볼에 흘러내리는 눈물을 주먹으로 닦아내며 희진은 미용실로 전화를 걸었다. 훈이 남매를 잘 챙겨 달라고 부탁하고 오늘은 미용실 문을 일찍 닫아 달라며 아무래도 몸이 좋지 않다고 핑계를 댔다. 좋지 않은 정도가 아니라 당장 눕고 싶은 지경이었지만 희진은 동네 시장으로 향했다.

삼겹살을 살까 하다가 그는 큰마음 먹고 도가니 수육 재료를 넉넉히 샀다. 삼겹살이나 불고기는 더러 해 먹지만, 남편이 정작 좋아하는 도가니 수육은커녕 탕을 끓이기도 쉽지 않을 만큼 가격이 다락이라, 그네의 밥상과는 거의 인연이 없었다. 그러나 희진은 눈 딱 감고 다락같은 가격을 지불했다. '오늘은 가격 따위에 신경 쓰지 않으리라. 남편에게 무엇이 아까우랴. 도가니 수육 아니라 안심이고 등심이고 매일 밥상에 올리고 싶다.' 그는 효자가 손가락을 깨물어서 핏방울을 부모의 입술 사이에 떨어뜨려 회생시켰다거나, 자신의 살을 베어 음식을 만들어 드렸다는 엽기적인 옛날 얘기들을 혐오했었다. 그런데 아하, 이러한 심정일 때 사람들이 그런 무지막지한 행동을 하는 것이 아닐까 싶을 지경이다.

남편은 능청스러운 얼굴로 제 시간에 퇴근했고 그 또한 능청스러운 얼굴로 밥상을 들여갔다. 평소와 달리 엄마와 오래 떨어졌던 아이들은 꽤 고단했던지 일찍부터 곯아떨어져 자고 있었다.

"어, 이게 다 뭐야. 오늘 무슨 날야?"

남편이 눈이 휘둥그레져서 목소리를 높였다.

"당신 아내 철든 날, 세상 무서운 거 실감한 날 기념하려고."

"뭔 소리야? 당신, 사고 쳤어?"

"이이는? 내가 무슨 사고를 쳐요? 내가 훈이유? 이유 캐묻지 말고 잔이나 받으세요. 나도 한 잔 주시구요."

'허, 이 여자 봐라.' 싶은 기분을 누르며 남편은 모처럼 아내의 잔을 받았다. 술을 따르는 아내의 손이 파들파들 떨렸다. 슬쩍 보니 필사적으로 눈물을 참느라고 아내의 얼굴이 잔뜩 일그러져 있었다. 남편은 모르는 척 시침을 떼고 아내에게도 술을 가득 따른 후 잔을 부딪쳤다.

이유는 모르지만 술맛은 달고 맛깔스러운 음식들은 입에 착착 붙었는데, 아내가 고개를 푹 떨구더니 "흑!" 하다가 발딱 일어나 뛰쳐나갔다. 대체 뭔 일이란 말인가. 솔직히 그는 집안일은 웬만하면 그냥 넘어가고 싶다. 하늘과 땅이 뒤집히지 않는 한, 집에서만이라도 조용히 넘어가고 싶은 날이었다.

아내는 세수를 하고 와서 눈에 티끌이 들어간 모양이라며 얼버무렸는데, 그 수상한 모양새가 아무리 봐도 내일로 미룰 일이 아닌 성싶었다.

"뭔 일야? 나, 오늘 피곤해서 웬만한 일엔 위로해 줄 여력이 없으니까 위로받을 기대는 하지 말고 얘기해 봐. 당신하고 나하고 하루 이틀 지낸 사이도 아니고 눈썹 한 올 치켜떠도 거짓말인지 아닌지 아는 처지에 괜히 속일 생각 말구. 나, 어물쩍 못 넘기는 성질 당신 알잖아?"

"어물쩍 넘길 줄도 알아야 하는 게 나이 먹는 건가 봐요. 나야말로 오늘은 목숨까지는 안 걸었지만 젖 먹던 힘 다해서 어물쩍 넘기고 싶은데……."

유머감각이라고는 없는 사람이 사람을 웃게 하겠다고 어설프게 코미디언 흉내를 내려 들더니, 결국 말을 끝내지 못하고 와락 울음을 터뜨렸다.

"당신한테 너무너무 미안하고 내가 많이 잘못했어요. 이제 절대 불평 안 할게요. 저, 오늘 미용 재료 때문에 나갔다가 당신이 그 거친 사람들하고 몸싸움하는 거 봤어요. 차마 볼 수 없었지만, 그게 당신 업무라면 두 눈으로 똑똑히 봐 두어야겠다는 결심으로 끝까지 봤어요. 당신 그런데도 집에 들어오면 하루도 안 빼고 밤 열두 시 반까지 공부하고…….
오늘에야 비로소 세상살이가 어떤 건지, 내 남편이 직장생활을 어떻게 하고 있는지, 내가 얼마나 철부지였는지 안 거 같아요. 난 열 번 죽었다 깨도 당신처럼 그렇게는 못살 것 같아요."

아내는 비교적 차분하게 얘기를 마쳤다. 그는 과장되게 너스레를 떨었다.

"야야, 술맛 떨어지게 청승떨지 마. 사람들 말 안 해서 그렇지 다 비슷하게 사는 거야. 대체 시장이 거기 한 군데야? 어디로 못 가고 하필 거기 가서 그걸 구경이라고 해? 그래, 재미있든? 그리고 그런 거 보면 잽싸게 피하는 게 상식야, 이 바보야. 가까이 있다가 무슨 봉변을 당할 줄 알고 끝까지 지켜봐? 그렇게 할 일이 없어?"

세상 사람 모두에게 보여도 상관없지만 단 한 사람 아내에게만은 보이고 싶지 않았던, 보이게 되리라고는 상상할 수 없었던 일을 목격당했다는 수치심 때문이었을까. 그는 벌컥 화를 내고 말았지만, 아직도 애처롭게 발발 떨고 있는 아내를 외면할 수는 없었다. 아마 그는 평생, 아니 죽어서도 아내의 그 모습, 떨리던 손가락과 울음을 참던 찌그러진 얼굴과 그 차분한 얘기를 잊는 일은 없을 것이다.

그는 멋쩍어서 짐짓 화난 척 퉁명을 부리며 술을 마셨지만 속은 그리 아릴 수가 없었다. 찢긴 듯 아프고 부끄럽고 괴로웠다. 어쩌면 가로 정비 반장이 되어 노점에서 한 푼 벌이로 살아가는 사람들을 때려 부수는 일은 준성 자신과 아내를 때려 부수는 것인지도 모른다. 법의 이름으로 한 푼 벌이하는 삶의 터전에서 쫓겨 가야 하는 이들은 바로 그 자신이며 아내이며 아무 힘을 가지지 못한 이웃들이 아닌가. 6개월마다 이사를 다녀야 하는 집 없는 서러움 속에 살아가는 서민이 그들이었다.

그러나 다른 방법이 없었다. 올림픽 준비를 위한 가로 정비는 중요한

나랏일이며, 그의 업무였다. 자본주의 사회에서 자본 없이 빈손으로 살아야 하는 고통은 철저히 개인의 것이지 않은가.

그러나 자본이 돈만을 뜻하는 것은 아니리라. 마음이 가장 큰 자본이고 재능이며 노력이며 시간이며 삶의 자원일 수 있는 모든 것이어야 하는데, 그것을 왜 꼭 돈으로 획일화시켜 계산해야 하는지 준성은 아무리 생각해도 알 수 없었다. 더불어 사는 사회라는 허울 좋은 말조차 이제는 공허하게 들릴 때가 한두 번이 아니다. 가난과 나약함의 고통은 철저하게 개인만의 것이라는 깨달음 때문이었다.

아내가 술상을 봐 놓고 기다리던 그날, 준성 부부는 오래도록 함께 울었다. 둘은 등을 맞대고 서로에게 기대앉아 하염없이 눈물을 흘렸다. 그 눈물은 그들의 가슴으로부터 흘러내린 붉은 피 같은 눈물이었다.

그러나 아직 그것은 가로 정비 반장의 뜨거운 맛이 아니었다. 그의 앞에는 넘을수록 더 큰 고개가 가로놓여 있었다. 스무 명 정도의 단속원이 필요하던 철거 작업은 날로 규모가 커져 갔다. 단속원이 칠팔십여 명쯤 되자, 담 큰 김 서기도 두려움을 느낄 정도였다. 일은 점차 거대한 규모의 살벌함으로 확산되어 가고 있었다.

잊을 수 없는 일이 한두 가지가 아니지만 그야말로 목숨의 위협을 느낀 사건은, 강변을 끼고 무질서하게 생겨나 번창하던 소위 말하는 기업형 포장마차 철거였다. 그 시기엔 아주 든든한 후원자가 되어 준 이 국장이 적극적으로 나서서 준성을 대견해하며 독려해 주었다. 그렇지만 직속 상관인 계장이 보상직 독직 사건으로 감옥에 간 후 후임이 아직 오지 않아 공석 중이었다. 단속원을 백여 명 가까이 인솔해야 하는 일은 준성에게 솔직히 버거웠다. 누군가 상사가 있어서 지휘를 받고 싶은 심정이었다. 그러나 과장은 결재서류보다는 거기 끼어 가는 촌지를 내놓고 밝히는 사람이라 하소연할 곳조차 없었다.

밤에 포장마차 단속이 확정되면 국장도 퇴근을 하지 않고 지키다가 뒤따르는 것이 관례였다. 준성이 국장에게 '위험한데 오실 필요 없다'고 하면, 국장은 '위험하기야 김 서기하고 단속원들이지 내가 뭘 한다고 위험하냐' 고 했다. 국장은 그런 어른이었다. 국장이 가장 염려하는 것은 어느 쪽이건 인명사고가 있어서는 안 된다는 점이었다.

외진 샛강변 물가에 한밤중이면 불야성을 이루는 소위 기업형 포장마차들이 쫙 늘어서 있는 모양은 정말 이곳이 서울인가 싶을 만큼 장관이었다. 그는 그 불야성을 이룬 환락가 입구에 차를 대 놓고 방송을 했다.

"지금 술을 드시는 분들은 빨리 끝내고 이 자리를 떠나 주시기 바랍니다. 특히 주차된 차들은 음주 측정 단속반이 곧 도착할 것이니, 속히 떠나시기 바랍니다."

그 한적한 강가에는 한창 붐이 일기 시작하던 자가용족들이 연인끼리, 술친구끼리 어울려 찾아들기 일쑤였고, 개인택시 운전기사들도 적지 않게 몰려와 술을 마시고도 아무렇지 않은 척 운전하는 경우가 비일비재했다.

어떻든 한밤중에 풀벌레 소리와 잔물결 소리 속에서 술을 마시며 노래하고 춤추던 분위기는 낮은 억양의 경고방송으로 찬물을 끼얹은 듯 조용해졌다가, 사태가 파악되자 소란이 일기 시작했다.

마음의 물결

제22장
까마귀인가 백로인가

　물결소리는 평화롭고 바람은 산들거리는 초저녁, 샛강변의 포장마차 거리에 갑자기 소란이 일었다. 겁이 난 손님들이 술잔을 내던지며 허둥지둥 빠져나가고, 행동개시 명령과 함께 현장은 아수라장이 되었다.
　백여 명의 단속원들이 일제히 달려들어 해머로 지붕 중간을 겨냥해 내리치면 지붕을 받치고 있던 나무 받침대가 우지끈하는 엄청난 굉음 속에 부러져 나가면서, 일부 상인들은 죽자고 덤벼들고 더러는 도망을 치는 것이었다.
　그런데 그 운명의 날은 달랐다. 첫 집을 있는 힘을 다해 내려쳤는데, 지붕을 받친 것이 나무가 아니라 쇠파이프여서 음향은 더 강렬했지만 받침대는 부러지는 대신 거꾸로 쇳소리와 함께 쇠망치를 튕겨냈다. 아찔하지 않을 수 없었다. 반장을 비롯해 단속원들이 당황해서 어쩔 줄 모르는데, 우람한 체구의 사내가 새파란 회칼을 들고 나섰다.
　"너 이 새끼, 나한테 오늘 죽을래?"
　그 사내는 살기 어린 눈으로 김 서기를 쏘아보며 사생결단하고 덤볐

다. 소란스럽던 일대가 물을 끼얹은 듯 조용해졌다. 그의 바위처럼 단단해 보이는 우람한 체구와 음산한 목소리의 욕설과 번뜩이는 눈빛이 주위를 압도했다. 그런데 그 긴박한 공포의 분위기 속에서 냉소적인 웃음소리가 터졌다.

"허허, 뭘 잘못 아시는 모양인데, 우린 시비하러 나온 폭력배가 아니라 단속을 나온 공무원들이오."

이 무슨 가소로운 일이냐는 듯 웃음부터 내밀던 반장은 이윽고 목소리를 높여 벼락같이 고함을 쳤다.

"지금부터 10분 줄 테니 모두 철수하시오. 알아듣겠나? 자진 철수하면 강제철거는 안 한다."

그리고 새파란 회칼을 들이대고 있는 우람한 사내에게 천천히 몸을 돌리면서 김 반장은 목소리를 낮췄다.

"당신이 그걸로 나를 찌르는 건 자유요. 어이, 박 기사! 빨리 파출소로 연락해. 올림픽 상황으로 각 파출소에 증강 배치되어 있는 인원, 당장 이 강변으로 보내라고 해. 박 기사가 직접 가서 당장 경찰관들 데리고 나와."

감정이 실리지 않은 목소리로 이렇게 이르고 그는 다시 회칼을 든 사내와 마주섰다. 김 반장이라고 떨리지 않는 것이 아니었다. 아무리 그가 담이 크다고 해도 불빛에 번쩍이는 섬뜩한 칼날 앞에서 태연할 수는 없었다. 다만 이것은 목숨을 건 심리전이고 전쟁이라는 판단에서 그야말로 사력을 다해 대처할 뿐이었다. 만약 여기서 상인들의 위세에 눌려 철수하면 이 지역은 공공연하게 단속의 힘이 미치지 못하는 치외법권 지역처럼 되어 버리고 말 것이다. 목숨에 위협을 느끼면서도 이들을 제압해야 하는 것이 그의 직무였다.

현장에 나갈 때마다 준성은 과연 하느님이 계시는지, 하느님은 어느

편이신지 갈등을 하게 된다. 뭘 모르던 초창기에는 공권력이 자신을 보호해 주듯이 당연히 하느님도 보호를 해주시리라는 확신이 있었다. 그러나 지금은 다르다. 나라법의 보호는 분명히 받고 있으나, 나라법과 하느님 법이 동일하지 않음을 이제 준성은 알 만큼 안다. 더욱이 철거 대상자들이야말로 자신과 다름없는, 아니 자신보다 더 막다른 골목에 몰린 기층 민중들이었다.

그렇다고 해서 직무를 소홀히 할 수는 없었다. 상인들이 먹고살기 위해 죽기 살기로 덤비는 것이나, 그가 직무수행을 위해 칼날 앞에서 목숨을 내놓고 저지하는 것이나, 본질적으로는 살기 위한 투쟁이 아닌가. 각자 먹고살기 위해, 즉 자신의 직업을 지키기 위해 사생결단의 심정으로 대결을 하는 것이었다.

살이 떨리는 듯한 두려운 감정을 자제할 수는 있으나, 의지까지 떨어서는 안 된다고 그는 어금니를 물었다. 그런데 아주 섬광 같은 순간의 일이었다. 회칼을 들고 벌벌 떨며 김 반장을 찌르려던 사내가 그야말로 비호같은 동작으로 잽싸게 옷을 풀어헤치더니 가슴을 그은 것이다. 김 반장의 설득으로 철수할 태세를 취하던 포장마차 주인들이 그것을 보더니 소란을 피우며 우르르 집단으로 몰려왔다.

그 순간, 뒤에서 "야, 김준성!" 하고 누군가 이름을 불렀다. 학생 때처럼 그렇게 이름을 불러 주는 이는 딱 한 분뿐이었다. 돌아보니 늘 격려해 주는 이 국장이 뒤에 차를 대 놓고 보고 있다가 철수하라는 신호를 보낸 것이다. 준성은 가슴이 찡했다. 혼자가 아니라는 뭉클함으로 눈시울이 울컥 더워졌다. 그러나 그럴 수는 없다. 그래서도 안 된다. 이들의 생리는 국장보다 반장이 더 잘 아니까.

그는 단속원을 시켜 빨리 국장을 피신하게 했다. 국장이 현장에 와 있다는 사실이 알려지면, 저들은 무슨 짓을 할지 모른다. 쏜살같이 다녀온 단속원은 귓속말로 물러서 있으라는 전언을 속삭였다. 그러나 물러설 상황이 아니었다. 자해를 한 사내는 피를 흘리고 서 있고 자극을 받아 몰려온 동업자들은 살기가 등등해 여차하면 반장을 때려눕히기라도 할 듯한 험악한 분위기였다. 다만 사태가 심상치 않으니까 함부로 대들지 못하고 팽팽한 긴장 속에 관망을 하는 중이었다. 마침 파출소에서 경찰과 의경들이 도착해 그들을 포위했다. 때를 놓치지 않고 김 반장은 우렁차게 소리쳤다.

"지금부터 이 자리에서 자해한 사람은 공무집행 방해죄로 모조리 입건하시오. 그리고 단속원들은 지체 없이 자진철거를 거부하는 포장마차는 모조리 엎어버리도록! 행동개시!"

지붕 받침대가 부러지지 않으므로 뒤엎는 수밖에는 다른 방법이 없었다. 나중에 보상을 해주는 한이 있어도 그 상황에선 그러한 물리적인 행동, 이를테면 이는 이로 칼은 칼로 맞서지 않으면 정리가 안 되고 사태를 영 그르치고 만다. 다행히 자해를 한 사람도 위협에서 나온 행동이므로 상처가 깊지 않았다. 피는 흘렸지만 살갗이 살짝 베인 것임을 김 반장은 진작 알아본 터였다. 자해한 사람은 파출소로 데려가고 김 반장은 뒤집어 엎은 포장마차를 부수라고 지시했다. 쇠파이프로 기둥을 세웠으니, 살림만 부수면 되는 것이다. 단속원들이 민첩하게 달려들어 부수기 시작하자 나머지 포장마차들이 앞다투어 밀고 끌며 걸음아 나 살려라 하듯 도망쳤다. 그들이 도망을 쳐야 일이 정리가 된다.

그렇게 포장마차를 비롯해 노점상 단속을 하다 보니, 국장이 불러 매주 용돈을 주었는데 김 반장은 지금도 좀 후회스럽다. 그것은 순수하게 애쓴 단속원들에게 삼겹살이라도 사 먹이라며, 당신 판공비와 업무추진비를 다 써도 아깝지 않다면서 주는 돈이었다. 그런데 다른 구청에서는 거꾸로 '어째, 오늘은 과자 부스러기 하나 없는겨. 어떻게 된 거야?'

222 마음의 물결

하는 것이 그 당시의 실정이었다. 김 반장네 국장 같은 분은 흔하지 않았는데 그것을 인복이라고 하는 것일까. 그는 곳곳에서 그런 존경스러운 상사를 만날 수 있었다. 부정을 저지른 공무원이 날마다 신문의 사회면을 어지럽히는 것 같아도, 사실 대부분의 공복들은 성심성의껏 정의롭게 직무를 수행하고 있었다.

김 반장이 후회하는 것은 그때 그가 어려서였을까? 그는 국장에게 받은 돈으로 단속원들에게 삼겹살을 넉넉히 사 주지 못하고, 곧이곧대로 직속상관인 계장에게 격려금을 전했다. 계장은 그 돈의 절반만 김 반장에게 주었으므로 그는 단속원들에게 삼겹살 아닌 어묵밖에 사 줄 수가 없었던 것이다. 그만한 융통성조차 없었던 것이 이십 대의 그였다.

그 시절 그는 검찰청에도 불려 가 보았다. 대부분의 노점상들이 자해를 하고 그 혐의를 준성에게 덮어씌운 탓이었다. 그러나 번번이 간단하게 풀려났는데, 정작 피의자가 되어 출두하게 된 것은 몇 해가 지난 후, 자동차관리사업소에 재임하던 시절이었다.

어쩌면 그것은 서서히 생활 속에서 하느님을 발견하고 비로소 일상적으로 하느님을 모시고 살게 되는 과정의 시작이었는지도 모른다. 자기 발로 찾아가 얻게 된 신앙이었으므로 그 책임감이 이따금 그를 옥죄었으나, 육화되지 않고 일상화되지 않은 신앙이 그러하듯 그때까지 그의 믿음은 다분히 관념적이고 피상적이었다. 때로 신앙 때문에 갈등을 겪기도 했지만, 대부분의 시간 동안 그는 하느님을 잊어버린 채 살다가 고작 주일미사나 드리면서 30대 문턱을 넘어선 것이다.

근무처가 바뀐 것도 그 무렵이었다. 건설관리과에 재임한 지 1년 반쯤 지난 1984년 10월의 토요일이었다. 그는 여전히 막다른 골목 인생들인 노점상들과 죽기 살기의 전쟁을 치르느라 잠바는 찢기고 얼굴에도 상처를 입은 채 차에 물건들을 가득 싣고 사무실로 들어오는 길이었다.

그런데 대뜸 과장이 부르더니 뜻 모를 소리를 했다.

"김 서기, 누구 빽야? 밉든 곱든 직속상관인데 한 마디 귀띔도 없이 이럴 수 있어?"

정색을 하고 서운해하는 얼굴이었다.

"대체 무슨 일입니까?"

"이거 왜 이래. 미리 손 써 놓고……. 어서 총무과에 가 봐."

과장의 말투는 농담이 아니었다. 무슨 오해려니 여기며 준성이 총무과로 내려가니, 알 수 없는 농담 비슷한 소리가 거기서도 쏟아졌다.

"그렇게 안 봤는데 김 주사 대단해? 여태 건설관리과에서 자동차관리사업소로 발령이 난 예는 없는데 말야. 거긴 구청, 아니 본청에서도 감사실이나 총무과 출신 아니고선 간 사람이 없는데, 누구 힘야? 나도 좀 잘 봐 달라고, 김 주사."

은근한 말투가 농담이 아니었다. 그는 어리둥절한 채 발령장을 받아 가지고 나왔다. 주위에서는 영전이라고 축하한다며 법석을 떠는데 그의 머리는 복잡하기만 했다.

자동차관리사업소라 하면 그에게는 늘 사고가 터져서 직원들이 굴비 엮이듯 끌려가는, 텔레비전 뉴스와 신문에 대문짝만하게 부정 공무원이라고 대서특필된 활자만 떠올랐던 것이다. 사실 특별시 산하의 자동차관리사업소는 당시 부패지수가 첫 번째로 꼽히는 치부기관이라는 인식이 팽배해 있었다. 무슨 운명의 장난인지 모르지만 준성은 이것은 뭔가 잘못되었다고 생각했다. '하느님, 제 빽이라면 하느님뿐인데 절 거기 보내시는 이유가 뭡니까. 이건 죽으러 가는 거 아닙니까?' 어리벙벙해 있는 그에게 인사계장이 월요일부터는 이발하고 목욕하고 목댕기 매고 화이트 컬러 공무원다운 차림새로 출근하라고 일러주었다. 당시 사업소는 강남에 있었다.

그는 월요일에 넥타이를 매고 출근했다. 그런데 30명의 새 발령자 중 29명이 이미 토요일에 발령장을 받자마자 찾아와서 인사하고 보직 신청을 했으며, 월요일에 처음 간 사람은 준성뿐이라는 설명이었다. 그가 게을렀던 것인지 그를 제외한 29명이 부지런했던 것인지, 아직도 그는 분간할 수가 없다. 어떻든 그 이유로 그는 보직을 받지 못했고, 관리부서에서 민원서식을 나눠주는 일을 맡게 되었다.

그곳은 좀 독특해서 민원실 관리직원은 가구처럼 있어도 없어도 그만인 듯 여겨졌고, 민원창구의 보직을 받으면 하루아침에 신분이 상승된 듯 대우를 받는 분위기였다. 신규등록이건 이전등록이건 주소변경 담당이건 창구 직원은 수없는 사람들에게 인사를 받는데, 문제는 그 인사에 봉투가 따른다는 점이었다. 자연히 직원들은 창구직을 선호했는데 그만큼 위험도 적지 않았다. 이해관계가 얽힌 곳이므로 사무실 안에서 테러를 당해 목뼈가 부러지기도 하고 퇴근길에 버스 정류장에서 벽돌을 맞아 다치기도 했다. 물론 그런 일은 신문에도 안 나고 고발도 하지 못하는 사건들이었다.

안내용지나 나눠주는 한직에서 오래 지낸 그도 마침내 창구에 앉는 날이 왔다. 순환근무 원칙의 인사규정에 따른 결과였다. 그는 습관대로 새 직무에 관계된 법령과 시행령 등 규정지침을 외우다시피 했다. 그리고 까마귀 나라에 백로가 가면 어느 정도는 까마귀가 되어야 살아남는다는 각오도 했다. 자칫 자기 한 사람 때문에 조직이 무너질 수도 있는 곳이 그곳이라는 느낌이 들어서 혼자 독야청청할 수 없음을 그도 모르지 않았던 것이다.

창구를 이용하는 사람들은 주로 대행업자들이었다. 그들은 대개 사기나 폭력 등의 전과를 가졌는데 사무실을 차리고 자동차 등록 같은 업무를 대행하고 있었다. 그런데 좀 과장해서 말하면, 창구직원이 대행업자들의 생사여탈권을 쥐고 있는 셈이므로 담당 공무원이 바뀌면 자연히 그들은 신경을 곤두세웠다.

그들은 새로 온 공무원을 제압하기 위한 가장 효과적인 방법이 대중 앞에서 망신을 주는 것이라는 계산 아래, 담당자가 바뀌면 그동안 통과되지 않았던 서류를 몽땅 집어넣었다. 규정을 모르는 상태에서는 진위를 가려낼 수 없으니까 웬만하면 통과시켜 줄 것이라고 믿은 것이다. 한번 규정에 어긋난 것을 통과시키면 관례가 되고, 그 약점을 잡히면 담당 공무원은 발목을 잡힌 꼴이라, 그들이 하자는 대로 하면서 봉투를 받아 상납도 하고 치부도 하면서 공생관계가 되어 버리는 것이다.

밤새 규정을 익혀 가지고 출근해서 창구에 앉았더니, 오전에 접수된 서류가 40여 건이었다. 그 서류들을 검토해서 규정에 어긋나는 것은 무엇을 첨부하라고 적은 다음에 반려함에 넣으면 시간은 어느덧 오후 세 시쯤 됐다.

운동장처럼 넓은 홀에 발 디딜 틈이 없을 정도로 사람이 꽉 차 있었다. 창구에 오려면 사람들을 헤치고 들어와야 할 만큼 복잡했다. 그런데 소란스럽게 큰 소리로 비키라면서 전봇대 같은 키에 씨름선수 저리가라 할 만큼 체격이 장대한 점박이가 다가와 50여 건의 서류를 김 서기 앞에 팽개치며, 우렁찬 목소리로 욕설을 섞어 야료를 부렸다.

"야, 이 XX놈의 새끼야. 너, 이 서류에 만 원씩 안 붙였다고 다 빠꾸시킨 거냐?"

멋모르고 쳐다보니 덩치가 태산 같은 사람이 호통을 치고 있었다. 서류는 바닥으로 떨어져 버렸다. 기가 막혀서 다시 쳐다보니까 그 사내는 육두문자로 욕설을 퍼부으며 왜 쳐다보냐고 시비였다.

김 서기는 바닥에 흩어진 서류를 주우면서 어떻게 할 것인가를 생각했다. 순간의 판단이 십 년을 좌우한다지 않는가. 서류를 집어 가지고

김 서기는 잽싸게 그의 얼굴에 던지며 대꾸했다.

"야, 이 XX놈의 새끼야. 난 지금까지 돈 받으면 반드시 영수증을 줬는데 네가 나 돈 준 거 있으면 영수증 가져오고 영수증 없으면 꺼져. 그리고 경비 아저씨들, 이 새끼 사기꾼이니까 빨리 내쫓으세요. 어디 와서 행패를 부리는 거야?"

그의 고함소리에 경비들이 달려들자 씨름선수 같은 점박이 사내는 얼굴을 치더니 바닥으로 흩어진 서류들을 주워 가지고 3백여 명의 사람들이 쳐다보는 가운데 끌려나갔다.

그는 공개적으로 법에 저촉되지 않는 서류가 반환되는 일은 없을 것이라고 선언했다. 물론 '인지처럼 붙어 오던 봉투, 수수료 격의 촌지는 받지 않겠다. 대행업자든 민원인이든 서류에 하자가 없다면 통과시킨다.'는 약속이었다. 그때 가장 많은 것이 도장 위조와 서류 위조였는데, 준성은 위조는 절대 안 된다고 단단히 못을 박았다.

당시 자동차 관련법이 복잡하기도 했거니와 구조적으로 등록 등 제반 절차는 거의 대행사를 거치던 때였다. 시민들이 차를 사는 경우, 자동차 가격에 등록세 등이 자동적으로 포함되었는데 근본적으로 주민등록등·초본처럼 간단한 방법이 필요한 부분이었다. 더욱이 네다섯 개의 법령들은 정비가 잘 되지 않은 상태라 귀에 걸면 귀걸이, 코에 걸면 코걸이 식으로 해석에 혼선을 초래하는 규정들도 있었다. 그러니 담당자에 따라 해석이 달라질 수밖에 없는 일이었다.

아무래도 대행업자들은 위조 도장이 90퍼센트를 차지할 정도였으므로 난감하지 않을 수 없었다. 특히 소란을 떨던 점박이는 그곳을 주름잡는 사내라고 했다. 동료들은 하룻강아지 범 무서운 줄 모르고 잘못 건드렸다느니, 누구는 밸이 없어서 그 점박이를 상대한 줄 아느냐느니, 당사자인 그보다 걱정이 더 많았다.

그런데 그날 저녁, 업무를 끝내고 퇴근하는데 자그마한 청년이 따라오더니 "잠깐만요, 주사님. 저희 사장님께서 잠깐 뵙자고 하시는데요." 하며 공손히 일렀다.

"너희 사장이 누군데?"

무심히 묻다가 그는 낮에 와서 소란을 피운 점박이를 떠올렸다.

"낮에 나 협박한 친구? 지금은 내가 시간이 없고 할 얘기 있으면 근무시간에 창구에 와서 하라고 해."

그가 청년을 돌려보내자 같이 퇴근하던 동료가 혀를 끌끌 찼다. 정말 다치고 싶지 않으면 지금이라도 청년을 따라가 보라는 것이었다. 그는 픽 웃었다.

다음 날 아침, 창구가 한산한 시간에 그 넓은 민원실의 반이 찰 듯한 거구의 점박이가 건들건들 그를 향해 들어왔다.

제23장
좁은 길

　건들건들 들어온 태산 같은 거구의 젊은이가 창구 앞으로 오더니, 어제 무슨 일이 있었느냐는 듯 깍듯이 허리를 구십 도로 꺾었다. 공무원 신분이면서도 건설과 가로 정비팀에서 뒷골목 행동대장 비슷한 친구들을 상대해 온 그에게 주먹 쓰는 친구들은 그리 낯설지 않았다. 그는 이미 주먹 친구들의 특징인 극단적이다시피 한 단순성을 익히 꿰뚫고 있었다. 자기보다 강하다고 생각되면 주저 없이 고개를 숙이고 약하다고 판단되면 무자비하게 짓밟아 버리는, 철저한 약육강식의 논리로 살아가는 것이 그들의 생리였다.
　"형님, 어제는 죄송했습니다. 용서해 주십쇼."
　피식 웃음이 나려고 했다. 문득 그들에게는 호칭이 두 개밖에 없음이 생각났던 것이다. 강하다고 생각되는 모든 상대는 그들에게 형님이었고 약한 상대는 XX놈이었다. 웃음이 난다고 웃음을 내비칠 상황은 아니었으므로 그는 무표정하게 대꾸했다.
　"난 당신 같은 동생 둔 적 없고, 용무가 뭐요?"

"앞으로 접수하는 서류 좀 잘 봐주십시오. 부탁드립니다, 형님."

"그게 내 일인데 잘 안 보면 직무유기니까 당신이 잘 보라 마라 할 문제가 아니고, 법대로만 해 오면 되는 것 아니겠소. 이미 시행규칙을 써 붙였으니까 잘 읽어보시고 법규정만 준수하면 됩니다. 또 인지대 외에는 급행료, 수수료, 쥐약 다 필요 없으니까 그 점도 양지하시고."

그는 친절한 태도로 차근차근 상세하게 설명해 주었다. 늘 시끌시끌하고 항의 많고 말썽 많던 민원실이 그가 등록창구에 앉은 이후, 눈에 띄게 조용해지면서 질서가 잡혀 갔다.

걸핏하면 오라 가라 하던 경찰이나 검찰의 요구도 한결 줄어들었다. 자동차 관련사건만 터지면 와서 설명해 달라는 주문이 빗발쳤는데 뜸해졌던 것이다. 사무실 안에는 차츰 자동차관리소에 인재 하나 탄생했다고 농담 반 진담 반의 너스레가 오가고, 1년 임기의 소장들은 갈 때마다 아무개는 여기 두어야 한다고 인수인계를 하는 지경이었다.

그는 그것이 뭘 의미하는지도 모르는 채, 동료들이 보통 1년 정도 근무하고 다른 곳으로 빠져나가는 것을 바라보면서 무심하게 해를 보내고 또 보냈다. 자그마치 네 해를 거기서 보낸 것이 그의 관운을 제자리걸음 하게 만든 원인이었다면 과언일까.

진급시험의 기회가 주어지지 않는, 그럴 겨를조차 없을 만큼 업무량이 폭주하고 분위기가 거친 자동차등록사업소에서, 그는 말뚝이라도 박은 양 4년 2개월을 지냈다. 그 기간 동안 그는 본의 아니게 60-70여 명의 동료들이 감옥으로 끌려가거나 중징계를 당하거나 해임되는 것을 지켜보아야 했다. 어느 날 갑자기 옆자리에 앉아 있던 친구가 구속되는 것을 보는 심정은 밖에서 생각하는 것과는 사뭇 느낌이 달랐다.

물론 지탄받아 마땅한 부정 공무원이 없는 것은 아니었다. 하지만 미꾸라지 한 마리가 물을 흐린다고, 진짜 고약한 경우는 극소수였고 대부

230 마음의 물결

분은 방심하다가 또는 잘못 코를 꿰어서 혹은 실수로 그리 되는 경우가 허다했다. 그리고 그런 불명예스러운 일을 구경만 한 탓이었는지, 자동차관리사업소에 오래 있을수록 진급이 늦어진다는 사실을 그는 뒤늦게야 깨달았다.

피의자 신분으로 검찰에 소환되는 일은 그곳에 근무한 사람이라면 누구나 거치는 과정이었다. 그러한 일이 김준성이라고 예외일 수는 없었다. 검찰에서 소환장이 날아온 것은 봉인실에 근무할 때였다. 소환장이 배달되면 늘 그러하듯이 사무실에는 긴장감이 감돌았다. 과장도 소장도 그를 불러 무조건 피하는 것이 상책이라고 진심으로 걱정하며 일러주었다. 참고인으로 불려 가는 것이 아니고 피의자로 소환당하는 일은 빠져나올 재주가 없다는 것이 중론이었다. 그만큼 자동차 관련 업무는 각종 범죄 사건에 연루되는 일이 많았던 것이다.

그러나 그는 걱정하지 말라고, 아무리 나는 새도 떨어뜨린다는 검찰이지만 죄 없는 사람을 어찌하겠느냐고 하면서 순순히 출두할 의사를 밝혔다. 어쩔 수 없이 또 한 차례 동료들에게 범 무서운 줄 모르는 하룻강아지라는, 걱정과 우려의 시선을 받아야 했다. 말려서 들을 사람이 아니라고 판단한 상사가 봉인실의 전·현직 계장 두 명에게 동반 출두하라고 지시했다. 그와 함께 가서 설명을 거들어 주라는 배려였다.

물론 그가 범 무서운 줄 모르는 하룻강아지라서 순순히 송환에 응한 것은 아니었다. 그는 봉인 담당으로 발령 받아 갔을 때, 과연 그것이 자동차 번호를 지키는 견고한 장치인지 철저히 검토해 둔 터였다.

호랑이 굴에 잡혀가도 정신만 차리면 산다는 속담도 있지 않은가. 아니, 무엇보다도 그는 죄가 없었다. 백로가 까마귀 고을에 가서 살아남는 방법은 까마귀와 한 편이 되는 것뿐이겠지만, 까마귀 오물에 털을 더럽혔다고 양심까지 더럽힐 수는 없는 일이었다. 이제는 특별시 산하가 아닌 독립기관이 되었지만, 시 소속이던 초창기 사업소는 공무원들의 선망을 받으면서도 일명 까마귀 굴로 불리는 양면성을 지니고 있었던 셈이다.

당시 법원은 시청에서 멀지 않은 덕수궁 옆이었고 연인들의 산책 명소인 고궁 돌담길은 고즈넉하고 아름다웠다.

두 명의 전·현직 계장과 함께 그는 검사실을 찾아갔다. 검사실에 들어서는 순간, 등줄기가 서늘해졌다. 누가 뭐래서가 아니라 그곳 분위기 자체가 위압감을 주었기 때문이다. 참고인 자격으로 몇 번 드나든 적은 있었지만, 피의자 신분으로 출두한 것은 처음이었던 탓일까? 무조건 반말부터 하는 검사의 태도가 참고인을 대할 때와는 사뭇 달랐다. 검사는 이미 반쯤은, 아니 거의 준성을 죄인으로 확신하고 있는 듯 보였다.

새파란 검사는 전·현직 계장들은 거들떠보지도 않고 그의 이름을 확인하는 순간, 첫 질문부터 반말지거리의 심문조로 물었다.

"너, 봉인 값으로 대당 얼마씩 받아먹었어? 시간낭비 안 하는 게 피차 득이니까 잔머리 굴리지 말고 바른 대로 대."

검사가 설명할 여지조차 주지 않고 범죄자 취급을 하자, 잠시 그는 어안이 벙벙해졌다. 죄가 있는지 없는지도 모르는 상태에서 무작정 '너'라고 불리며 파렴치범 취급을 받을 줄은 몰랐으므로 준성은 아무 대꾸도 하지 못했다. '참고인이었을 때는 그리 정중하더니 피의자에게는 이런 거구나.' 하는 생각만 겨우 들 뿐이었다.

아무 말을 안 하니 검사는 다시 묵비권을 행사하는 것이냐며 비아냥거리듯 다그쳤다. 그는 침을 삼켰다.

"잠깐만요, 검사님. 질문하시기 전에 말씀부터 좀 드리고 싶습니다. 우선 제가 왜 여기 불려 왔는지 이유를 설명해 주셔야 저도 대답을 할 수 있지 않겠습니까? 이유도 모르는 상태에서 저한테 죄가 있다는 것을

전제로 취조를 하신다면, 저는 그 의미를 알아들을 수가 없습니다."

검사의 눈꼬리가 바싹 치켜졌다. 그리고 준성의 눈을 똑바로 보더니 표정이 아주 미세하게 누그러졌다. 아마도 그런 뜻밖의 상황이 처음인 모양이었다. 검사는 의외이긴 하지만 준성의 말에 일리가 있다고 판단했는지 사건 개요를 간략히 설명했다.

울산에서 자동차 전문 절도단을 검거했는데, 엄청난 고가의 외제 자동차 수십 대를 훔치다가 서울의 실수요자들에게 판매했다는 것이다. 지방 자동차 번호가 서울로 바뀌어 판매되었으므로 당연히 봉인 담당자의 가담 없이는 불가능한 범죄라는 것이었다.

"서울 번호판 봉인을 내줄 사람, 너 말고 또 있어? 이건 불 보듯 뻔한 일이니까 괜히 진 빼지 말고 털어놓으란 말야. 한 대당 백만 원을 먹었는지, 2백만 원을 먹었는지 솔직히 대답하면 간단히 끝난다고. 알아들어? 0번 자동차 그거 한 대 값이 집 몇 채 값인 억대니까 수십억 절도 사건인데, 봉인 값도 기만 원 수준은 아닐 거라는 거 네가 더 잘 알잖나 말야. 내 말이 틀렸어?"

당시 외제 자동차는 0번 번호였는데, 자동차 전문 털이꾼들이 외제차만 수십 대를 훔쳐서 지방 번호판을 서울 번호판으로 바꾸어 판매했으니, 봉인 담당인 그가 관련된 것은 명약관화한 노릇이라는 논리였다. 그는 급한 마음에 엉덩이를 반쯤 들면서 목소리를 높였다.

"우선 제 얘기를 좀 들어주십시오. 여기, 자료를 준비해 왔으니까 설명부터 들으시고 그래도 제가 의심되면 그때 취조를 하셔도 되지 않겠습니까?"

"그러니까 넌 끝까지 가담을 안 했다는 발뺌인데. 좋다, 설명해 봐."

"먼저 자동차 뒷번호판을 지켜 주는 봉인의 구조를 이해하셔야 제 설명을 파악하실 겁니다. 봉인을 싸고 있는 건 플라스틱이고 뒤에 봉인이 떨어지지 않도록 볼트와 연결해 당기고 있는 건 알루미늄 판 비슷한 것으로 녹이 슬거나 떨어지지 않도록 만들어졌습니다. 문제는 나쁜 목적, 즉 이번 절도단처럼 위조로 사용하기 위해 떼어낼 경우엔 아주 쉽게 떨어지도록 되어 있습니다."

"뭔 소리야? 너, 여기서 그런 허튼 수작이 통한다고 생각해?"

"잠시만 더 들어주십시오. 봉인실에 발령 받았을 때부터 제 직무라 아주 철저하게 파악을 해 두었습니다. 그리고 이런 일이 발생할 수도 있는 문제라 충분히 시험도 해 보았습니다. 왜냐하면 봉인 자체가 장식품에 불과한 허점을 가지고 있기 때문입니다. 제가 용구를 다 준비해 왔는데 여기서 시범을 보여드리겠습니다. 책상의 유리만 잠시 빼 주시면 봉인의 구조를 실제로 보여 드리겠습니다."

김 서기가 들고 온 가방에서 주섬주섬 용구를 꺼내자, 검사가 비로소 관심을 보이며 책상의 유리를 치우게 했다.

"자동차에 붙어 있는 상태라면, 지금 제가 하는 노력의 10분의 1만 해도 떨어지는데 여기서 하는 건 좀더 힘드니까 세 번까지는 실수를 하더라도 기회를 주셨으면 합니다."

"좋소. 세 번까지 기회를 줄 테니 해 보시오."

검사의 말투와 태도가 어느새 달라졌다. 김 서기는 손끝이 떨렸다. 마음은 더 쿵덕거렸다. 혹시나 싶어 시험 삼아 몇 번 해 봤지만 설마 검사실에 소환 당해 자신의 무죄를 증명하기 위해 봉인을 떼어 보이는 실습을 하게 되리라고는 생각하지 않았던 것이다.

방 안의 눈들이 팽팽하게 그의 손끝으로 모아졌다. 그는 눈 딱 감고 하느님을 부르며 용구를 든 손에 힘을 주었다. 거짓말처럼 봉인은 단 한 번에 똑 떨어져버렸다. 검사실 안에는 순간적인 적막이 흘렀고 검사가 떨어진 봉인을 주워 들었다. 손에 들고 보니 형태가 전혀 변하지 않았

다. 그야말로 완벽하게 떼어 낼 수 있다는 것이 증명된 셈이었다.

김 서기의 목소리가 비로소 침착해지면서 힘이 실렸다.

"보십시오. 여기 이건 새것이고 지금 떼어낸 그 헌 봉인은 검사님 손에 있습니다. 녹이 슬지 않는 물질로 제조되었기 때문에 매연에 찌들 뿐 변색하거나 상하는 일이 없습니다. 그 헌 놈을 따 가지고 하루 정도 신나에 담가 놓으면 찌들었던 매연이나 땟국이 깨끗이 벗겨집니다. 말려서 니스 칠을 하면 새것과 똑같아지는 겁니다. 자동차 번호판을 보호하는 봉인 장치에 이런 치명적인 결함이 있었던 겁니다. 그런데도 검사님은 제게 범죄자들과 결탁해 봉인 장사를 했느냐고 물으시겠습니까?"

한동안 침묵이 흘렀다. 사무장으로 보이는 사내가 나서서 그러면 그렇지, 대한민국 공무원이 다 범죄자가 아닌 다음에야 어찌 자동차 범죄가 그리 많을 수 있겠냐고, 그런데 봉인 담당자는 봉인의 그런 결함을 알고도 왜 입을 다물고만 있었느냐며 물었다.

사실 준성은 입을 다물고 싶지 않았다. 그는 자신이 알아낸 봉인의 허점을 여러 사람들에게 알리고 싶었다. 그러나 시간이 없었고 기회가 없었다. 사람들은 그 업무량을 상상도 못할 것이다. 사무장이 그를 질책하려는 뜻이 아니라 사실을 제대로 알아낸 데 대한 감탄으로 중얼거린 말이었음을 알면서도 김 서기는 그를 향해 울분을 털어놓았다. 그곳이 자신이 피의자가 되어 송환 당한 검사실이란 사실조차 잊은 채, 그는 그동안 속에 쌓여 있던 말들을 쏟아 내었다.

"사업소에서 하루에 내주는 봉인이 얼마나 되는지 아십니까? 사업소 주차장 수용 한도는 50대 정도인데 하루에 내주는 봉인은 그 열 배인 5백댑니다. 일손은 담당자인 저하고 다른 직원이 한 명 있을 뿐입니다. 업무량이 가히 살인적이라는 얘깁니다. 그리고 원칙적으로는 담당직원이 직접 꽂아 주어야 합니다. 그런데 업무량이 워낙 폭주하니까 꽂아 주

지 못하고 구비서류만 완비해 오면 직접 꽂도록 내어 줍니다. 그냥 내주
도록 시행령도 고쳤습니다. 화장실 갈 틈도 없는데, 언제 어떻게 봉인
의 결함을 어디의 누구에게 알릴 짬이 있겠습니까? 눈앞에 쌓이는 업무
만 처리하기에도 동분서주해야 하는 게 일선 공무원들의 처집니다."

사실 김 서기가 담당을 하기 전까지는 새로운 시행규정을 받아 놓기
만 하고, 공개도 하지 않은 채 시행을 못하고 있었다. 감사가 나오면 새
규정대로 시행한다고 하고서 중개인들에게는 못 내주는 것으로 얘기하
며 시일을 끌었다. 그 이유에 대한 시각은 두 가지다. 하나는 옛 규정대
로 해야 용돈을 한 푼이라도 더 챙길 수 있고 어깨에 힘도 더 주고 선심
쓰는 척 거들먹거릴 수 있기에 일부러 새 규정을 받아만 놓고 거들떠보
지 않았다는 해석이고, 또 하나는 워낙 일에 쫓기니까 새 규정을 읽어보
고 어쩌고 할 겨를이 없지 않았겠느냐는 해석이다.

그만큼 그 자리는 시간적으로나 심정적으로 여유가 없었다. 김 서기
가 새 규정대로 시행한 것은 어차피 새로 부임한 보직이니 업무 파악을
해야 했고, 새 방침이 시행되지도 못한 채 구석에 처박혀 있다는 전임자
의 귀띔으로 애초부터 약간 능률적으로 고쳐진 새 규정대로 업무를 시
행했던 것이다.

김 서기는 즉시 그 방침을 복사해 게시판에 붙이고, 신규 등록 차량과
지방에서 이관되어 온 차량은 검사증만 가져오면 봉인을 내준다고 공고
했다. 물론 봉인실에서는 농담 삼아 어쩌다 얻어먹던 자장면이나 라면
도 못 얻어먹게 되는 것 아니냐는 너스레가 오갔다.

어떻든 새 규정의 시행은 서서히 자리를 잡아갔고, 김 서기는 과연 봉
인이 자동차 번호판을 지켜내는 수호장치로서 손색이 없는지 살펴보다
가 그러한 결정적인 허점을 발견해 낸 것이다. 봉인은 놀랄 만큼 전체를
훼손하지 않으면서 똑 떨어졌고, 시너에 녹여 닦으면 십 년 된 것도 썩

지 않으니까 새 것과 구별하기가 어려울 지경이었다.

이처럼 잘 떼어서 닦아 새 차에 꽂으면 새 봉인이 되는 것을 알면서도, 사건이 터지기 전에는 봉인 담당자라고 해도 이러이러한 허점이 있으니 시정해야 한다는 건의를 할 기회가 없었다.

검사는 봉인을 손가락으로 돌려 보면서 "그러니까 진작부터 봉인 위조 범죄를 예견하고 있었군요? 담당자로서 허점을 너무 잘 알고 있었으니까."

"그렇습니다. 그리고 돈 받아 본 적 없고 부당하게 봉인 내준 적 없으니까 이걸 검찰에 알려야 한다는 생각으로 봉인하고 봉인 볼트 용구 한 짐을 가지고 출두한 겁니다. 근데 자동차에서 떼는 것보다 돌출된 것을 떼는 것은 더 어려워서 불안했는데 단번에 떨어져서 다행입니다."

"지금까지 한 얘기를 진술서로 써 주실 수 있겠습니까?"

"물론입니다."

검사는 처음과는 달리 깍듯하게 예의를 갖추어 말했고, 김 서기는 진술서를 쓴 다음에 '혐의 없음'으로 나왔다. 덕수궁의 나무들이 바람에 살랑거리며 담장 밖으로 미소를 보내는 듯했다.

그런데 동행했던 계장 한 분의 바지가 다 젖어 얼룩져 있는 것이 눈에 띄었다. 특별히 소심한 성격도 아닌데, 당사자가 아닌 옆에서 지켜보는 입장이 더 조바심 났던 모양이다. 아니, 검찰이라는 곳이 소시민들에게는 아무 죄가 없어도 오줌을 싸고도 모를 정도로 긴장해서 공포에 떨게 만드는 곳인지도 모른다.

"계장님, 바지 갈아 입으셔야겠는데요."

계장은 그제야 얼굴을 붉히며 뒤통수를 긁었다.

제24장
시간의 강

"아니, 이게 누구신가? 국장님 아니세요?"

귀에 익은 목소리에 김 주사는 고개를 들다가 후다닥 일어섰다. 그도 이제는 머리칼에 서리가 내린 나이지만, 시선을 사로잡은 수도복 때문이었다. 그 검정 옷은 세상의 모든 것을 포기하고 오로지 한 분만을 향한 참 삶에 대한 표징으로, 언제나 눈에 띄면 세상을 만드신 그분을 가슴 뭉클하게 기억하도록 만들었다.

그러나 수도복을 입고 있는 이의 얼굴은 앳되고 낯설었다. 대신 젊은 수녀 옆에서 환한 웃음을 머금고 있는 얼굴이 낯익긴 한데 기억이 아물아물했다. 김 주사는 가슴 깊은 데를 두드린 그 친밀한 목소리를 찾아 두리번거리다가, 생활 한복을 입고 웃음을 머금은 중년 여인에게 다시 시선을 멈추고는 소스라치게 놀랐다.

"오, 수녀님 아니십니까? 수녀님 틀림없으시죠?"

"내가 그렇게 달라졌습니까? 나는 척 보니 알겠구만. 이거 섭섭한데요."

어리둥절해서 그는 수녀의 모습에서 눈을 떼지 못했다. 하늘하늘한 수건으로 감쌌던 머리는 허연 빛깔을 드러낸 채 구불구불하게 파마가 되어 있었다. 그리고 화장기 없는 얼굴은 예전의 그 맑은 표정이기는 한데, 수도복 차림이 아니어서 다른 사람 같았다. 좌우지간 귀염성있기도 하고 여성스러워 보이기도 하는데 여간 낯설지가 않았다. 헐렁하게 지은 코르덴 천의 갈색 통치마와 누르스름한 저고리 모양의 윗옷이 아무리 보아도 오 수녀라는 느낌이 들지 않았다.

"우선 앉으십쇼, 수녀님."

"아니, 우린 곧 내립니다. 그래, 국장님은 그동안 잘 지내셨어요?"

수녀의 달라진 모습에 대한 놀라움 속에서도 국장이라는 호칭이 김 주사에겐 거북스러웠다. 그러고 보면 오 수녀와 '신앙인의 삶' 이라는 다큐멘터리 방송 프로그램을 한 것이 어느덧 두 번이나 해가 바뀐 2년 전이었다. 그는 살아온 생애를 샅샅이 털어놓았으므로, 국장 호칭이 직함이 아니라 교우회 총무에 해당하는 사무국장을 가리키는 것인 줄은 알았지만, 그러지 않아도 젊은 수녀의 단정한 수도복이 시선을 끄는 지하철 안에서는 아무래도 낯간지럽고 불편했다. 그러나 호칭이 문제가 아니었다.

프로그램이 끝나고 김 주사는 방송국으로 전화를 했다. 방송도 끝났으니 식사라도 함께하며 정담을 나누고 싶었던 것이다. 그런데 연락이 되지 않았다. 외국 출장 중이라더니 돌아왔다는 말도 없이 방송국을 그만두었다는 것이다. 소임이 바뀌었나 보다 싶어 본원으로 연락을 했는데 외국에 체류 중이라는 어정쩡한 대답뿐이었다.

"대체 수녀님은 어디로 가셨기에 그렇게 연락이 안 됩니까?"

"가 봤자 하느님 손바닥이지 제가 갈 데가 어디 있겠어요. 이렇게 헤어지긴 섭섭한데 우린 내려야 하니……. 그럼, 다음에 봅시다."

이대로 수녀를 놓치면 다시 만나는 것이 불가능할지도 모른다는 다급한 마음이 들어 김 주사는 뒤늦게 따라 내렸다. 복장과 머리모양은 다른 사람이 된 것처럼 영 이상해졌으나, 걸음걸이는 여전히 활달하고 씩씩한 수녀를 그는 말없이 따라갔다. 아무래도 수도복 차림의 젊은 수녀가 눈에 쉽게 띄어 한결 따라가기가 쉬웠다. 에스컬레이터 앞에서 잠시 주춤거리던 수녀는 준성이 자신을 따라 내린 것을 알고 허허 웃는다.

"아무래도 이렇게 헤어질 수는 없지 않습니까? 수녀님, 잠시 근황만이라도 알고 싶어서요."

"제가 확실하게 수녀원을 쫓겨난 건지 궁금한 건 아니구요?"

"예? 설마 그럴 리야 있겠습니까. 젊지도 않으신데……."

"허허, 젊지 않아도 수녀는 수녀니 쫓겨날 짓을 했으면 별 수 없지 않겠수. 설마가 사람 잡는 것도 몰라요?"

대체 그 말이 농담인지 진담인지, 김 주사는 가려낼 재주가 없다. '평생을 수도원에서 살아온 분을 노년기가 머지않은 시기에 쫓아내는 법도 있을까.' 활달한 표정으로 보아서는 그것이 아닌 것 같기도 하지만 옷차림을 보면 빈말로 들리지도 않는다.

오 수녀는 젊은 수녀를 먼저 보내고 차 한 잔 하자고 했다. 아무래도 그렇게 스치듯 만나서 따라 내린 준성을 그대로 보낼 수는 없었던 모양이다.

그들은 길가의 찻집으로 들어갔다. 김 주사는 기분이 그리 묘할 수가 없다.

"정말 옷 벗으신 겁니까? 수도회에 대해서는 아는 게 없어서……. 설마 사회처럼 정년퇴임을 하신 건 아닌지."

오 수녀가 소리는 내지 않고 빙긋 입귀를 올린다.

"사회처럼 명퇴나 정년은 없어도 쫓겨날 수는 있죠. 늘그막에 쫓겨나

동가숙서가식하다 보니 이제 비로소 '인자는 머리 둘 곳이 없다' 는 말씀도 알겠습디다. 그러지 않아도 슬슬 국장님한테 찾아가 신세 좀 질까 하던 참인데 이렇게 만났군요. 아니, 근데 왜 그렇게 우거지상이신가? 설마 내가 신세지러 가는 게 부담돼서 그러시는 건 아닐 테고……."

"아니, 아닙니다. 그럴 리가 있습니까? 수녀님, 저는 도통 영문을 모를 일이라서요."

준성은 우거지상을 펴지 못한다. '이렇게 난감한 일이 있을까. 하늘과 땅이 바뀌는 일이 쉽지, 어찌 오 수녀가 수도자직을 그만둔단 말인가.' 오 수녀에게서는 여전히 수녀 특유의 환한 웃음이 얼굴 가득 피어나며 맑은 웃음소리가 주변으로 조용히 퍼진다. 사람들의 시선이 모여들 법하건만 수녀는 개의치 않는다. 아니, 수도복을 안 입은 수녀는 아무도 관심 있게 보지 않는다. 비로소 농담일 수도 있겠다는 분별이 들면서 김 주사는 안도의 깊은 숨을 내쉰다. 수녀는 재미있는지 그를 좀더 놀려먹고 나서야 실토를 한다.

"겸연쩍어 할 것 없어요. 열 명이면 열 명 다 국장님 같은 반응들이니까. 실은 종신서원 한 늘그막의 몇 수녀가 시도를 해 보는 중이랍니다. 옷이라는 거, 그게 아주 우습더라니까요. 중국으로 선교 나간 수녀들이 불가피하게 자유복을 입어야 했는데 그런 소리들이 나옵디다. 여태 수도생활을 한건 사람이 아니라 수도복 아니었나 싶다고. 수도생활은 옷에 맡겨 놓고 사람은 그저 습관적으로 살아서 수도복을 벗고 보니 사람은 전혀 성화가 안 되었다든가, 맹탕이라든가……. 말하자면 알맹이인 인간이 수도생활을 제대로 했으면 옷 같은 거 중요하지 않을 텐데, 이건 옷만 수도자였고 알맹이는 아주 형편없는 쭉정이더라는 얘깁니다. 수도복을 벗으니 우선 호칭이 수녀님에서 아줌마로 바뀌는 것부터 면역이 안 되더라는 거죠. 수도복이 자칫 특권이랄까, 권위랄까, 그런 상징이 되어선 안 된다는 점을 충분히 강조하고 경계해 왔다고 생각했는데 막상 닥쳐 보니 수도복이라는 보호막 속에 숨어 산 측면이 심각하다는 지적이었습니다. 모두 공감하고 늘그막의 뒷방 수녀들부터 시도해 보는 게 어떠냐 해서 저도 낀 겁니다. 그럼 자유복 입는 소감이 어떠냐. 사실, 전 개인적으로 상당히 자유로울 걸로 알았습니다. 자유주의, 제 기질 아시잖습니까? 근데 막상 부딪쳐 보니 그동안 수도복이 온실이었구나, 아니 요즘은 수도원이 온실이라는 생각을 합니다만. 다른 수녀들은 어떤지 모르겠는데 제 경우는 예수님의 정배가 아니라 온실의 화초였구나 하고 새삼 깨달으면서 새로 수도생활 시작하는 기분도 들고 옷 골라서 입고 남한테 혐오감 안 주려면 머리칼도 볶아야 하고, 대단히 분주하고 복잡하긴 해도 좋은 게 많습니다. 원래 수도복 없는 수도회에 성소자가 가장 적었으니까, 수도복 문제를 다 알면서 무관심 아니면 모르는 척 외면해 온 거 아니겠습니까. 아이고, 모처럼 우리 국장님 만나니 별 소리가 다 나오고⋯⋯. 자, 이제 내 해명이 충분하지는 못해도 필요한 만큼은 했으니, 국장님 얘기 좀 들어봅시다. 그래, 그동안 어찌 지내셨습니까?"

 오 수녀의 신분은 전혀 변하지 않았고, 이를테면 옷에 맡겨 놓았던 수도생활을 사람이 하고 있다는 얘기였다. 그런데 머리로는 이해가 가면서도 마음은 앞에 앉은 분이 그가 아는 오 수녀가 아니라 다른 사람인 듯 서먹함이 가시지 않았다.

 수녀는 예의 그 환한 웃음과 거침없는 언변으로 얘기를 계속했다. 인도로 여행을 갔다가 마더 데레사의 삶을 눈곱만큼 실감하게 되었고, 기계문명보다는 아직 자연이 살아 있는 그곳의 전교생활에 끌려 주저앉았으며, 잠시 다니러 온 처지여서 따로 연락할 여유가 없었다고 말이다. 수녀는 지금도 길게 얘기할 시간이 여의치 않다는 설명을 간단히 하더

니, 김 주사를 재촉한다.

"전 별로 드릴 말씀이 없습니다. 무고하게 잘 지냈다는 뜻이기도 하고요."

"프로그램 한 게 재작년이었나⋯⋯. 자동차사업소에 오래 붙들린 바람에 늦어진 승진은 이제 만회를 했던가요?"

"허, 참. 수녀님 기억력은 여전하십니다."

"제가 하느님 조카라는 거 잊으신 모양입니다?"

"예? 아, 하느님 성씨가 오씨이고, 오! 하느님의 조카 오 수녀님이신 거 잊을 리가 있습니까."

수녀하고 만나면 잠시라도 웃지 않고는 얘기가 안 된다. 문득 그는 하느님께 자주 웃음을 봉헌하고 싶다던 오 수녀의 말이 생각났다. 웃음을 많이 봉헌하는 사람은 기도가 필요 없으며, 웃음 이상의 기도가 없다는 얘기도 그 무렵 수녀에게 들었다. 그러나 김 주사는 웃음이 좋은 줄이야 알지만, 고통이나 슬픔을 웃음으로 포장하려 드는 세태는 더 나쁘다는 생각 때문에 마음속에 담지 않았는지도 모른다.

웃음기도는 그렇게 흘려버리면서도 묵상은 한동안 열심히 했다. 모든 물줄기가 바다로 향하듯 사람은 언제 어디서나 세상이라는 격랑 속에서 끊임없이 생명을 주신 분을 향해 노를 저어야 한다는 얘기도 그 무렵에 들었다.

한 방울의 물이 다른 물방울을 만나 물줄기를 이루고 그 가녀린 물줄기가 산골짝을 지나고 들판을 지나고 험난한 여정을 거치며 시내를 만나고 강을 만나 바다에 이르듯 사람 역시 그러하지 않은가. 한 방울의 물과 같은 인간이 배필이라는 다른 물방울을 만나 가족이라는 물줄기를 이루고 평생을 흘러흘러 생명을 주신 분에게로 돌아가는 것이 아니겠는가. 그런데 물이 낮은 곳으로 낮은 곳으로 갈 길을 스스로 찾아 흐르듯

이 사람도 그러할까. 사람은 물처럼 스스로 낮은 곳으로 흘러가는 길을 찾을 줄 모르지 않는가.

아니, 물도 그럴지 모른다. 바다에 이르기까지 공중으로 증발되어 사라지고 땅으로 스미고 온갖 식물의 자양분이 되고 버려지고 고통당하지 않는가. 결국, 물방울의 평생과 사람의 평생은 같은 것인지도 모른다. 삶이란 마침내는 아버지에게 가는 여정이며, 아버지에게 이르기까지 땀과 보람과 고통과 즐거움과 슬픔과 눈물과 기쁨의 길이 되도록 웃음으로 살자는 것이다.

대체 어느 사이에 묵상도 잊고 성서도 잊은 생활이 되었을까. 여전히 주일미사는 거르지 않고 직장 교우회 활동도 열심이긴 하다. 그러나 그 외형적인 행동을 속속들이 채우는 내면의 성숙은 잊고 있었다. 신앙을 살과 뼈로 육화하지 못하고 남을 내 밥으로 삼을 궁리만 했지, 나 스스로 남의 밥이 되고자 하는 신앙의 핵심, 즉 사랑이 빠진 생활을 해 왔던 셈이다. 어쩌면 자식의 자식의 자식 때쯤 되어야, 겉이 아니라 속이 튼실한 신앙의 핵심을 살 수 있을지도 모르겠다. 그때쯤이면 웃음을 봉헌하며, 아버지에게로만 향하는 마음의 물결로 살 수 있게 될지도 모른다.

생각해 보면, 준성은 개인적으로 웃음은커녕 웃던 사람들조차 웃음을 그치고 찡그리게 만드는 분위기로 살아온 것이 아닌가 싶다. 오십이 되어서야 그동안 자신이 얼마나 경직되게 살아왔는지, 정의라는 명분을 코에 걸고 온갖 교만을 다 부린 것은 아닌지 곰곰이 돌아보게 된다. 어쩌면 교만으로 똘똘 뭉쳐진 삶은 아니었을까.

가슴에 통증이 일 만큼 갑작스러운 깨달음이 심장을 찌른다. 자기 자랑은 또 얼마나 많았던가. 항상 남보다 더 노력하고 남보다 머리 좋고 자기만 옳다는 식이었다. 설령 남보다 낫다 해도 그것이 그리 대수일까. 예수께서 뽑으신 어부 제자들은 어떠했던가. 어찌 그 점을 간과했더란

말인가. 뜬금없이 눈가가 더워져서 준성은 눈을 깜박였다.

아아, 승진시험보다 중요한 것이 고해성사이다. 마음 갈피에 쌓인 무감각과 자기 합리화와 교만과 자기 자랑의 먼지들……. 남을 업신여기고, 적으로 여기고, 사랑하지 못한 것을 뉘우치지 않고, 어찌 그 어른만을 향해 살았다고 말할 수 있겠는가.

"사업소 떠나신 게 88년, 구청 세무 1과 거쳐서 본청에 가서 방통대 졸업 5년 만에 시립대 도시행정대학원 장학생으로 입학해 석사과정 마쳤고, 감사실 가서 3년 동안 서릿발 날리다가 시의회로 가고, 아마 그때부터죠? 직장 교우회 일에 직장 업무 못지않게 매달리면서 좁은 길로만 철저한 믿음으로 사신 게……. 결국 국장은 국장이되 교우회 사무국장이고 직장에서는 아직 머리 허연 쫄짜시고. 집은 겨우 마련해서 무주택 서민에 비하면 부자지만 동료들이나 보통 중산층에 비하면 가난뱅이고, 아이들 교육은 남들 하는 만큼 고생했고, 애들 뒷바라지와 유별난 남편 내조 때문에 자신의 직업은 접어야 했던 아내는 행복한지 어떤지 모르겠지만 남편으로서는 늘 미안한 게 사실이고. 어때요? 그동안 안 만나고 살았어도 저, 훤하지 않습니까?"

여전히 수녀의 목소리는 맑고 경쾌하다. 그는 할 말이 없다. 찻집이 아니라면 큰누님 같은 수녀에게 눈물 고인 마음을 열어 보이고 싶다. 그러나 그럴 상황이 아니다. 30분쯤 담담히 차 한 잔을 나누었으나, 김 주사는 그 시간이 결코 우연이 아님을 깨달았다. 찻집을 나와 수녀는 명동 길로 내려가고 그는 다시 지하철을 탔다. 수녀를 만나기 전에 보던 책을 다시 펴 들었으나 활자가 전혀 머리에 들어오지 않는다.

수녀의 방송을 도운 일이 엊그제 같은데 어느새 2년이 갔다. 수녀의 말대로 현재의 그는 별 볼일 없는 평범한 공무원에 불과하다. 집이 있고 아이들을 대학에 보냈고 오십 나이에 사무관 승진시험을 준비하는 처지다. 남에겐 한심하고 초라하게 보일 수도 있는 여건인데, 어찌 그걸 몰랐을까. 그러나 정작 한심하고 초라한 것은 그러한 외형이 아니다.

그는 집으로 가지 않고 성당으로 갔다. 대체 성체조배가 얼마 만인가. 한때는 낯선 길에서도 성당을 만나면 잠시 들러 조배를 하곤 했는데, 어느새 아득히 잊고 지냈다.

그는 하염없이 감실을 바라보며 앉아 있다가 어둡고 좁은 고해실로 들어갔다. 무릎을 꿇고 두 손을 모으자 마음과 눈가가 더워진다. 조선 4대 교구장 성 베르뇌 주교가 막막할 때면 신병이 깊은 몸으로 좁은 고해실에 들어가 밤새워 기도를 했다던가. 성인을 모방할 의도는 아니었고 직장 교우회 피정이나 신앙대회를 준비하면서 막막할 때면 기도하기 위해 좁은 고해실을 이용했는데, 그 은밀함에 끌려 이따금 애용하다 보니, 어느새 소중한 습관이 되었다.

그는 소리 없이 눈물을 흘렸다. 그리고 가슴을 주먹으로 쾅쾅 쳤다. 과연 자기는 제대로 살아온 것인가. 생명을 주신 어른 앞에서 신앙으로 살아왔노라고 떳떳이 고백할 수 있는가. 여태 가져온 긍지에 진정 부끄러움이 없는가. 아니다. 부끄럽다. 진정 마음에서 우러나는 신앙이기보다 남에게 보이기 위해서, 이기기 위해서, 자신을 합리화하기 위해서 겉치레 신앙을 살아온 것은 아니었던가.

악바리였던 어린 시절부터 그는 진정 겸손을 몰랐다. 사랑을 몰랐다. 오로지 무시당하지 않고 살아남기 위해서라는 명분으로 자기성찰이라는 것을 모르고, 남을 이기기 위해서만 살아왔다. 언제나 자기는 피해자이며, 옳다고 생각했다. 그것이 지금까지 지녀 온 자신의 모습이었다. 그렇게 자기 생각밖에 할 줄 모르니 겸손을 알 리 없고, 겸손을 모르니 사랑을 알 리 없고, 사랑을 모르는 것은 돌심장의 강퍅한 무지가 아니었을까.

그는 자신이 알아낼 수 없는, 사랑을 모르는 무지를 숨김 없이 고백하고 회개했다. 세상에 사랑을 모르는 그 이상의 큰 죄가 또 있을까. 시간이 얼마나 지나갔는지 알 수 없다. 아무 생각 없이 앉아 있는데 음성이 들려온다. 바오로 성인의 목소리다.

'사람에게는 아무리 해도 다할 수 없는 의무가 한 가지 있습니다. 사랑의 의무입니다. 사랑의 의무를 다한 사람, 즉 남을 사랑하는 사람은 이미 율법을 완성한 사람입니다.'

아무리 해도 다할 수 없는 사랑, 그 사랑의 의무를 다하면 율법을 완성한 것이며, 그것은 인간의 차원이 아닌 신의 차원이라는 뜻이다.

그는 그런 분을 안다. 이웃을 제 몸 같이 사랑하고 벗을 위해 목숨을 바친, 사랑의 의무를 다한 유일하게 완전한 인간. 그분만이 사람으로서는 아무리 해도 다할 수 없는, 목숨을 내놓지 않고는 아니 되는, 이웃을 제 몸처럼 사랑하고 벗을 위해 목숨을 바치는 그 사랑의 의무를 다하지 않았는가.

그는 아주 조그맣게 속삭였다.

"주님, 이제부터 시작입니다. 아무리 해도 다할 수 없는 한 가지 의무, 사랑의 의무를 다하는 삶을 찾아 살겠습니다. 사랑을 알게 해주십시오."

밖에는 은총처럼 부드러운 안개비가 내리고 있었다.

마음의 물결

지은이 • 노순자
펴낸이 • 백기태
펴낸곳 • 성바오로
주소 • 서울 강북구 미아9동 103-36
등록 • 7-93호 1992.10.6

발행일 • 2004. 10. 15
SSP • 719

취급처 • 성바오로 보급소
TEL • 9448-300, 986-1361
FAX • 986-1365
통신판매 • 945-2972
E-mail • bookclub@paolo.net
http : // shop.paolo.net

값 8,500원

ISBN 89-8015-540-9